Michelle Spillner

Der beste Sommer unseres Lebens

MICHELLE SPILLNER

DER BESTE SOMMER UNSERES LEBENS

ÜBERLEBEN IST ERST DER ANFANG!

NACH EINER WAHREN GESCHICHTE

adeo

1

Ich würde niemals was Verbotenes tun. Im Supermarkt sehe ich Kunden, die an der Kühltheke Camembert-Verpackungen öffnen, um nachzusehen, welchen Reifegrad der Käse hat, und ihn wieder zurücklegen. Ich aber trage Camembert nach Hause, hoffe, dass er frisch ist, und schaue erst daheim nach, wie er aussieht. Meistens ist der Edelschimmel schon bräunlich gelb statt weiß, der Camembert-Kern bleibt nach dem Anschneiden nicht weißbröselig und fest an der Schnittkante stehen, sondern quillt direkt als klebriger Kleister auf den Porzellanteller. Dann werfe ich den Camembert weg. Ich mag keinen reifen Camembert.

Vor einigen Monaten hat sich etwas verändert. Ich esse nun ausschließlich frischen, jungfräulich weißen Camembert. Alter, brauner, überreifer Stinke-Camembert, der scharf-salzig schmeckt und auf dem Teller zerfließt, landet gar nicht mehr in meinem Einkaufskorb. Ich schaue jetzt auch schon im Supermarkt nach, ob der Käse mir passt. Ich würde niemals etwas Verbotenes tun. Aber es gibt neue Regeln. Die Grenzen des Verbotenen haben sich verschoben. Der Begriff des Erlaubten ist jetzt weiter gefasst. So habe ich mir heute an der Tankstelle einen Einweggrill gekauft.

Den Grill habe ich unter dem rechten Arm, in der linken Hand eine Tüte mit vier Schweinesteaks, vier Bratwürsten, vier Brötchen, zwei

Sorten Ketchup und einer Zucchini. Die Einwegteller und das Plastikgeschirr haben die Mädels besorgt. Sie müssen hier irgendwo sein zwischen den Kornfeldern und Wegen, den Büschen und Bäumen.

„Wo seid ihr?“, rufe ich.

„Hi-ier!“ Ina schießt aus dem Weizenfeld links des Weges hoch und winkt.

„Wollen wir nicht lieber in den Schatten gehen? Die Sonne brennt so“, rufe ich ihr zu.

„Ach was“, winkt sie ab. „Deine Lieben daheim sollen doch denken, dass du einen Spitzenurlaub hattest. Also musst du braun werden.“

Ich bekomme sicher einen Sonnenbrand, ich habe keine Sonnencreme dabei, denke ich, während ich mir den Weg durch die Halme bahne.

„Nach wie vielen Sonnenbränden bekommt man eigentlich Hautkrebs?“, spreche ich meine Befürchtung aus, als ich bei den Mädels im Feld ankomme. Ina, Anna und Manuela prusten los.

„Das ist jetzt auch egal. Vom Grillen bekommst du auch Krebs. Hab dich nicht so“, beendet Manu das Thema.

Die Mädels haben gut sechs Quadratmeter des Weizenfeldes platt getrampelt. Ich würde so was niemals tun, betone ich: „Da wird sich der Bauer aber gar nicht freuen.“

Anna grinst: „Irgendwo müssen wir ja sitzen. Und hier sieht uns keiner …“

Es passen immer zwei Steaks und ein Würstchen auf den Rost. Der Grill steht in der Mitte, wir sitzen drum herum wie um ein Lagerfeuer, mit dem Hosenboden auf dem piksenden Halmteppich. Anna zieht zwei Flaschen Rotwein aus ihrem Rucksack, Manu popelt mit der Spitze ihres Taschenmessers die Korken zur Hälfte aus den Flaschenhälsen und drückt den Rest einfach in die Flaschen. Gläser haben wir nicht, wir trinken alle aus der Flasche. Wir teilen alles, wie Schwestern. Wenn ein Steak durchgebraten ist, bekommt jede ein Stück, wenn ein Würstchen braun ist, beißt jede einmal ab. Bis alles aufgegessen ist, mit Ausnahme der Zucchini, die bleibt liegen.

„Wer will die denn?“, rümpft Manu die Nase.

„Na, jemand, der sich auch über Hautkrebs Gedanken macht“, wirft Ina mir einen Blick zu.

Ich rechtfertige mich: „Ist ja auch gesund, so eine Zucchini.“

Manu grinst vielsagend: „Ich zeig dir mal, wie gesund die ist. Das ist ein uraltes, reinigendes Ritual der Aborigines im australischen Urwald, psychotherapeutisch extrem wertvoll.“ Sie nimmt die Zucchini vom Boden und spricht weiter: „Das ist das gesunde Böse-Sorgen-Gurken-Gemüse, ein Böse-Sorgen-Space-Shuttle. Da projizierst du deine bösen Gedanken und Sorgen rein ...“, Manu reißt die Augen auf, starrt die Zucchini wenige Zentimeter vor ihrer Nasenspitze an, als wolle sie sie hypnotisieren, und spricht dazu ganz schnell hintereinander die Worte „Böse Sorgen, böse Sorgen, nimm sie mit, nimm sie mit“. Dann holt sie aus und schleudert die Zucchini mit einem schnellen Drehdrill im hohen Bogen irgendwohin. „... und dann wirfst du das Böse-Sorgen-Space-Shuttle gemeinsam mit deinen bösen Gurkengedanken weit weg. Und danach fühlst du dich besser.“

Ina japst vor Lachen: „Und gegen deinen Sonnenbrand habe ich auch noch etwas.“

Sie schnappt sich meine rechte Hand, zieht meinen Arm zu sich und drückt mir aus der Ketchupflasche einen langen, roten Streifen American Barbecue-Soße vom Oberarm bis zum Handgelenk auf die Haut. So schnell kann ich meinen Arm gar nicht wegziehen, da bin ich schon eingeschmiert: „Lichtschutzfaktor 30.“

„Och, Menno!“, beschwere ich mich mit gespielter Sauertöpfigkeit und beginne, meinen Arm abzulutschen.

„Schmier ihr noch etwas ins Gesicht", johlt Manu los. Anna ist schneller, spritzt Manu aus der Curryketchup-Flasche einen dicken roten Soße-Pfropfen neben die Nase: „Jetzt siehst du aus wie ein Aborigine."

„Ich kann dir mal was auf die Glatze schmieren …", droht Manu Anna.

Wir kringeln uns vor Lachen.

„Die Ketchup-Schlacht ist eröffnet", krähe ich.

Als ich gerade der Barbecue-Soße habhaft werde, fliegt etwas an meinem Kopf vorbei und kracht in den glimmenden Grill. Glut spritzt. Es ist die Böse-Sorgen-Zucchini. Sie ist zurück.

Manu staunt: „Wo kommt die denn her?"

„Sag mal, geht's noch", kreischt eine knarzige Männerstimme.

Wir stellen uns auf. Manu hat noch den Ketchup-Spritzer am rechten Nasenflügel und versucht ihn mit langer Zunge abzulecken.

„Sie sind wohl von allen guten Geistern verlassen, unbescholtene Bürger zu bewerfen. Was da hätte passieren können …?", schimpft der alte Mann im beigefarbenen Sommermantel mit Strohhut. Ina hält sich die Hände vor den Mund, um ihr Lachen zu verbergen – mit mäßigem Erfolg.

„Regen Sie sich nicht so auf", hält Manu dagegen.

„Ich? Mich nicht aufregen? Und ob ich mich aufrege. Hier noch das Feld zertrampeln, was denken Sie sich denn?"

Manu wird frech: „Denken? Kenn ich nicht. Kann man das essen?" Ich kann nicht mehr vor Lachen.

„Also so etwas Unverschämtes ist mir ja noch nicht untergekommen. Sie sind doch erwachsene Menschen, wie kann man sich nur so benehmen?"

Manu lässt nicht locker: „Wie kann man sich nur so benehmen wie Sie, freudloses, beigegraues Dasein ohne Perspektive …"

„Manu!“, fahre ich sie an, „hör auf!“

Der Meckerer resigniert: „Sehen Sie zu, dass Sie da rauskommen. Im Feld wimmelt es von Zecken, da werden Sie schon sehen, was Sie davon haben“, schimpft der Mann, deutet mit der linken Hand eine Wegwerfbewegung an, wendet sich ab und geht.

Zecken? „Au, Scheiße“, Ina wird panisch.

„Los wir müssen raus hier. Scheiße, Scheiße, Scheiße ...“

„Warte, der Grill.“ Es qualmt enorm. Die Halme haben Feuer gefangen.

Ina kreischt: „Oh nein, das Feld fängt an zu brennen!“

Ich will die Glut austrampeln. Wo sind meine Schuhe?

„Nicht barfuß draufgehen“, rufe ich.

Anna schiebt mit der Plastikgabel die Aluschale zur Seite. Manu schüttet den Rest Wein über die kokelnden Halme. Ich stampfe mit den Bast-Espadrilles auf der Feuerstelle rum. Hoffentlich fangen sie kein Feuer

Ina ist panisch aus dem Feld gelaufen und steht jetzt auf dem Fußgängerweg. Sie streicht sich mit der flachen Hand hektisch über Arme und Beine, wuschelt über ihren Kopf, fingert in ihrem Ausschnitt rum, hebt das T-Shirt bis auf Höhe des BH-Unterrandes an und fegt über ihren Bauch und ihren Rücken, reibt sich durch das Gesicht, hinter den Ohren entlang und springt auf der Stelle. Abschütteln!

„Bloß keine Zecken, bloß keine Zecken, bloß keine Zecken“, fleht sie vor sich hin. „Beeilt euch doch!“, wird sie ungeduldig.

„Geh schon vor!“, fordere ich sie auf.

Ina ist dankbar und läuft los. „Okay, ja, ich gehe. Ich gehe direkt unter die Dusche, kommt dann alle zu mir ins Zimmer, dass wir uns gegenseitig absuchen, ja?“

„Ja, Ina, wir kommen", ruft Manu ihr hinterher.

Anna steht sprachlos neben uns. „Willst du nicht auch schon mal gehen", frage ich sie.

„Nein, es ist okay."

„Sind Zecken kein Problem für dich?"

„Sie sind doch für uns alle ein Problem. Es wird schon nichts sein."

Ja, keine von uns darf gebissen werden. Ich brabbele vor mich hin, versuche lustig zu sein, um die Situation zu entschärfen. Manu und Anna sagen nichts. Nach ein paar Minuten haben wir den beginnenden Brand im Feld ausgetreten und alles eingesammelt. Wir können gehen.

Im Park kommt uns der Meckermann entgegen, der die Sorgen-Zucchini zum Bumerang gemacht hat. Er bleibt stehen und schaut uns dabei zu, wie wir den verkohlten Einweggrill, die verschmierten Teller und den ganzen anderen Kram in einen öffentlichen Abfallbehälter quetschen. Manu nimmt den Meckerer ins Visier und schlägt die Sorgenzucchini rhythmisch in ihre linke Handfläche, so wie es die Spieler mit den Baseballschlägern tun, wenn sie der gegnerischen Mannschaft signalisieren wollen, dass sie zum Angriff bereit sind. Der Meckermann schaut ängstlich, sagt nichts und geht. Ich spüre, dass Manu ihm die Zucchini gerne ein zweites Mal an den Kopf schmeißen würde.

In diesem Sommer dürfen wir nichts und alles.

Wir gehen direkt zum Zimmer von Ina. Sie sieht aus wie ein begossener Pudel, als sie die Tür öffnet. Ihre dünnen Haare hängen nass an ihrem Kopf herunter, um ihren ausgemergelten Körper hat sie ein Handtuch geschlungen.

„Hast du alle Zecken ertränkt?", fragt Manu.

„Ich hoffe es. Könnt ihr bitte noch mal auf meinem Rücken nachschauen?"

„Am besten, wir suchen uns alle gegenseitig ab", schlage ich vor.

„Zecken-Suchkommando", fordert Manu in militärischem Ton auf, schlägt die Hacken in den Flipflops aneinander und reißt die flache rechte Hand zum militärischen Gruß neben ihre Stirn hoch.

„Manu, es ist ernst."

„Natürlich ist es ernst, deshalb ja."

Ich streife meinen Rock ab, ziehe mir das weiße T-Shirt über den Kopf und schlüpfe aus BH und Unterhose. Einen Moment später stehen wir alle splitternackt da. Anna klaubt die Klamotten zusammen und geht auf den Balkon, um sie über der Brüstung auszuschütteln.

Ich zische: „Man kann dich sehen."

„Na und? Mir wird schon keiner was wegschauen."

Dann stellen wir uns hintereinander auf wie bei der Elefantenparade. Manu sucht Ina ab, Anna sucht Manu ab und ich suche Anna ab. „Ich schau dann noch bei dir", sagt Manu zu mir.

Meine Augen scannen über Annas Rückseite, beginnend bei ihrem Kopf, den Hals hinunter, über den Nacken, die Schulterblätter und die Wirbelsäule entlang. Mit der rechten Hand wische ich ein paar schwarze Fussel ihres Shirts von ihrer Haut. Nur die 30 Zentimeter lange Narbe, die sich rechts senkrecht über ihren Rücken zieht, wage ich nicht zu berühren: „Alles gut."

„Melde: Keine Zecken gefunden!", spielt Manu weiter.

„Ihr solltet euch aber noch die Haare waschen, nicht dass da noch Zecken drin sind", rät Anna.

„Na gut, dann gehen wir mal. Alles gut bei dir, Ina?"

Ina nickt: „Ja, alles gut. Sorry, dass ich eben so panisch geworden bin."

„Macht nichts, Ina, alles gut." Manu will die Runde beenden: „Wann sehen wir uns morgen? Ist jemand in der Psychorunde?"

Ich ziehe meinen Plan aus der Tasche: „Ja, Psychorunde, morgen als Erstes."

Die anderen nicken: „Na, dann sind wir alle bei der Psychotante, dann wird es wenigstens lustig", scheint Manu froh zu sein. „Gute Nacht, ihr Süßen."

2

Die Psychotante kennen wir seit drei Tagen, so wie auch wir uns seit drei Tagen kennen. Die erste Sitzung bei ihr war unser erster gemeinsamer Termin. Die Therapeutin ist eine Mittfünfzigerin, die in Kleidungsstücken herumläuft, die sie selbst be-aquarelliert hat. Anna sagt, das heiße Batiken. Ich finde, es sieht aus wie misslungene Aquarellbilder, Bilder, die man auf keinen Fall an der Wand hängen haben möchte, die aber zum Wegschmeißen zu schade sind. Da zieht die Psychofrau sie eben an. Die Bonbonfarben passen zu ihrer weichgespülten Stimme. Und die wirkt ebenso künstlich wie das Lächeln, das Güte heuchelt.

Frau Psycho sagte zur Begrüßung, dass sie genau wisse, wie wir uns fühlen, weil sie dasselbe erlebt habe. Ich vermute, sie erhofft sich dadurch mehr Glaubwürdigkeit. Aber Glaubwürdigkeit ist nicht Kompetenz.

Das hat Ina direkt gesagt: „Wissen Sie, ich habe ein Problem, wenn ich das Gefühl habe, dass ich meiner Therapeutin intellektuell überlegen bin.“

Da hat die Psychotante gelächelt, mit dem Kopf genickt und dann gesagt: „Sie haben einen guten Kontakt zu Ihrer inneren Welt.“

Ihr gehe es um unseren Kontakt zur äußeren Welt und darum, dass es uns besser geht. Dafür sei sie da. Dafür bringt die Psychotante Spiele und Übungen mit, die Tiefgang haben sollen, aber auf den ersten Blick zu durchschauen sind.

Vor drei Tagen, nach der Vorstellungsrunde in der allerersten Sitzung, verteilte die Psychofrau 14 Notizzettel und angespitzte Bleistifte an uns, stand von ihrem Stuhl auf, atmete tief durch, schaute feierlich in die Runde und verkündete: „Zu Beginn habe ich eine Überraschung für Sie."

Bei den Damen hielt sich die Freude in Grenzen.

„Also, wir haben für Sie blaue Luftballons mit Gas gefüllt, sodass sie weit weg und hoch in den Himmel fliegen können, bis zu den Wolken und ins All. Sie dürfen jetzt auf das Papierchen, das ich Ihnen gereicht habe, Ihre größte Sorge schreiben. Dadurch wird daraus ein Sorgenpapierchen. Dann gehen wir hinaus und jede knotet ihr Sorgenpapierchen an einen Luftballon – aber jede nur einen. Und dann lassen wir die Ballons mit Ihren Sorgen in den Himmel steigen. Sie werden sehen, danach fühlen Sie sich besser."

Ina flüsterte: „Ich würde mich besser fühlen, wenn ich jetzt gehen könnte."

Manu starrte mich an, als wolle sie sagen: „Das ist doch nicht ihr Ernst."

„Kommt, Mädels, machen wir es einfach", gab Anna den Startschuss.

„Was soll ich denn da draufschreiben?", fragte ich hilflos.

„Na, deine Sorgen eben."

Anna blieb locker: „Es ist doch egal. Das Ding fliegt in den Himmel und dann ist es weg."

Ich wandte mich an die Therapeutin: „Müssen wir sagen, was wir draufschreiben?"

„Nein, das müssen Sie nicht, aber wenn Sie darüber sprechen möchten, dann selbstverständlich gerne, dafür bin ich da."

Ich war immer noch ratlos: „Ina, was schreibst du denn?"

„Ich schreibe drauf, dass ich Therapiesitzungen machen muss, um die ich nicht gebeten habe, bei einer Frau, die ich nicht kennenlernen wollte."

Das fand ich gewagt: „Und wenn der Ballon platzt und der Zettel runterfällt und die Psychotante das findet?“

„Ist mir egal.“

Ich beschloss, etwas Unverfängliches aufzuschreiben, und musste lachen. Ich schrieb: „Ich habe Sorge, dass die Camemberts in meinem Kühlschrank überreif sind.“

„So, jetzt falten Sie Ihr Sorgenpapierchen zwei Mal und wir gehen gemeinsam hinaus.“

Manu hatte auf ihr Sorgenpapierchen unleserliches Gekrakel gekritzelt.

Das machte mich neugierig: „Was ist das?“

„Geheimschrift!“

Sie nahm ihr Papierchen und ihren Bleistift und wir standen auf, um den anderen hinterherzugehen, während Anna noch immer schrieb.

„Wird das ein Roman?“, witzelte Manu.

„Ich komme nach“, schickte Anna uns voraus.

Auf der Wiese vor dem Haus hatte jemand die blauen Ballons an eine Parkbank geknotet. Die Ballontraube sah schön aus, als könnte man sich dranhängen und vom Ostseewind weit wegtreiben lassen. Die Damen holten sich ihre Ballons ab, wickelten den Faden um das Papier und knoteten es fest.

„Geben Sie acht, dass der Ballon nicht platzt“, ermahnte Frau Psycho.

Und da knallte es auch schon. Alle schraken zusammen. Manu stand triumphierend in der Runde, hielt den spitzen Bleistift immer noch auf der Höhe, auf der eben noch der Ballon schwebte, dessen Fetzen nun aber am Ende des Fadens schlapp über ihrem Arm baumelten.

Manu machte große Augen und jammerte mit weinerlicher Stimme: „Frau Therapeutin? Jetzt habe ich einen Sorgenzettel, aber keinen Luftballon mehr, der meine Sorgen ins All trägt, weil der Bleistift, mit dem ich meine Sorgen notiert habe, den Luftballon angesprungen hat." Wir konnten unser Lachen kaum zurückhalten.

„Dann nehmen Sie sich einen Ersatzballon aus dem Flur."

Die anderen Frauen wussten nicht so recht, wie sie reagieren sollten, einige wirkten amüsiert, andere taten so, als hätten sie nichts mitbekommen. Dann hielten alle ihre Ballons in den Händen. Frau Psycho zählte zum Start. Bei Drei ließen alle los. Die Ballons flogen in den Himmel. Annas Ballon startete zuletzt und gab sich alle Mühe, die anderen einzuholen. Der leichte Wind trieb die Sorgen gen Westen. Kein Wölkchen zu sehen. Nur die dunkelblauen Ballons unterbrachen den Anblick der makellos hellblauen Himmelsfläche. Die Frauen gingen nach und nach, bis nur noch Anna und ich dastanden und den Ballons nachschauten. Als ich mich vom Himmelsanblick löste, heftete Anna ihren Blick weiter auf ihren Ballon. Ich wartete. Anna schaute.

Ich unterbrach die Stille: „Was hast du auf deinen Zettel geschrieben?"

Anna wandte ihren Blick nicht vom Himmel ab, und sie wollte meine Frage augenscheinlich nicht beantworten, sondern noch einen Moment allein sein: „Ich komme gleich."

Manu musste nach der Gruppensitzung zum Einzelgespräch.

Am zweiten Therapietag bekamen wir wieder ein Geschenk. Dieses Mal erhielt jede der 14 Frauen eine kleine leere beigefarbene Pappkiste. Die Psychofrau hatte um jede Kiste ein dunkelgrünes Bastband geschlungen und auf dem Deckel zur Schleife gebunden.

„In dieser Kiste sind Ihre vergessenen Träume", flötete die Therapeutin, „Dinge, die Sie als Kind machen wollten, Pläne, die Sie hatten, Träume und Wünsche, die Sie im Laufe des Lebens in den Zwängen des Alltags vergessen haben. Heute wollen wir diese Kiste öffnen und nachsehen, was darin ist, und uns daran erinnern", erklärte die Therapeutin.

Sie wolle bei der Dame rechts anfangen und sich dann der Reihe nach nach links durcharbeiten, sodass jede von uns einmal drankäme. „Frau Mullin, Sie sind die Erste. Bitte öffnen Sie Ihre Kiste und schauen Sie hinein und sagen Sie uns, welchen Traum Sie darin finden."

Frau Mullin ist zwischen 50 und 60 Jahre alt, blond, ein wenig rundlich, hat eine dicke Brille auf der Nase, kommt aus Bonn. Sie zog die Schleife auf, nahm den Deckel ab und blickte in die leere Kiste und sprach dann aus, was sie sah: „Prinzessin."

Psychofrau: „Bitte was?"

„Ich wollte immer eine Karnevalsprinzessin sein. Wissen Sie, ich komme aus Bonn und da feiern wir Karneval. Und da wollte ich immer Prinzessin sein."

Die Psychotante war begeistert: „Oh, das ist aber ein sehr schöner Traum."

„Ja, aber habe ich nie gemacht."

„Naja, das können Sie ja noch."

„Wie soll das gehen?"

„Ganz einfach: indem Sie sich ein Prinzessinnenkleid kaufen und ein Krönchen und als Prinzessin gehen. Gerade zu Karneval ist das doch ein Wunsch, den Sie sich mit einfachen Mitteln leicht erfüllen können."

„Als Prinzessin gehen ist nicht dasselbe wie Prinzessin sein. Prinzessin zu sein ist ein Amt, da muss man gewählt werden. Und ich bin fast 60 Jahre alt und ein Wrack, wer soll mich wählen?"

„Aber Frau Mullin, dann machen Sie doch Ihre eigene Prinzessinnenwahl im Freundeskreis. Es ist doch alles nur eine Frage der Definition. Hauptsache Prinzessin."

Frau Mullin stimmte mit einem leicht ironischen Unterton zu: „Ja, klar, mach ich, super Idee!“

„Dann die Nächste.“

Allen war nun klar, dass sie besser nichts Existenzielles aus ihren Kisten holen sollten und dass sie auch nicht lange diskutieren sollten, wenn sie hier schnell wieder wegwollten.

Die nächste Frau holte aus ihrer Kiste eine Kreuzfahrt – ein Traum, den sie sich ja auch einfach mal erfüllen könne, wie die Psychofrau sagte: „Wenn Sie etwas wirklich wollen, dann schaffen Sie es auch. Und wenn Sie es nicht schaffen, dann sollten Sie sich fragen, ob Sie es auch wirklich wollen.“

Es folgten: ein eigenes Haus, den leiblichen Vater kennenlernen, ein Café eröffnen, Fallschirmspringen, Ballett tanzen, Klavier spielen, im Lotto gewinnen, eine Safari machen, Filmstar sein, und dann kam ich.

„Ich würde gerne mal in Nutella baden.“

Frau Psycho schien überrascht: „In Nutella? Und wieso ausgerechnet Nutella?“

„Wieso nicht? In einer Badewanne sitzen, die bis zum Rand mit Nutella gefüllt ist, dann mit beiden Händen in die Masse greifen und das Nutella in sich hineinstopfen.“

Während ich es beschrieb, schaufelte ich mit den Händen durch die Luft, schüttete mir das gedachte Nutella über das Gesicht und fraß es krümelmonsterartig mit den Worten „Jramm, jramm, jramm“ in mich hinein.

Die anderen grinsten. Missis Psycho lächelte wächsern und ging die Reihe weiter durch.

Ina wollte als Kind Tiefseeforscherin werden. Jetzt ist sie Biologin. Annas vergessener Traum spielt in Spanien: auf einer Finca mit einer

Olivenplantage und einem Swimmingpool, weil sie an so einem Ort oft mit ihren Eltern im Urlaub war.

Jetzt fehlte nur noch Manu, und dann könnten wir endlich gehen. Manu zog das Band ab und löste den Knoten. Sie ließ sich Zeit. Während sie den Bast feinsäuberlich aufwickelte, wurde es ganz still im Raum. Sie schloss das Bandknäuel mit einer Schleife und legte es auf den Beistelltisch. Dann nahm sie mit einer großen Bewegung den Deckel von der Kiste, fächerte sich damit mit vier, fünf Bewegungen Luft zu, während sie in die Runde schaute, senkte den Blick in die Kiste, riss die Augen auf und sprach mit erhabener Stimme in die Stille laut und klar nur ein Wort: „Leer!"

Ein Riesengelächter brach los.

Die Psychofrau versuchte uns zu beruhigen: „Bitte, meine Damen! Natürlich ist die Kiste leer. Das habe ich Ihnen ja gesagt, Frau Burg, die Kisten sind alle leer. Sie sollen versuchen, darin vergessene Träume zu sehen."

Manu blieb dabei: „Es ist nichts drin."

Frau Psycho verlor ein wenig die Fassung: „Strengen Sie sich an. Irgendetwas wird ja wohl drin sein."

„Nein, nichts. Es ist nichts drin."

„Also ein bisschen mitarbeiten müssen Sie schon."

„Mache ich ja, aber in meiner Kiste ist kein vergessener Traum. Ich wollte Sängerin werden und ich bin Sängerin geworden. Basta."

Ina schaltete sich ein und gab das Stichwort zum Ende der Sitzung: „Manu, aber ich glaube, in deiner Kiste ist doch bestimmt noch der vergessene Traum von einem leckeren Kantinen-Mittagessen."

Manu schaute noch mal in die Kiste und nickte übertrieben: „Oh ja, stimmt, jetzt, wo du es sagst, kann ich es sehen. Lecker Mittagessen. Dann gehe ich mir mal diesen Traum erfüllen …"

Mit diesen Worten stand Manu auf, stellte die Kiste auf den Tisch und verließ den Raum. Die anderen Frauen machten sich auch daran, zu gehen.

„Wir sehen uns morgen wieder, die Damen", rief die Therapeutin überrumpelt und an mich gewandt: „Bitte sagen Sie Frau Burg, dass sie gerne noch mal zu mir kommen soll."

„Da wird sie sich freuen."

Gerade haben wir die dritte Sitzung. Es ist der Morgen nach dem Grillabend. Dieses Mal hat Manu ein Geschenk für die Psychofrau dabei: die Sorgenzucchini aus dem Weizenfeld.

„Nein, du wirst sie ihr nicht geben", bremse ich Manu aus.

„Wieso nicht? Sie steht doch auf Sorgenpapierchen und Angstballons und leere Kisten mit fiktiven Schwachsinns-Ideen darin."

„Manu, bitte. Es gibt Menschen hier, denen das etwas gibt. Uns vielleicht nicht. Aber mach es ihr doch nicht so schwer, wir müssen da hin, dann sitzen wir das eben ab, respektieren, dass manche Frauen aus den Sitzungen etwas ziehen können. Und außerdem würde Frau Psycho die Sorgenzucchini sowieso nicht verstehen."

Vorsichtshalber nehme ich Manu die Zucchini ab und packe sie in meinen Jutebeutel.

„Heute möchte ich von jeder von Ihnen mindestens eine Sache hören, die nichts kostet und die Freude macht", kündigt die Psychotante an und liefert auch direkt ein paar Beispiele: „Zum Beispiel Blumen anschauen oder Wolken anschauen … und jetzt Sie." Wieder der inzwischen bekannte Blick in die Runde.

Die Erste erbarmt sich, eine attraktive Frau mit kurzen schwarzgrauen Haaren, perfekt geschminkt mit Lidschatten und Lippenstift, geschmackvoll gekleidet: „Sterne anschauen."

Mir ist das alles zu platt. Trivialer Kram.

Frau Psycho scheint froh zu sein, dass es läuft: „Sehr gut."

Dann zählen die Frauen brav auf: spazierengehen, im Wald herumlaufen, das Gras unter den Füßen spüren, die Sonne spüren …

Ich muss auch etwas sagen und rede mich mit „Ausschlafen“ heraus. Nur Manu sagt nichts und die Psychofrau kann es nicht dabei belassen: „Von Ihnen habe ich jetzt noch gar nichts gehört. Von Ihnen möchte ich jetzt mindestens drei Sachen hören, die nichts kosten und Freude machen.“

Manu zögert nicht lange: „Bitte: fressen, ficken und Kinder erschrecken.“

Miss Psycho ist entsetzt, die Gruppe wiehert los. Die Fastnachtsprinzessin schlägt sich vor Lachen auf den Schenkel. Die elegante Sternenfrau, die eben noch in den Himmel schauen wollte, lächelt und bleibt cool, als teile sie Manus Ansichten, wenngleich sie Manus Ausdrucksweise vermutlich nicht goutiert. Die Gruppe ist außer Rand und Band. Die Therapietante fängt sich, schleudert Manu lächelnd ein „Sie sind ja ein Vulkan“ hin und beendet die Runde für heute. Manu muss zum Einzelgespräch.

Ich bin genervt, gehe direkt in mein Zimmer, werfe die Tür hinter mir zu. Pfeffere den Jutebeutel mit der Sorgenzucchini darin in die Ecke und lasse mich aufs Bett fallen.

Ich hasse dieses Schöngerede. Deshalb nehme ich mir vor, heute Nachmittag eine Liste von Dingen zu schreiben, mit denen man garantiert eine schlechte Zeit haben kann.

3

Die Liste der Dinge, mit denen man garantiert eine – mehr oder weniger lange – schlechte Zeit haben kann:

In der Therapiestunde der Psychotante sitzen.

Mit der Deutschen Bahn fahren.

Den Telefonanbieter wechseln.

Dem Zahnarzt vertrauen, wenn er sagt: „Das ist nur ein ganz kleines Loch, da brauchen wir keine Narkose."

Mit einem Münchner Taxi eine sehr kurze Strecke fahren.

Mit einem morschen Zahn auf eine harte Lakritze beißen.

Eine Limonadenflasche öffnen, die geschüttelt wurde.

Mit dem kleinen Zeh am Türrahmen hängen bleiben.

Das heiße Bügeleisen im Fall auffangen.

Beim Sektflasche-Öffnen den Flaschenhals in Richtung Gesicht halten.

Mit nassen Füßen auf Granitboden ausrutschen.

Milch in den beheizten Beifahrersitz fließen lassen.

Zur Rushhour mit dem Auto nach Frankfurt reinfahren.

Mit einem Schalke-04-Schal im Dortmund-Block sitzen.

Im Beisein eines Vegetariers ein Schnitzel essen.

Beim Fahren ohne Führerschein erwischt werden.

In ein Wurmloch geraten.

Barfuß über eine frisch geteerte Straße gehen.

Das Mundspray mit dem Handdesinfektionsspray verwechseln.

Den Ehemann mit dem Namen des Geliebten ansprechen.

Nach der Ansage „Wir schenken uns nichts" wirklich nichts schenken.

Jemandem einen Schokoladenpudding kochen und ihn dann selbst essen.

Sex am Sandstrand.

Unter Zeitdruck ein Ikea-Bett aufbauen.

Die Zigarette am falschen Ende anzünden.

Beim Türzuziehen die andere Hand im Türrahmen haben.

Bei der Einreise nach Amerika an der Passkontrolle einen Witz über eine Bombe machen.

Vergessen, den Herd auszuschalten.

Die Aufzählung lässt sich vermutlich beliebig verlängern.

Nach der Mittagspause erzähle ich den anderen von meiner Liste, vielleicht haben sie auch noch Ideen. Damit sie eine Vorstellung davon bekommen, was ich meine, gebe ich ihnen Beispiele: „Mit einem angespitzten Bleistift einem Luftballon zu nahe kommen, einen brennenden Einweggrill in ein Getreidefeld stellen …"

„In einen Seeigel treten", grinst Anna, und Ina und ich verzerren die Gesichter wie im Schmerz und ziehen bei dieser Vorstellung deutlich hörbar Luft durch die zusammengebissenen Zähne.

Ina schlägt vor: „Nach dem Öleinfüllen ins Auto vergessen, den Deckel wieder auf den Einfüllstutzen zu schrauben."

„Sehr schön", kommentiere ich und notiere es.

Anna: „Sich im Parkhaus nicht merken, wo das Auto steht."

„O ja, auch gut, das kenne ich, ich habe schon stundenlang gesucht", bestätigt Ina.

Ich nicke anerkennend: „Nicht schlecht. Weitere Vorschläge?"

„Klar", sagt Manu, „das Naheliegende habt ihr in eurer Liste ja noch gar nicht drin."

„Und das wäre?“, freue ich mich erwartungsvoll.

„Man kann auch einfach Krebs bekommen, dann hat man auch garantiert eine Scheißzeit.“

4

Wir haben alle Krebs.

Manu: Unterleibskrebs. Ihre Gebärmutter wollte sie unbedingt behalten, aber als sie aus der Narkose aufwachte, hatten die Ärzte ihr das Organ einfach herausgenommen. Es sei nicht anders gegangen. Jetzt ist Manu 38 und nicht mehr gebärfähig. Die Chemotherapie ist schon lange genug her, dass ihre Haare nachwachsen konnten. Wenn die Haare nachwachsen, locken sie sich anfangs. Manu hatte fast hüftlange schwarze glatte Haare. Jetzt hat sie einen Bubikopf mit großen weichen Wellen, sieht aus wie eine Zwanziger-Jahre-Frau, wie Dita van Teese. Ich finde, es steht ihr großartig. Manu hasst es. Bei den Auftritten mit ihrer Rockband trägt sie jetzt eine Perücke: „Sonst müssen wir alle Promofotos neu schießen lassen."

Anna: Brustkrebs. Sie hat seit der Chemo keine Haare mehr. Sie sieht aus wie eine krasse Punkerin.

„Du bist jetzt Rockerin", hat ein Mädchen im Kinderladen gesagt, in dem sie arbeitet. Dann haben alle Kinder gefragt, ob sie mal Annas Kahlkopf streicheln dürfen, Anna ist in die Hocke gegangen, jedes Kind durfte über die zarte Haut streichen, und alle fanden es toll.

Auf ihrem perfekt geformten Kopf sprießen jetzt ein paar schwarze Stoppeln. Ihre riesigen dunkelbraunen Augen wirken noch größer über ihrem sinnlichen Mund.

Sie ist bildschön und sie hat Spaß an ihrem Look: „An der S-Bahn in Berlin werde ich nun von Leuten um Feuer gebeten, vor denen ich mich bisher gefürchtet habe."

Niemand rempele sie mehr an, alle hielten respektvoll Abstand. Anna amüsiert das. Sie ist mit 27 Jahren die Jüngste von uns. Ihre Brust wurde schon wieder aufgebaut. Das Muskelgewebe, das dafür benötigt wurde, wurde ihr aus dem Rücken entnommen, daher die lange Narbe.

Manu hat ihr vorgeschlagen: „Wenn alles überstanden ist, kannst du dir ja neben die Narbe die Worte ‚Na und?' tätowieren lassen."

Ina: Unterleibskrebs. Zum zweiten Mal. Sie ist 33. Das erste Mal erwischte es sie mit 28. Dieses Mal war nach der Totaloperation auch noch eine Chemo fällig. Die kostete sie die Hälfte ihrer Haare. Das, was ausgefallen ist, wächst schon nach. Wenn sie ihr Haar senkrecht hoch über den Kopf hält, sieht man, dass das Haar im unteren Bereich nahe der Kopfhaut dicker ist als der Rest. Der dicke Unterflaum gibt dem dünnen Resthaar einen übermäßigen Stand, der die Haare vom Kopf abstehen lässt. Sie erinnert mich ein wenig an eine aufgeplusterte Meise.

Und ich, Kiki. Ich habe das, was Ina vor fünf Jahren hatte: Unterleibskrebs in einem sehr frühen Stadium. Mir geht es also am besten, dabei bin ich mit 41 die Älteste. Ich hatte keine Chemo, keinen Port im Dekolleté, über den die Chemie in meine Adern floss. Ich wäre meine Gebärmutter im Gegensatz zu Manu gerne losgeworden, statt das Gefühl zu haben, den Rest meines Lebens mit einer tickenden Zeitbombe in meinem Körper herumzulaufen. Aber als ich aus der Narkose aufwachte, war sie noch da.

Manu ist mit ihrer Gebärmutter fertig – und mit den Ärzten, die sie ihr entrissen haben. Sie fühlt sich im Stich gelassen, von der Gebärmutter und von den Ärzten.

Wir kennen uns seit drei Tagen. Am Montag sind wir in der Kurklinik angekommen. Wir sollen uns erholen, ein mehrwöchiger Aufenthalt in der Nähe der Ostsee, bezahlt von der Deutschen Rentenversicherung, damit unsere Arbeitskraft möglichst schnell wiederhergestellt ist. Drei Wochen sind garantiert, über jede weitere Verlängerungswoche entscheiden die Ärzte der Klinik von Woche zu Woche. Als ich ankam, habe ich versucht, mit der Ärztin direkt auszuhandeln, dass ich nur die vorgeschriebene Mindestzeit von drei Wochen bleiben muss und keinen Tag länger. Ich wollte so wenig Zeit wie möglich mit Krebsfrauen verbringen, weil ich fürchtete, dass ständige Gespräche über Krankheitsgeschichten ganz sicher keinen therapeutischen Effekt haben würden, der mich weiterbrächte. Aber schon nach drei Tagen weiß ich, dass ich hier so schnell nicht wieder wegwill.

Wir sind in einer Rehaklink für Frauen nach Krebs und für Menschen mit orthopädischen Problemen. 90 Prozent Frauen. Montags kommen immer die Neuen. Die wenigen Männer, die wegen orthopädischer Probleme in dieser Klinik sind, sitzen dann aufgereiht wie Silberrücken auf den Bänken vor der Klinik und taxieren jede Frau, die ankommt. Um zehn Uhr muss man am Aufnahmetag da sein. Die Klinik befindet sich in Bad Schwartau, fünfzehn Autominuten von der Ostseeküste entfernt, in einem Park an einem See neben einem Waldstück. Neben dem Hauptgebäude mit dem Speisesaal, den Vortrags- und Bastelräumen gibt es zwei mehrstöckige Nebenhäuser mit kleinen Balkonen, in denen die Patienten wohnen. Es hat etwas von Siebziger-Jahre-Urlaubs-Bunkern, Appartementhaus und Altenheim. Am Rande des Parks befindet sich ein Thermalbad. Im hinteren Bereich Therapieräume für Massagen, Inhalation, Gymnastik und Fangopackungen. In den Kellern die Behandlungsräume der Ärzte, ein paar drittklassige Zimmer, die nur genutzt werden, wenn es richtig voll ist, eine Tischtennisplatte und ein unterirdischer Übergang zum Thermalbad im Stil eines Tiefgaragentunnelsystems. An den Decken Neonröhren. Auf dem Boden Linoleum.

Zwischen den Häusern gibt es eine kleine Fläche mit Bänken und einen bemoosten Schachspielplatz. Da sitzen die Krebsfrauen und die Orthopädiefrauen neben gesunden Besuchern des öffentlichen Kurparks, die mit all dem Klinikkram nichts zu tun haben.

Ich war um drei Uhr morgens mit dem Auto in Frankfurt losgefahren, um pünktlich da zu sein. An der Rezeption erhielt ich meine Schlüssel für die Zimmertür und für meinen Briefkasten Nummer 528, eine Hausordnung, den Mittagessensplan für eine Woche, auf dem man ankreuzen muss, was man essen möchte, und eine grüne Plastikkladde.

„In die stecken Sie bitte Ihre Behandlungspläne, die Sie einmal pro Woche in Ihrem Briefkasten finden. Den Mittagessensplan werfen Sie bitte in den Briefkasten im Speisesaal. Heute haben Sie freie Auswahl", erklärte die dicke Frau in Weiß.

Einen Teekocher gab es nicht.

„Tee können Sie im Speisesaal trinken."

Ich beschloss, mir einen zu kaufen.

Die Frau in Weiß erklärte weiter: „Die Salzgrotte und das Thermalbad dürfen Sie kostenlos nutzen. Im Keller finden Sie Waschmaschinen. Sie sitzen im Speisesaal an Tisch 5, dort steht ein Schild mit Ihrem Namen. Rauchen Sie? Rauchen sollten Sie gar nich und wenn es unbedingt sein muss, dann nur in der Holzhütte hinter dem Haus."

Die Verbote waren der Anweiserin am wichtigsten: „Sie dürfen während Ihres Aufenthalts nicht mit dem eigenen Auto fahren, dann haben Sie keinen Versicherungsschutz. Alkohol ist nicht erlaubt. Die Türen der Klinik werden um 23 Uhr abgeschlossen, bis dahin müssen Sie also drin sein. Besuch muss angemeldet werden. Es ist nicht erlaubt, während Ihres Kuraufenthalts nach Hause zu fahren. Sie dürfen die Pflichtkurse nicht verpassen."

Die Verbote stehen auch auf Zetteln an der Pinnwand gegenüber der Rezeption. Ebenso die Freizeitangebote: Serviettentechnik, Traumfänger bauen, Fahrradtouren und eine geführte Kräuterwanderung. Daneben baumelt ein Kugelschreiber an einer Kordel, die mit einer Reißzwecke an der Wand befestigt ist und mit dem man sich in die Teilnahmelisten der Angebotsbeschreibungen eintragen kann.

Ich trug mich nirgends ein. Zuletzt erhielt ich einen fotokopierten Lageplan der Gebäude. Dann wurden die Neuankömmlinge über das Gelände geführt und bekamen alles gezeigt.

Wir beäugten uns scheu und wir wurden beäugt von denen, die schon länger da sind und die sich auf den Parkbänken ihre Stammplätze gesichert haben.

Die Tage sind strukturiert. Um 6.30 Uhr aufstehen. Um 7 Uhr beginnen die Anwendungen und Kurse: Wassergymnastik, Psychotherapie, Venengymnastik mal vormittags, mal nachmittags. Dann, um 8 Uhr, frühstücken, danach Walking, im Fitnessraum Fahrradfahren, Massagen, Inhalieren, Nackengymnastik, Gesundheitsvorträge, um 12 Uhr Mittagessen, danach Mittagsschlaf, Arzttermine, autogenes Training, Progressive Muskelentspannung, leichter Sport. Um 18 Uhr Abendessen.

„Wenn Sie nicht zu Abend essen wollen, müssen Sie sich bis 13 Uhr aus der Liste im Speisesaal austragen."

Die Abende sind zur freien Verfügung. Wer gar nichts mit sich anzufangen weiß, kann zur Konzertmuschel am Rande des Parks gehen. Manchmal singen dort Kinderchöre oder der örtliche Quetschkommodenverein spielt.

Es gibt in jedem Haus einen Gemeinschaftsraum mit einem Tisch, ein paar abgewetzten Gesellschaftsspielen und einer kleinen Bibliothek, die sich aus den Büchern speist, die Gäste in der Vergangenheit liegen gelassen haben. Trivialromane, Krebsratgeber, Wandertourenpläne, mittendrin ein Bildband von Salvador Dali, den ich mir mit aufs Zimmer nehme. Charlotte Roches' „Feuchtgebiete" steht drei Mal im Regal. In diesem Bibliothekssammelsurium finden auch die gemeinsamen Filmabende statt.

Manus Filmvorschlag „Shaun of the Death", eine blutig-bitterböse Zombiekomödie, wird schon allein deshalb nicht angenommen, weil es diesen Film nicht auf Videokassette gibt. Dabei findet Manu, dass ein Zombiefilm doch ganz gut zur Kulisse passen würde. Aber es laufen Heinz-Rühmann-Filme, sämtliche Schmonzetten mit Audrey Hepburn, Traumschifffolgen mit Sascha Hehn und streifige Aufnahmen von Lindenstraßenfolgen.

Ich wollte hier nicht hin, auch wenn eine Kur mir angeblich guttut. Aber die Vorstellung, mehrere Wochen mit depressiven Krebsfrauen verbringen zu müssen, war mir ein Graus. Ich fürchtete, sie würden die ganze Zeit über ihre Krankheiten reden, sich bedauern, heulen, jammern und weinen, ihr Leben am Ende sehen und sich von ihren Ängsten vor sich hertreiben lassen. Ich rechnete mit Frauen, die um sich selbst kreisten, in Schilderungen, wie sie ihre Diagnose bekamen, wie die Chemotherapie ihren Körper auffraß, dass ihnen speiübel wäre, wie sie im Krankenhaus aus der Narkose aufgewacht wären, wie die Bestrahlung ihre Haut zerstörte, wie es war, als sie sich den Kopf rasierten und sich eine Perücke aussuchten … all diese Geschichten hatte ich im Krankenhaus und in den Wartezimmern gehört, sie sind schrecklich und sie führen zu nichts. Ich wollte damit nichts mehr zu tun haben. Ich wollte nach vorn blicken.

Keine der Krebsfrauen wollte hierher. Warum auch? Die Behandlung ist abgeschlossen. Das Krankenhaus ist Vergangenheit. Das Thema ist durch. Ich will nicht wieder zurück in dieses Thema, in diesen Lebensabschnitt. Ich will leben. Und, bei Gott, ich lebe, wir alle leben, wir haben überlebt. Das ist das Einzige, was zählt. Wenn es rum ist, wollen wir so weitermachen, als wäre nichts gewesen. Und jetzt müssen wir zurück in dieses Grauen, uns neu konfrontieren mit dem, was uns bedroht. Das will ich nicht.

Deshalb hatte ich mir schon vor Kurantritt vorgenommen, möglichst wenig Kontakt mit den Depri-Krebsfrauen zu haben und mich lieber an die Orthopädiepatienten zu halten. Bei ihnen vermutete ich einen stabileren, fröhlicheren und lebensbejahenderen Gemütszustand. Denen geht es doch gut. Für sie spielen die Fragen um Leben und Tod keine Rolle.

Sie haben nicht den Moment erlebt, in dem sie fürchteten, das Leben könne demnächst zu Ende sein. Sie haben nicht Rotz und Wasser geheult, gefleht und gebettelt, das Leben möge ihnen noch eine Verlängerung geben. Sie haben nicht geschworen, dass sie nun alles ändern wollen, wenn sie denn nur weiterleben dürfen. Sie sind nicht mitten in der Nacht noch halb schlafend voller Angst aus dem Bett gesprungen und einfach losgerannt und erst stehen geblieben, als sie wach genug waren, um sich dem Impuls der Flucht zu widersetzen.

Und sie kennen den Moment der Diagnose nicht. Der Moment, in dem es sich anfühlt, als schlage einem jemand mit voller Wucht ein Holzbrett flach ins Gesicht. Ihnen geht es gut, denke ich.

Ich kann den Krebsfrauen aber nicht ausweichen, denn ich sitze mit dreien davon an Tisch Nummer 5: Manu Burg, Ina Stachert und Anna Plathe.

Am ersten Abend sind wir ein wenig scheu, abwartend. Wir wissen nicht, wo wir anfangen sollen, sprechen über das Wetter, darüber, wo wir herkommen, in welchem Block wir jetzt wohnen und wie wir die Zimmer finden. Man kennt dieses vorsichtige Annähern aus dem Klub-urlaub, wenn man mit einem fremden Pärchen an einen Tisch gesetzt wird und erst einmal herausfinden möchte, mit wem man es zu tun hat. Dann geht es um den Beruf, darum, was man den ganzen Tag macht, und um die Erfolge, die man dort vorzuweisen hat, dass man Abteilungsleiter ist oder Geschäftsführer, dass man eine Fortbildung gemacht hat und wie erfolgreich das Unternehmen ist, bei dem man arbeitet.

Für uns spielt das alles keine Rolle. Das Thema Berufe ist schnell besprochen. An diesem Tisch sitzen eine Kindergärtnerin, eine Biologin, eine Rocksängerin und eine Journalistin. Das, worüber man sich zeitlebens definiert hat, ist hier eine Nebensächlichkeit.

An diesem Tisch sitzen keine Kindergärtnerin, keine Biologin, keine Rocksängerin und keine Journalistin. An diesem Tisch sitzen Frauen mit Krebs und sie sprechen nicht darüber. Jede scheut sich, dieses Fass aufzumachen. Jede hat Angst, dass die Horrorgeschichten der anderen sie überrollen könnten, dass es dann nur noch um die Krankheit gehen würde, und gleichzeitig fürchtet jede, die anderen mit ihrer Geschichte zu vergraulen und dann allein zu sein.

Wenn die eigenen Freunde erfahren, dass man Krebs hat, dann sind sie entweder weg oder sie sehen nichts anderes mehr als den Krebs. Dann sitzen sie sprachlos und betroffen da, schauen einen mitleidig an, sagen, dass das ja schon ganz schön schlimm ist, und dann ersterben die Gespräche. Aber in dieser Situation wünscht man sich nichts anderes als Normalität.

Das Schlimmste ist, auf den Krebs reduziert zu werden. Es reicht doch, wenn man erwähnt, dass man krank ist, dann wissen die anderen, warum man beim Treppensteigen aus der Puste kommt, viel Schlaf braucht und sich nicht meldet.

Und dann ist es gut. Und dann will man über das Normale sprechen, über Mode und Klatsch und Tratsch, über Kuchenrezepte und Einrichtungsfragen, aber nicht mehr über Krebs. Dieses Thema nimmt schon genug Raum ein in den eigenen Gedanken, in den Tagen und in den Nächten.

Und schon gar nicht möchte man beweint werden, als wäre man schon gestorben.

Als Halina in der Woche nach meiner Krankenhausentlassung zum Putzen kam und erfuhr, was mit mir war, riss sie die Augen auf, schlug die Hände vors Gesicht und schrie heulend los. Tränen flossen ihr über das Gesicht, sie begann zu zittern, konnte kaum den Wassereimer tragen, schluchzte und jaulte und bekam kein Wort heraus.

„Halina, hör auf zu weinen. Das kann ich jetzt überhaupt nicht gebrauchen."

Doch sie konnte ihre Tränen nicht stoppen, hastete aus dem Schlafzimmer in die Küche und versuchte sich dort zu fassen. Doch ich konnte ihr Weinen hören.

„Halina", schrie ich aus dem Bett, „hör auf damit!"

Doch Halina schluchzte weiter, wischte sich die Tränen weg, weinte mit dem nächsten Atemzug wieder los, huschte mit dem Eimer und einem Lappen wie ein geschlagener Hund an meinem Bett vorbei ins Bad, erstickte fast an ihrem Schmerz.

„Halina, was ist los? Hör auf damit!"

Ich wurde sauer, ich wollte keine Angst bekommen.

Halina schluchzte: „Meine Vater ist auch an die Krebs gestorben …"

„Halina, das hat nichts mit mir zu tun. Ich werde nicht sterben. Hör auf damit, sonst musst du gehen."

Und ich schickte Halina weg.

Krebsfrauen wollen nicht hören, wer schon alles an Krebs gestorben ist. Sie wollen nicht hören, wen es vielleicht noch schlimmer erwischt hat.

Und sie wollen auch nicht nichts hören.

Diese Stille, dieses Verstummen, diese Ratlosigkeit, diese Betroffenheit – es ist unerträglich.

Auch Thomas, ein befreundeter Arbeitskollege, war sprachlos. Er hatte Tage nach meiner Operation in dem Wohnzimmersessel Platz genommen, den ich für Besucher ins Schlafzimmer an mein Bett geschoben hatte, und dann hockte er da.

„Das ist ja schon schlimm", sagte er, räuspert sich ein paarmal, nestelte an seinem Schnürsenkel, schaute in der Gegend herum, aber mir nicht in die Augen.

„Schlimm, schlimm, schlimm", sagte er leise vor sich hin.

Das ist das, was man sagt, wenn man hört, dass irgendwo in Thailand ein Tsunami 200 Menschen in den Tod gerissen hat. Schlimm ist das, aber weit weg, und was soll man da machen? Das ist eben das Leben.

War es das, was er mir sagen wollte? Ich fand überhaupt gar nichts schlimm. Immerhin saß ich vor ihm und ich hatte vor, noch sehr lange vor ihm zu sitzen, in diesem Bett und an tausend anderen Orten.

„Wollen wir uns vielleicht unterhalten? Oder willst du das Gespräch erst wieder aufnehmen, wenn ich gänzlich genesen bin?"

Thomas schaute verwundert auf.

„Nee, klar, wir können uns unterhalten."

So, können wir also. Aber ich höre nichts. Außer ein Räuspern.

Ich forderte das Gespräch ein: „Okay, wenn wir nicht sprechen, dann kannst du jetzt auch gehen."

Thomas war verdutzt: „Nein, wieso denn …?"

„Wieso denn? Weil du seit einer gefühlten Stunde dasitzt, mich anglotzt wie ein Dackel, der von seinem Herrchen verstoßen wurde, und die Zähne nicht auseinanderbekommst. Erwartest du, dass ich dich tröste?"

„Nein."

„Also, was willst du dann hier?"

„Wieso, was will ich hier? Ich will dich besuchen."

Zorn quoll in mir auf.

„Aber ich will einen solchen Besuch von dir nicht, bei dem ich mich fühle, als sei ich nun schuld daran, dass du dich schlecht fühlst. Ich lebe. Du darfst Spaß haben. Und ich will auch Spaß haben. Und wenn du das nicht hinbekommst, denn geh!"

Ich hatte keine Geduld mehr, sprang aus dem Bett, stampfte in meinem Nachthemd zielstrebig zur Wohnungstür, riss sie auf und schimpfte: „Geh, geh raus!"

Thomas stand auf und bewegte sich zögerlich in meine Richtung.

„Geh jetzt. Wenn du nicht gehst, dann schreie ich, bis du draußen bist."

Thomas war verdattert. Er nahm seine Jacke vom Sessel, ging auf mich zu in den Flur, schaute mich fragend an.

„Jetzt hau ab!“

Thomas ging. Endlich war ich ihn los.

Als es am nächsten Morgen klingelte, öffnete ich nicht. Er sollte mich in Ruhe lassen. Er ließ einen Käsekuchen vor meiner Wohnungstür stehen. Ich schnappte den Kuchen vom Boden, rannte die beiden Treppen hinunter in den Hof, öffnete die Mülltonne und pfefferte ihn samt Springform in die Tonne.

Dann weinte ich. Ich war so sauer, so böse, so zornig. Wehe, er wagt es, mich noch ein Mal zu kontaktieren.

Manfred, Michael, Susanne und einige andere meldeten sich gar nicht mehr. Nur Anita war da. Sie rief an. „Bist du zu Hause, dann komme ich jetzt vorbei, und ich bringe dir jemanden mit.“

Wenige Minuten später klingelte es. Hinter Anita stand eine braungebrannte Frau mit langen schwarzen Dreadlocks. Sie sollte eine Wunderheilerin sein.

Sie legte ihre Hand auf meinen Bauch und hustete minutenlang. Sie wolle das Böse aus mir heraushusten, erklärte sie. Dann ließ sie mir einen grünen Stein da, den ich immer bei mir tragen sollte, damit das Böse nicht zurückkommt.

Die Vorstellung, dass etwas Bösartiges in mir steckt, gefällt mir nicht. Es ist ein Tumor, eine Stelle mit Zellen, die anders gewachsen sind als andere Zellen.

Genau genommen kann man es sich auch so vorstellen, dass es eigentlich ganz gute, fleißige Zellen sind. Sie sind einfach aktiver und emsiger als andere, wachsen wie die Wilden und wissen ja selbst nicht, dass das, was sie da tun, nicht gut ist. Sie meinen es ja nicht böse. Sie sind eben nur anders.

Jeder hat Krebszellen in sich. Jeden Tag wachsen in jedem Menschen Krebszellen. Zu einem bösartigen Krebstumor werden sie nur, wenn der Körper sie nicht in ihrem Tun bremst, wenn sie nicht bekämpft werden.

Und der Körper bekämpft sie manchmal eben nicht. Entweder weil er nicht genügend Abwehrkräfte besitzt oder weil er die bösen Krebszellen nicht erkennen kann, weil sie sich tarnen. Da sitzen dann die Abwehrzellen ganz gemütlich mit den getarnten Krebszellen auf dem Sofa und schauen Fernsehen und machen nichts. Daraus kann man doch niemandem einen Vorwurf machen. Und schon gar nicht mir. So ein Quatsch.

Ich glaube zwar nicht an so etwas, aber ich habe den Stein trotzdem immer dabei, auch in der Kur, in der Hosen- oder Handtasche.

Nachdem das Gespräch beim ersten Abendessen in der Kur nicht in die Gänge kommt, ziehe ich ihn aus der Tasche und lege ihn auf Tisch 5. Vielleicht kann das der Eisbrecher sein.

„Was ist das?", fragt Manu.

„Das ist ein Stein, der dafür sorgen soll, dass das Böse nicht wieder in mich hineinkrabbelt."

Ich blicke in fragende Augen.

„Habe ich von einer Wunderheilerin bekommen."

„Na, wenn's hilft", kommentiert Manu trocken und ergänzt: „Ich habe auch ein Mittel gegen das Böse. Ich trinke Wein. Ich habe eine ganze Kiste Rotwein in meinem Schrank. Kommt ihr mit?"

Wir grinsen uns an wie Lausbuben, die planen, etwas auszufressen.

„Ich habe nur keine Gläser", schränkt Manu ein, wirft uns einen vielsagenden Blick zu, nimmt ihr Glas vom Tisch und steckt es in die Handtasche. Guter Plan. Einen Moment später sind die Gläser vom Tisch verschwunden und wir auch.

Und so begann der beste Sommer unseres Lebens.

5

Meinen Plan, mich von den Krebspatientinnen fernzuhalten und mich an die vermeintlich fröhlichen Orthopädiefrauen zu hängen, lasse ich schnell fallen.

Die Orthopädiepatientinnen stellen sich als eine atmosphärische Enttäuschung heraus, die meine Erwartung nicht erfüllen. Sie sind es nämlich, die die Ohren hängen lassen, die deprimiert über das Gelände und durch den Speisesaal schleichen, und nicht die Krebsfrauen.

Die Orthos sind miesepetrige Spielverderber. Sie sind empfindlich, fast wehleidig, sie beschweren sich über alles und jeden. Der Speisesaal ist ihnen zu dreckig, das Wetter zu schlecht, die Therme ist zu klein, das Essen zu eintönig. Alles ist schlecht. Sie scheinen das schlechtere Dasein zu fristen.

Morgens und abends gibt es ein Büfett, an dem wir uns bedienen dürfen. Während die Krebsfrauen alles essen dürfen, Speisen mit grünem, gelbem und rotem Klebepunkt am Tellerrand, dürfen die Orthopädiefrauen nur „grüne Speisen" wählen. Die Punkte markieren den Fett- und Kaloriengehalt. Rot hat die meisten Kalorien, Grün am wenigsten.

Die Orthopädiefrauen sind alle zu dick. Das hat ihnen die orthopädischen Probleme eingebracht. Unter der Last des Körpergewichts kapitulieren die Gelenke. Oder sie sind dick geworden, weil sie sich wegen ihrer Krankheit nicht gut bewegen können. Sie laufen fast alle auf Krücken, schleppen sich ächzend zum Essen, während die schlanken Krebspatientinnen flink an ihnen vorbeihuschen, sie überholen, die Ersten am Büfett sind und nach Herzenslust wählen dürfen.

Orthopädiefrauen, die sich trotz des Verbots rotmarkierten, fettigen Vollfettcamembert auf den Teller schaufeln wollen, haben keine Chance. Die dicke Frau in Weiß, die sonst an der Rezeption sitzt, steht am Büfett und wacht mit Adleraugen darüber, dass sich niemand nimmt, was er nicht darf: Streichwurst, Leberkäse, Vollfettcamembert… Ich nehme gar keinen Camembert, er ist mir zu reif.

Die Orthopädiefrauen haben ihren Kampf mit den Krücken. Es gibt zwar überall Krückenhalter, aber ständig fallen Krücken mit lautem Krach um, dann kann man die Orthopädiefrauen ungelenk nach ihren Gehhilfen greifen sehen. Wenn sie die Krücken wieder umständlich aufgestellt haben und die Krücken es wagen, ein weiteres Mal umzufallen, dann schimpfen die Orthos wie die Rohrspatzen, dass die Krücken nichts taugen.

Ich habe den Orthopädiefrauen die Bezeichnung Orthokangs gegeben – Orthopädie und englisch Kangaroo, gesprochen mit einem harten A statt eines eleganten Ä. Ein hartes A als Ausdruck für ihre ungeschickte, klobige Poltrigkeit: Orthokangs. Sie erinnern mich an Kängurus. Weil sie beide Hände für die Krücken brauchen und deshalb nichts tragen können, haben sie zusätzlich zu ihrer grünen Kladde für die Anwendungspläne einen kleinen Jutebeutel mit langen Henkeln erhalten. Den hängen sie sich um den Hals. So baumeln ihnen, wenn sie unterwegs sind, die Beutel mit ihren Habseligkeiten darin vor den Bäuchen. Wie bei den Kängurus. Deshalb heißen sie jetzt Orthokangs.

Es ist ihnen auch nicht möglich, ihre Teller selbst an ihre Tische zu tragen. Deshalb beladen die Orthokangs ihre Teller am Büfett und sind dann darauf angewiesen, dass jemand vom Personal ihnen den Teller an ihren Tisch bringt, während wir schon essen. Das dauert manchmal fünf Minuten und dann werden die Orthokangs sauer.

Am zweiten Tag rennt ein etwa 60 Jahre alter Orthokang mit erhobener Faust im Speisesaal hinter mir her und schimpft: „Wo bleibt mein Salat? Ich habe immer noch keinen Salat", weil er mich für eine Mitarbeiterin hält.

Und ich blicke am Kang hinunter, der, oh Wunder, ganz ohne Krücken bis zu mir gelaufen ist, und sage: „Dann holen Sie ihn sich doch."

Ja, Orthokangs können durchaus ohne Gehhilfe laufen, das ist immer wieder zu beobachten. Sie schleppen sich stöhnend und schnaufend auf ihren Krücken zur Venengymnastik und arbeiten ihre massigen Körper hinunter auf die Gymnastikmatten. Wenn sie endlich liegen, stapeln sie ihre Krücken neben sich auf den Boden.

Dann kündigt die Turnlehrerin an: „Heute arbeiten wir mit den kleinen Gymnastikbällen. Bitte holen Sie sich jede einen aus dem Schrank."

Mit Bällen zu arbeiten finden die Orthos toll. Dann meckern sie zwar erst, dass man ihnen das auch gleich hätte sagen können, bevor sie sich hingelegt haben, aber dann freuen sie sich und springen wie die jungen Rehe von ihren Matten auf und wetzen zum Geräteschrank. Dort angekommen fällt ihnen dann ein, dass sie sich ja eigentlich nicht so gut bewegen können, und dann ächzen sie wieder und rufen nach ihren Krücken.

„Vielleicht denken die Orthokangs, dass sie kränker erscheinen müssen, als sie sind, damit wir Krebsfrauen uns nicht so schlecht fühlen", überlegt Anna.

Aber Manu meint, dass die Orthokangs eigentlich neidisch auf uns sind, weil wir alles essen dürfen und weil wir schlank sind.

„Außerdem bekommen wir mehr Aufmerksamkeit als sie. Ist euch schon mal aufgefallen, dass die Mitarbeiter mehr mit uns sprechen als mit ihnen? Ist doch klar: Wer will sich mit Stinkstiefeln abgeben?"

Tatsächlich sprechen wir öfter und länger mit Mitarbeitern im Speisesaal. Wir plaudern. Wenn die Orthokangs etwas von sich geben, dann ist es mit ziemlicher Sicherheit eine Beschwerde. Wir sind einfach besser drauf.

Die Krebsfrauen sind nicht depri. Es geht ihnen unendlich gut. Es ist ihnen vielleicht noch nie so gut gegangen. Sie sind unendlich froh und dankbar, dass sie das Schlimmste hinter sich haben und dass sie überlebt haben. Alles andere ist zweitrangig. Ob das Brot trocken ist, der Käse aus, die Suppe lauwarm – das spielt alles keine Rolle.

Die Dinge haben sich relativiert. Das Leben ist zu kostbar, als dass man auf Banalitäten Zeit und Energie verschwendet. Die Krebsfrauen strahlen, sie freuen sich über jeden Tag, den sie erleben. Sie freuen sich über jedes Wort, das man an sie richtet, und sie sind gerne freundlich und fröhlich. Sie wollen jeden Moment so gut erleben, wie es nur irgendwie geht. Sie freuen sich, dass ihre Haare wieder wachsen und darüber, dass es von jetzt an wieder aufwärtsgeht.

Die Krebsfrauen haben auch keine Schmerzen. Den meisten Orthokangs tut alles weh. Die Orthos spüren ihre Erkrankungen bei jeder kleinen Bewegung. Wegen der Schmerzen sind sie zum Arzt gegangen, der ihnen dann gesagt hat, dass sie krank sind. Den Krebsfrauen hat man gesagt, dass sie krank sind, dabei hat ihnen gar nichts wehgetan.

Die Orthokangs sprechen die ganze Zeit über ihre Schmerzen und Krankheiten. Morgens hören wir, wie sich die Damen am Nebentisch beklagen. Es ist wie ein Kräftemessen, als sei die mit den schlimmsten Beschwerden die Wichtigste. Der Wettstreit der Krankheiten.

Die Erste erzählt, dass ihr in der Nacht die Schulter wieder so wehgetan hat.

Die Nächste jammert, dass sie kaum aus dem Bett aufstehen konnte und sich an einem Seil hochziehen musste, das sie an den Fuß des Schranks geknotet hat.

Die Dritte führt ins Feld, dass sie ihr Bein nicht mehr beugen kann, und die Letzte gewinnt den Wettstreit mit der Feststellung, dass sie ja eigentlich gar nichts mehr bewegen kann und dass sie glaubt, dass sie in ein paar Jahren ganz bestimmt im Rollstuhl sitzen wird und dass sie dann nicht mehr leben will.

Die Krebsfrauen wollen leben, um jeden Preis, egal wie.

Die Orthokangs haben unter dem Leid der Schmerzen jeden Sinn für Humor verloren, alles ist ernst und wichtig, vor allem sie sind ernst und wichtig. Witziges ist ein Affront. Sie beklagen sich über zu wenig Ernsthaftigkeit und beschweren sich bei der Klinikleitung über eine gemeinsame Gymnastikstunde mit uns, in der wir Krebsis einen Riesenspaß haben.

Die polnische Aushilfskraft in dieser Stunde wurde offenbar nicht informiert, in welchem Umfeld sie die Gymnastik anleitet. Sie hat einen Gettoblaster dabei und eine Musikauswahl, damit wir beim Turnen mehr Spaß haben, wie sie sagt.

Das finden die Orthokangs schon doof. Lärm am frühen Morgen, das ist doch nichts.

Dann legt die Aushilfskraft eine CD ein, drückt den Play-Knopf und aus dem Gettoblaster tönt der Titel „I Will Survive".

Wir tanzen los, als gebe es das Fest aller Feste zu feiern, und gröhlen mit: „I will survive, ich überleb's", während die Orthokangs sich echauffieren: „Also, das geht ja gar nicht. Eine Geschmacklosigkeit: Wie kann man denn hier so ein Lied abspielen?"

Einzig die dicke Irina, die wir aufseiten der Orthokangs wähnen, singt und tanzt mit uns mit, ein wenig ungelenk, aber voller Inbrunst.

Manu wundert sich: „Ein fröhlicher Orthokang? Das muss eine Untergattung dieser Spezies sein."

Irina schaut verständnislos: „Musst du tanzen, ist gut für Abwehr!", ruft sie mit einem charmanten osteuropäischen Akzent über die Musik, hakt sich bei Ina ein und schleudert sie im Kreis herum. „Habe ich bei mir zu Hause immer getanzt, iste gut."

„Das ist kein Orthokang", ruft Ina über die Musik und löst sich aus Irinas Arm.

Irina dreht sich weiter, bekommt Schwung, gewinnt an Geschwindigkeit, schleudert um ihre eigene Achse und da löst es sich auf: Tatsächlich, kein Orthokang! Irinas Perücke rutscht ihr vom Kopf, fliegt einige Meter durch den Raum und landet vor den Füßen der polnischen Aushilfskraft.

Irinas Miene verfinstert sich, sie bleibt abrupt stehen, schwankt ein wenig, taumelt in Richtung falscher Haarpracht, angelt sie vom Boden, setzt sich das Falschhaar mit einer gezielten Bewegung wieder auf den Kopf und strahlt.

Irina hat ein schlichtes Gemüt, sie ist eine Frohnatur, die nichts länger schwerzunehmen scheint, aber sie würde niemals ohne Haare gehen. Da ist sie eine der wenigen in der Klinik. Die meisten lassen spätestens am dritten Tag ihre Haare auf dem Zimmer. Hier kann man sowieso niemandem etwas vormachen.

Und die Krebsfrauen glotzen auch nicht, wenn man einen kahlen Kopf hat – aber die Orthokangs. Die fühlen sich bisweilen durch den Anblick einer Kahlköpfigen sogar gestört. So wie jetzt.

„Wie sieht die denn aus?", rutscht es einem Orthokang raus, als Irina oben ohne dasteht. Und damit nicht genug, setzt das Kang an Irina gerichtet nach: „Ist schon besser, wenn Sie das Ding wieder aufhaben. Sonst erkennt man Sie ja gar nicht."

Irina schaut betreten drein.

Manu wird ärgerlich, und sie belehrt mit erhobener Stimme die Orthos: „Jetzt wissen Sie auch, warum man am Büfett keine Speisen mit roten Punkten essen soll. Davon fallen einem nämlich die Haare aus. Schauen Sie hier, Anna, die hat ihr Leben lang Vollfettkäse gegessen und jetzt hat sie den Salat: keine Haare mehr."

Dann ruft Manu in die Gruppe: „Und wer hat noch keine Haare mehr?"

Wir schauen in fragende Gesichter. Zwei, drei heben zaghaft die Hand. Manu kommandiert: „Los, dann werft eure Perücken, ihr habt es geschafft. Die Studenten werfen bei der Graduationsfeier ihre Hüte, wir werfen unsere Perücken, und wenn wir keine haben, unsere Handtücher."

Und Manu schleudert ihr Handtuch in die Luft. Tolle Idee, ich werfe mein Handtuch, fange es auf, werfe es wieder.

Anna wirft ihre Schaumstoffhantel, ein paar Chemofrauen werfen ihre Perücken und rufen dazu: „Juhu! Geschafft!", die Orthokangs ducken sich weg, aus Sorge, sie könnten was abbekommen.

Irina ruft auch „Juhuu!", behält ihre Perücke aber lieber auf und wackelt mit den Händen überm Kopf.

Es ist ein Perücken-, Hantel-, Handtuchfeuerwerk.

Die Aushilfsturnlehrerin stoppt das Überlebenslied.

Wir klauben vom Boden, was wir geworfen haben. Wir kichern.

Die Orthokangs nicht.

„Unmöglich, sie sabotieren die Übungen, wir werden uns beschweren."

Die polnische Aushilfskraft wechselt die CD. Wir kreisen mit den Schultern zu André Rieu.

6

Jede Krebsfrau hat ihre Methode, mit ihrer Angst und der Krankheit umzugehen. Irina versucht sich und andere ständig zu beschäftigen, damit sie nicht ins Nachdenken kommt, und wird dabei zur Nervensäge.

Manu meint, Irina müsse sich doch eigentlich gar nicht beschäftigen, um sich vom Denken abzuhalten, weil es mit dem Denken bei ihr sowieso nicht weit her sei.

Mir tut Irina leid. Der Perücken-Zwischenfall während der Gymnastikstunde hängt ihr offenbar noch nach. Die Frage, ob sie mit oder ohne Haare gehen soll, scheint sie zu beschäftigen. Am Nachmittag sehen wir sie im Park, wie sie sich vor einer Bank aufgebaut hat, auf der andere Krebsfrauen sitzen, und ihnen erzählt, dass sie eigentlich ja keine Haare hat. Und sie beweist es direkt, indem sie ihre Perücke lüftet, den Blick auf ihre kahle Kopfhaut freigibt und betont: „Sähen Sie, aalles kahl."

Dann schaut sie erwartungsvoll in die Runde, wohl in der Hoffnung, eine möge ihr sagen, dass das doch gar nicht schlimm sei.

Aber alle schweigen, weil sie sie loswerden wollen. Zwei Spaziergänger, die die Szene im Vorbeigehen mitbekommen, starren fassungslos erst auf Irinas Glatze und dann auf Irinas Perücke und beginnen zu tuscheln. Da setzt Irina die Perücke wieder auf.

Irina bastelt ihre Angst weg. Sie geht in jeden noch so beliebigen Bastelkurs und zeigt rum, was sie produziert hat. Wenn ich ihr auf dem Gang begegne, versuche ich Blickkontakt zu vermeiden, weil ich nicht in ein Gespräch verwickelt werden möchte.

Aber ich kann ihr kaum ausweichen. Sie hat das Zimmer gegenüber. Gehe ich aus dem Raum, steht im nächsten Moment auch Irina im Gang, als lauere sie hinter der Tür und warte nur darauf, dass ich komme. Vielleicht hat sie den Rat der Psychofrau falsch verstanden, die sagte, die Kur sei auch dazu da, innere Türen zu öffnen. Seither kommt es mir vor, als gehe Irinas Tür ständig auf und zu, auf und zu, sie geht rein und raus, in einer Tour. Immer hat sie ein Bastelwerk dabei und zeigt es stolz vor.

„Sehen Sie, habe ich Mobile gemacht."

Das baumelnde Etwas, das sie mir präsentiert wie einen Haifisch-Lebendfang, besteht aus einem Käseverpackungsring, an dem an durchsichtigen Plastikfäden selbst gemalte Schmetterlinge hängen, die sie mit der Nagelschere ausgeschnitten hat. Sie zeigt mir Marmeladengläser, die sie mit Serviettenresten beklebt hat, eine Kissenhülle, die sie mit Kartoffeln bedruckt hat, einen rosafarbenen gefilzten Ball mit aufgemalten Wasserfarbaugen, der ein Glücksschwein darstellen soll … Ich würde so was wegwerfen.

Immerhin kann Irina für jedes gebastelte Teil einen Extra-Strich auf der Liste der zusätzlichen Aktivitäten machen, die wir füllen sollen. Auf der Rückseite unserer Anwendungspläne werden als zusätzliche Aktivitäten Thermalbadbesuch, Fahrradfahren, Ausflug, Rückschlagballspielen und – natürlich – Basteln vorgeschlagen. Man darf auch noch eigene Sondertaten einfügen, die über das tägliche Kurprogramm hinausgehen.

Ich habe die Liste um den Punkt „Schlafen" ergänzt und in vier Tagen fünf Bonus-Striche gemacht.

Irina sucht jede Gelegenheit, um Anknüpfungspunkte zu finden. Als sie den Balsamico-Essig auf unserem Tisch entdeckt, den ich für uns gekauft habe, bleibt sie stehen, grinst, führt mit dem erhobenen rechten Zeigefinger eine Du-du-du-Bewegung aus und unkt: „Na, na, na, das dürfen Sie aber nicht."

„Das ist kein Alkohol. Den haben wir versteckt."

Irina lacht und versteht nicht, dass das ausnahmsweise mal keiner von Manus Witzen ist.

Manu hat den Wein in der Handtasche. Sie bringt ihn sich zum Abendessen mit. In einem Urinbecher. Ihre Handtasche steht auf der Anrichte neben ihrem Platz. Zum Abendessen genehmigt sich Manu ein Gläschen. Sie nimmt den Becher aus der Tasche, trinkt und stellt ihn zurück.

Einmal pro Woche steht an derselben Stelle in ihrer Handtasche ein Urinbecher mit dem Inhalt, der hineingehört: Urin. Den Urin trägt sie – wie wir alle – einmal pro Woche aus der Unterkunft am See entlang zu den Arzträumen – wir nennen den Weg am See deshalb Urinpfad.

„Wenn jede auf ihrem Weg ein bisschen was verschüttet, dann ätzt es das ganze Gras weg und dann haben wir bald einen sichtbaren Urinpfad", malt Ina sich aus.

Anna mahnt Manu: „Pass nur auf, dass dir der Becher nicht in der Handtasche umfällt."

„Der Wein oder der Urin?", fragt Manu.

Ina grinst: „Ich wüsste nicht, was schlimmer wäre, wenn es in der Tasche umfällt."

„Na, der Wein natürlich", ist Manu überzeugt.

Ina stimmt ihr zu: „Ja, der würde die schlimmeren Flecken machen."

Manu winkt ab: „Viel schlimmer wäre, dass ich dann nichts mehr zu trinken hätte."

Irinas größte Sorge scheint zu sein, dass wir unsere Essigflasche bis zum Ende der Kur nicht leer bekommen.

„Wäre schade, wenn nicht alle wird."

Das sagt sie uns an mehreren Abenden.

Ich glaube, Irina wäre gerne bei uns dabei. Aber wir wollen sie nicht dabeihaben.

Es reicht schon, dass sie ständig mit uns in der Wassergymnastik ist. In einem großen Becken reihen sich alle Frauen auf, die Fitteren platzieren sich im Schwimmerbereich, die weniger Fitten bleiben im sicheren Nichtschwimmerbereich und Irina tanzt aus der Reihe. Sie legt für die Wassergymnastik ausnahmsweise ihre Perücke ab und drapiert sich stattdessen ein selbst gehäkeltes Deckchen in Regenbogenfarben auf dem Kopf, das an die Klorollenüberzieher unserer Großmütter erinnert, die neben den Wackeldackeln auf den Hutablagen der Autos standen.

Manu sagt halblaut, es sehe aus wie ein Topflappen, während Irina sich produziert. Die Russin schwimmt herum und heischt nach anerkennenden Blicken. Als sie sich endlich beachtet fühlt, taucht sie unter und schwimmt drei kräftige Züge unter Wasser. Nur ihre Häkelhaube bleibt oben und schaukelt auf der Wasseroberfläche.

Strahlend taucht Irina wieder auf, blickt triumphierend in die Runde und schwenkt den Kopf nach links und rechts, als wolle sie aus langem Haar das Wasser schütteln. Im nächsten Moment kann man an ihrem Gesichtsausdruck ablesen, was ihr durch den Kopf geht, zwei Dinge.

Erstens: Diese Bewegung macht keinen Sinn, weil ich keine langen Haare mehr habe.

Zweitens: Apropos lange Haare. Wo ist mein Topflappen?

Ihre Augen suchen die Wasseroberfläche ab und finden den runden Häkelregenbogen zwei Meter weiter. Irina krault mit zwei, drei ausladenden Zügen zu ihrem Hut, klaubt ihn aus dem Wasser und patscht ihn sich wieder auf den Kopf.

Wir müssen lachen.

„Unser Perücki", sagt Manu. Hoffentlich hat Irina das nicht gehört.

Um abzulenken, schnappe ich mir eine Schwimmnudel, eine dieser gatscheligen, bonbongelben Schaumstoffröhren, hänge sie mir um den Hals und tue so, als wolle mich die Nudel erwürgen. Ich ziehe die Enden der Nudel um meinen Hals zu, werfe den Kopf zurück, röchele künstlich, reiße die Augen auf und hänge meine Zunge rechts aus dem Mundwinkel.

Aber schon meine Aktion in der Beckenbodengymnastik hatte nur wenig Beifall bei den Damen gefunden, außer bei den Mädels. Da hatte ich mich von einer Gymnastikmatte anspringen lassen, sie umklammert und so getan, als habe sich die Matte an mir festgebissen und als würde ich zum Kampf um Leben und Tod mit der Unterlage ansetzen.

Nach dem Schwimmen gehe ich zu Irina, um mit ihr doch noch ein paar Worte zu wechseln, um herauszufinden, ob Irina das „Perücki" oder den „Topflappen" gehört hat. Das fände ich schlimm.

Mir fällt nichts ein, was ich sagen könnte, deshalb spreche ich sie einfach auf ihren Topflappen an.

„Haben Sie den selbst gemacht?"

„Ja, meine Hut, habe ich selber gemacht."

„Das ist eine schöne Idee", schwindele ich, „und es sieht auch so fröhlich aus, durch die Farben."

„Ja, gefällt Ihnen? Kann ich machen für Sie auch einen."

„Ganz lieb, aber das ist nicht nötig."

„Doch, ich kann machen."

„Ganz lieb, aber wie gesagt, nein danke. Ich brauche das ja auch nicht", sage ich fast entschuldigend dafür, dass ich Haare habe.

„Ach, kannst du immer gebrauchen. Nimmst du nicht für Kopf, legst du auf Tische oder nimmst du für Topf", lacht Irina.

„Für Topf?"

„Ja, war für Topf eigentlich."

„Ach, das war tatsächlich als Topflappen gedacht?"

Irina strahlt stolz: „Ja, natürlich. Iste sich Topflappen mit neue Funktion."

In den Pflichtvorträgen macht die unbekümmerte, naive Irina sich unbeliebt. Wir müssen diese Vorträge besuchen. Sie sind von der Rentenversicherung vorgeschrieben. Wer die Kurse nicht belegt, riskiert, dass die Rentenversicherung die Kurkosten nicht übernimmt. Die Anwesenheit wird überprüft.

Unser Ziel ist es, anwesend zu sein und der Pflicht Genüge zu tun, aber so schnell wie möglich da wieder rauszukommen. Irina aber muss zu allem etwas sagen, und so zieht sie diese Veranstaltungen in die Länge.

Im Vortrag über Inkontinenz erfahren wir, dass jede zweite Frau über 50 Probleme hat, den Urin zu halten. Hier sind 180 Frauen, von denen 90 Prozent über 50 sind. Macht etwa 70 Inkontinente.

„Na, dann viel Spaß in der Therme", raunt mir Ina zu, die nicht gerne schwimmen geht.

Irina bereichert den Vortrag mit dem Hinweis, dass sie auch „Probleme mit dem Pipi" hat.

Im Kurs „Was ich beachten muss" erfahren wir, dass wir auf keinen Fall von einer Zecke gebissen werden dürfen.

„Ihr Immunsystem ist eh schon am Boden. Eine Borreliose hätte für Sie ungeahnt schlimme Auswirkungen. Vermeiden Sie Orte mit hoher Zeckendichte, es gibt Zeckenlandkarten, die das Vorkommen der kleinen Blutsauger darstellen."

Und Irina erzählt, dass sie aber schon einmal von einer Zecke gebissen wurde, als Kind, und dass ihr Vater die Zecke mit Öl eingeschmiert hat, um sie zu ersticken.

Im selben Vortrag wird uns geraten, nichts Gegrilltes zu essen, weil das krebserregende Stoffe enthält.

Und Irina sagt, dass sie gar keinen Grill hat.

Und Manu faucht sie an: „Dann kauf dir doch einen."

Irina versteht es nicht: „Aber warum soll ich kaufen? Soll ich doch nicht grillen."

Im Ernährungsvortrag erfahren wir, dass wir mehr Obst und Gemüse als Fleisch und Süßigkeiten essen sollen – nichts, was man nicht schon wüsste.

Nur für Irina scheint es eine Erkenntnis zu sein, über die sie gerne noch sprechen möchte.

„Kann ich essen Apfel oder Birne? Oder ist Apfel besser als Birne? Manchmal esse ich lieber Apfel als Birne. Aber wenn Birne besser ist, kann ich auch Birne essen."

Manu reicht es: „Iss doch, was du willst, Mädchen, die Bio-Möhre wird es jetzt auch nicht mehr richten. Erst stopfen die Leute sich mit allem möglichen Fraß voll und dann, wenn der Sensenmann an die Tür klopft, dann mümmeln sie schnell Öko-Gemüse und denken, das macht dann alles wieder gut. Mann, ist die dumm."

Irina sagt nichts, die Ernährungswissenschaftlerin überhört Manus Kommentar. Aber ich habe es nicht überhört.

Nach dem Kurs gehe ich zu Manu: „Ich finde das nicht in Ordnung."

„Was?"

„Wie du mit und über Irina sprichst."

„Wie soll ich denn über sie sprechen?"

„Nicht so."

„Aber sie ist dumm. Sie begreift nichts. Sie steht ständig auf ihrer eigenen langen Leitung."

„Manu, es können nicht alle so unglaublich genial und intelligent sein wie du. Die Menschen sind unterschiedlich. Es gibt keinen Grund, sie zu verurteilen."

„Ich verurteile sie nicht. Ich finde nur, dass sie unendlich dumm ist und dass sie aufhören soll, uns zu nerven."

„Vielleicht ist sie gar nicht so dumm, Manu. Ich habe Irina nicht ein einziges Mal so übellaunig und aggressiv erlebt, wie ich dich gerade erlebe. Am Ende geht es Irina vielleicht viel besser als dir.“

Manu nickt: „Natürlich geht es ihr besser: Selig sind die geistig Armen.“

Ich bin geplättet. Wie kann sie so etwas sagen?

Ina und Anna haben unser Gespräch mit angehört. Ina versucht zu schlichten.

„Naja, Irina ist ja nun wirklich nicht die hellste Kerze auf der Torte. Aber manchmal denke ich auch, wenn ich mir nicht so viele Gedanken machen würde, wäre manches vielleicht einfacher.“

Anna startet einen Erklärungsversuch.

„Jede macht es so, wie es für sie richtig ist und wie sie es kann. Irina scheint nicht viel zu denken, sie macht einfach. Die Dinge müssen für sie keinen großen tieferen Sinn haben. Sie akzeptiert die Dinge, so wie sie sind, und macht ihr Ding. Manu denkt im Gegensatz zu Irina sehr viel nach. Aber geht es ihr damit besser? Es gibt Dinge, über die kannst du noch so viel nachdenken, und sie lassen sich doch nicht regeln. Manchmal braucht es einfach Zeit oder man muss akzeptieren, dass es ist, wie es ist. Manchmal muss man fünfe auch einfach mal gerade sein lassen und zulassen, dass man nicht alles kontrollieren kann. Da muss man drauf vertrauen, dass alles gut wird, es liegt in Gottes Hand. Das ist nicht Manus Ding.“

Ich stimme Anna zu, sie ist so weise: „Ja, da mag etwas Wahres dran sein. Vielleicht ist es auch Irinas Sorglosigkeit, die Manu so sehr aufbringt. Manu wünscht sich Sorglosigkeit.“

Ina beendet das Thema: „Du kannst nicht die ganze Welt retten.“

In der Psychorunde heute will Manu sich nicht auf einen Stuhl setzen. Sie weigert sich einfach, hat auf dem Boden Platz genommen und lehnt mit dem Rücken an einem Heizkörper.

Die Psychofrau lässt Manu gewähren.

„Heute wollen wir uns das Haus Ihrer Genesung anschauen. Es hat drei Etagen, einen Keller, ein Erdgeschoss und einen ersten Stock. Wir wollen sehen, wo Sie jetzt sind. Als Sie Ihre Diagnose bekommen haben, waren Sie im Keller."

Irina widerspricht: „Nein, war ich bei meiner Schwester."

Manu rollt die Augen. Ich bin erleichtert, dass sie sich eine Bemerkung verkneift.

7

Manu ist sauer, weil ich sie kritisiert habe, sie spricht an diesem Tag kein Wort mehr mit mir. Aber Ina kommt nach der Gruppentherapie zu mir und stellt mir völlig unvermittelt eine Frage.

„Wo warst du, als du deine Diagnose bekommen hast?"

„Na, im Keller, das haben wir doch heute gehört."

„Nein, im Ernst."

Ja, wo war ich, als ich meine Diagnose bekommen habe? Ich hatte einen Anruf von der Frauenarztpraxis auf meinem Handy. Ich möge zurückrufen. Sonst hat die Praxis sich nach der Kontrolluntersuchung nie gemeldet. Nach dieser Nachricht auf meiner Mobilbox hatte ich ein flaues Gefühl im Magen. Es fühlte sich an wie ein schlechtes Gewissen.

Und tatsächlich hatte ich ein schlechtes Gewissen, seitdem ich mir mit der Sprechstundenhilfe einen kleinen Streit geliefert hatte. Sie hatte mir nach zwei Jahren ohne Kontrolluntersuchung das Rezept für die Pille verweigert.

„Wieso muss ich Sie überhaupt fragen, ob ich die Pille bekomme? Ich bin ein erwachsener Mensch. Wieso werde ich an dieser Stelle bevormundet?", hatte ich sie in der Praxis beschimpft.

„Es bleibt dabei, Sie bekommen die Pille jetzt von mir noch für einen Monat und danach nicht mehr, wenn Sie keinen Termin für eine Kontrolluntersuchung machen", ist sie hart geblieben.

Da habe ich wohl oder übel den Termin ausgemacht und mich gegängelt gefühlt. In meinen Augen machte die Kontrolluntersuchung keinen Sinn. Was sollte das bringen? Ich war jung und gesund. Wenn ich einen Pilz hätte, hätte ich es schon gemerkt. Was sollte ich sonst haben?

Dann hatte ich die Untersuchung hinter mir und es gab offenbar ein Ergebnis oder was sollte sonst der Grund für den Anruf sein? Ich rief also bei der Frauenarztpraxis zurück, morgens, kurz bevor ich in die Redaktion musste. Die Sprechstundenhilfe stellte mich zur Frauenärztin durch.

Hatte die Mitarbeiterin ihr von unserem Disput berichtet und würde ich jetzt einen Anpfiff bekommen?

Die Frauenärztin machte aber nicht den Eindruck, als wollte sie mich zurechtweisen. Ihre Stimme klang ruhig.

„Wir haben bei Ihnen schwere Dysplasien gefunden. Das ist dringend behandlungsbedürftig."

Dysplasien? Was soll das sein? Irgendwelche Bläschen?

„Okay, was ist zu tun?", habe ich gefragt. „Soll ich vorbeikommen?"

„Das können wir hier nicht machen. Das muss operiert werden."

„Operiert? Und wie lange soll das dauern?"

„Stellen Sie sich mal auf mindestens zwei Wochen ein. Sie müssen ins Krankenhaus. Ich gebe Ihnen eine Adresse. Dort bleiben Sie nur ein paar Tage, aber sie müssen anschließend zu Hause noch liegen. Und dann muss man weitersehen."

Zwei Wochen? Unvorstellbar.

„Das passt mir jetzt gar nicht. Können wir das im Dezember machen? Da habe ich Zeit."

Die Frauenärztin war entrüstet.

„Im Dezember? Wir haben September. Bis dahin können Sie nicht warten. Sie haben wohl nicht verstanden, was ich Ihnen gerade gesagt habe."

Nein, habe ich wohl nicht.

„Bitte gehen Sie auf die Homepage der Deutschen Krebsgesellschaft und lesen Sie sich das zu Dysplasien, Zervixkarzinom da durch, und dann rufen Sie mich wieder an."

Mir verschlug es die Sprache.

Krebsgesellschaft? Wieso Krebs?

Ich legte den Hörer auf und verharrte. Das Wort Krebs hallte in mir nach. Die Stimmen der Kinder auf dem Schulhof unter meinem Wohnzimmerfenster schienen sich zu entfernen. Die Kinder spielten weiter, während ich erstarrte.

Im Moment der schlechten Nachricht ist es, als bleibe die Zeit stehen. Man sinkt in eine Blase, eine dumpfe, wattige Blase, die einen rauszunehmen scheint aus dem Lauf der Zeit und im Hier und Jetzt zementiert. Eigentlich müsste in diesem Moment alles anhalten.

Aber die Welt drehte sich weiter, die Kinder schrien und rannten weiter auf dem Pausenhof, Autos fuhren vorbei, Menschen gingen auf dem Bürgersteig, und ich hatte das Gefühl, dass ich nicht mehr mitkomme. Ich muss wieder einsteigen und weitermachen, dachte ich.

Ich griff zur Computermaus, gab in das Suchfeld „Deutsche Krebsgesellschaft" ein, fand das Wort Dysplasien.

Krebs.

Mein Gesicht glühte.

Mein Herz pochte.

Die Angst überwältigte mich.

Ich stand auf, setzte mich hin, ging ein paar Schritte, kehrte zurück zum Bürostuhl. Setzte mich. Starrte auf den Bildschirm, kramte in dem Papierberg auf meinem Schreibtisch.

Und dann saß ich nur einsam im stillen Bürowohnzimmer und wollte zurückspulen. Die Gedanken in meinem Kopf überschlugen sich: Das kann es doch jetzt nicht gewesen sein. Soll das jetzt das Ende meines Lebens sein? Das geht doch nicht, ich habe doch noch so viel vor.

Ich wollte doch immer noch mal zelten gehen. Das letzte Mal war ich zelten, als ich 13 war. Jetzt bin ich fast 40. Und ich war nicht zelten.

Wenn ich das gewusst hätte, dann hätte ich alles anders gemacht. Dann wäre ich längst zelten gegangen.

Ich muss etwas ändern. Selbst wenn ich das hier jetzt überlebe und doch noch 70, 80 Jahre alt werde, dann muss sich sofort etwas ändern. Denn selbst, wenn ich jetzt sofort zelten gehen würde – was nicht geht, weil ich mich jetzt erst einmal um diese Dysplasien kümmern muss – und wenn ich danach in diesem Rhythmus weitermache, dann hieße das – selbst wenn ich 70 werde –, dass ich in meinem Leben nur noch zwei Mal zelten gehen werde. Das ist zu wenig.

Dann komme ich oben an der Himmelspforte an und Petrus fragt mich: „Was hast du denn gerne gemacht in deinem Leben?"

Und ich strahle: „Zelten! Zelten!"

Und dann fragt er mich: „Wie oft warst du denn zelten?"

Und dann sage ich: „Drei Mal."

„Drei Mal? Du sagst mir, dass du gerne zeltest, und du warst drei Mal zelten in deinem Leben? Du hattest 70 Jahre lang Zeit und du hast es drei Mal geschafft zu zelten?"

Wenn ich Petrus wäre, ich würde mir einen Vogel zeigen.

Was habe ich getan? In der ganzen Zeit?

Eine Woche später wurde ich operiert. Es war mein 40. Geburtstag. Der Arzt gratulierte mir – doppelt. Die Woche bis dahin war die Hölle. Ich hatte das Gefühl, mein Gesicht sei knallrot und aufgequollen, aber im Spiegel sah ich mir nichts an. Die Starre meines Körpers war kaum zu überwinden. Nur wenn ich schlief, vergaß ich.

Wenn ich morgens aufwachte, hatte ich kurz Frieden, konnte mich für einen Moment nicht erinnern. Es war so, wie wenn man in einem Hotelzimmer aufwacht und nicht weiß, wo man sich befindet und welcher Wochentag gerade ist. So wachte ich auf, wusste nicht, wo ich war, wer ich war, was war. Für einen Moment herrschte Stille in meinem Kopf. Aber dann fragte ich mich ahnungsvoll: „Irgendetwas war doch?“ Und dann fiel es mir ein.

Krebs! Es ist jedes Mal aufs Neue so, als schlage einem jemand ein Brett ins Gesicht. Ich versuchte, den Alltag zu gestalten, als wäre nichts, und musste gleichzeitig alles für den Krankenhausaufenthalt vorbereiten. Solange ich zu tun hatte, ging es. Aber im Wachzustand beherrschte der Krebs meine Gedanken. Krebs, Krebs, Krebs.

Am Vorabend meines Geburtstages und meiner Operation kamen Markus und Sandra überraschend zu Besuch, um reinzufeiern. Sie klingelten um 22.30 Uhr und hatten ein Päckchen mit 40 kleinen Geschenken dabei, die ich alle auspacken musste. Anstoßen konnten wir um Mitternacht nicht, ich musste am nächsten Morgen nüchtern sein. Um zwei Uhr nachts gingen sie und ich war froh, dass ich in nun nur noch dreieinhalb Stunden diese Nacht hinter mich gebracht haben würde.

In dieser Woche habe ich nicht einmal geweint. Ich war kontrolliert und fokussiert, ich habe versucht zu funktionieren, meine Nerven haben sich gespannt und gezogen wie Schiffstaue im Sturm kurz vor dem Reißen. Aber als ich auf dem OP-Tisch saß, entlud sich alles, was sich in sieben Tagen der puren Angst angestaut hatte. Ich weinte. Mein Körper weinte. Die Tränen flossen sturzbachartig über mein Gesicht. Mein Körper zitterte. Es ging nichts mehr außer Weinen.

„Sie müssen aufhören zu weinen“, redete die Anästhesistin auf mich ein.

Will ich ja, aber ich kann nicht, dachte ich, aber ich konnte es ihr nicht sagen. Ich war unfähig zu sprechen vor lauter Weinen.

Die Frau im Kittel sprach weiter: „Bitte hören Sie auf zu weinen. Wir können Sie so nicht in die Narkose legen. So wie Sie in die Narkose gehen, so werden Sie aufwachen. Und Sie müssen positiv aus der Narkose aufwachen, das ist wichtig für den Heilungsprozess."

Ich hörte es wohl, aber mein Körper hatte sich verselbstständigt, er verweigerte sich. Er weinte einfach weiter. Mein Körper war am Ende. Jahrelang hatte er alles für mich getan, hatte funktioniert ohne Murren und Knottern, hatte nicht einmal auf sich aufmerksam gemacht. Aber jetzt reichte es ihm. Er wollte nicht mehr. Er schien zu schreien: „Jetzt bin ich dran! Hilf mir! Wo warst du? Warum hast du all die Jahre nichts für mich getan?"

„Wenn Sie nicht aufhören zu weinen, dann werde ich dafür sorgen, dass Sie aufhören", sagte die Anästhesistin. Ich hörte sie, aber ich konnte sie durch die Tränen kaum sehen und ich konnte weiterhin nichts sagen. Ich hatte die Kontrolle verloren.

Im nächsten Moment war die Anästhesistin an meiner Seite und griff nach meinem Arm. Im Nu hatte sie mir ein Medikament gespritzt. Von einem zum nächsten Moment erstarb das Weinen. Mein Blick klärte sich, es wurde still, ich schaute mich um. Ich sah die Augen der Anästhesistin über dem Mundschutz und konnte nicht deuten, ob sie lächelte, böse schaute oder besorgt. Dann schlief ich ein.

Ja, so war das.

Ina nickt verständnisvoll: „Beim zweiten Mal ist es nicht mehr so schlimm. Da weißt du schon, dass es kein Todesurteil sein muss."

„Ja, du Arme, du hast das ja schon zwei Mal erlebt. Wo warst du, als du deine Diagnosen bekommen hast?“

„Das spielt keine Rolle. Bist du denn positiv aus der Narkose aufgewacht?“

„Ja, das bin ich. Ich bin aufgewacht und in mir herrschte eine friedliche Ruhe. Keine Ahnung, was die mir gespritzt haben. Die Wirkung hat angehalten – vielleicht sogar bis heute. Ich war dann auch nur noch zwei Tage im Krankenhaus. Es ging mir richtig gut und ich habe auch schon wieder Witze gemacht. Am letzten Tag bei der Abschlussbesprechung hatte der Arzt einen jungen Kerl dabei, ein Arzt im Praktikum oder so, der übereifrig hinter dem Chef herscharwenzelte, in einem etwas ungepflegten weißen Kittel und mit gerupften Haaren. Er sah aus wie ein Wellensittich in der Mauser. Er stand am Fußende meines Bettes, griente über das ganze Gesicht wie ein Kind an Weihnachten, das sich auf die Bescherung freut und sicher ist, dass sein größter Wunsch unter den Geschenken sein muss. Und dann verkündete er mir stolz mit erhobener Brust: ‚Ich habe die Haken gehalten.‘

Bravo, hab ich gedacht. Soll ich jetzt applaudieren? Aber ich habe nur gesagt: ‚Das haben Sie toll gemacht.‘“

„Und warst du inzwischen zelten?“

Diese Frage habe ich befürchtet.

Ich spiele einen Moment mit dem Gedanken, Ina anzulügen. Hatte ich doch alles versprochen, wenn ich denn nur weiterleben durfte: mich zu ändern, ein besserer Mensch zu werden, auf meinen Körper zu achten, ihn zu schätzen und zu pflegen, mich in meinem Leben zu fokussieren, die Dinge zu tun, die wirklich wichtig sind. Zu zelten. Ich schäme mich.

Ina wiederholt ihre Frage: „Warst du zelten?“

„Nein.“

8

Manu tut am nächsten Tag so, als wäre nichts gewesen. Und ich tue auch so. Nach dem Mittagessen tragen wir uns aus der Liste für das Abendbrot aus. Wir wollen an den Strand.

„Wir können mit meinem Auto fahren", biete ich an. Also treffen wir uns in meinem Zimmer. Ich klaube den Badeanzug, ein großes Handtuch und Sonnencreme zusammen, um alles in den Jutebeutel zu stopfen. Da ist aber noch die Zucchini drin. Ich werfe den Beutel wieder in die Ecke, weil ich nicht weiß, wo ich mit der Zucchini hin soll, und rolle den Badeanzug und die Sonnencreme in das Handtuch.

Anna klopft als Erste.

„Dein Zimmer sieht ganz anders aus als meins", stellt sie beim Hereinkommen fest. „Ich hab gar keinen Schubladenschrank." Sie nimmt den Dali-Bildband von dem Schrank: „Ist das deins?"

„Nein, das stand in der Bibliothek vorne. Ich habe es mir mitgenommen, aber noch gar nicht reingeschaut."

Anna blättert interessiert in dem Buch, schlägt eine Seite auf und schaut sich fest: „Ach, deshalb magst du keinen alten Camembert?"

Ich bin überrascht: „Was? Wieso?"

„Wegen des Dali-Bildes."

Anna zeigt auf das Bild der zerfließenden Uhren von Dali.

„Es hat mit Camembert zu tun. Dali hat sich von laufendem Camembert für dieses Bild inspirieren lassen. Die Leute nennen es ‚Die zerrinnende Zeit', aber es heißt ‚Die Beständigkeit der Erinnerung'."

Ich trete neben Anna und betrachte das Gemälde von den verzogenen Taschenuhren in einer unwirtlichen Landschaft.

Anna erklärt weiter: „Siehst du die Fliege hier? Sie steht dafür, wie die Zeit verfliegt. Und die Ameise, die an der Uhr frisst, ist das Sinnbild für Vergänglichkeit und Verfall."

„Jetzt werde ich erst recht keinen Camembert mehr essen, gar keinen", ist meine spontane Reaktion.

„Wusstest du das nicht?"

„Nein, woher? Ich habe einfach nur so eine Abneigung gegen Stinkecamembert. Aber vor diesem Hintergrund finde ich ihn ja noch schrecklicher."

Anna klappt den Bildband zu: „Dali hat noch ganz andere, schreckliche Dinge gemalt."

„Woher weißt du denn so viel darüber?"

„Ich hab mal angefangen, Kunst zu studieren, aber dann abgebrochen. Und dann bin ich Kindergärtnerin geworden."

Bevor ich fragen kann, wie es dazu kam, klopfen Manu und Ina.

„Los geht's."

Wir fahren nach Scharbeutz.

Auf der Strandpromenade schlüpfe ich aus meinen Schuhen. Ich will barfuß in den Sand treten.

Manu läuft vor: „Vielleicht finden wir einen freien Strandkorb."

Sie geht von Korb zu Korb und zieht an den Gittern. Tatsächlich, am fünften oder sechsten hat sie das Gitter in der Hand, zeigt es in unsere Richtung und ruft: „Der ist offen. Da können wir uns reinsetzen."

„Aber wir müssen doch dafür bezahlen. Wo ist denn der Strandkorbwächter? Dann zahle ich", schlage ich vor.

Manu ist dagegen: „Nichts da. Der Korb ist frei und offen, wir setzen uns rein, und wenn er was will, dann soll er kommen."

Mir behagt das nicht, ich habe mir zwar seit der Erkrankung vorgenommen, mir mehr zu erlauben, aber ich würde trotzdem lieber die sieben Euro bezahlen.

Manu schüttelt verständnislos den Kopf: „Wer fragt, riskiert ein Nein. Wenn du nach dem Korb fragst, bekommst du ihn wahrscheinlich nicht, weil er schon vermietet ist und die Mieter nur gerade nicht da sind. Jetzt können wir uns reinsetzen, und wenn sie kommen, gehen wir eben."

Ina springt Manu zur Seite: „Außerdem ist es ganz offensichtlich, dass das unser Strandkorb sein muss."

„Wieso?", frage ich.

Ina deutet auf die Strandkorbnummer, die mit blauer Farbe auf das weiße Korbgeflecht gesprüht wurde. Eine Acht. Ich verstehe nicht.

Ina lächelt wissend: „Eine Acht. Es ist der Strandkorb der Unendlichkeit."

Also ziehen wir die Fußbänkchen raus, klappen die kleinen Tischbrettchen links und rechts aus und werfen unsere Sachen in den Korb. Manu und Ina gehen sich ein Eis kaufen. Anna wirft ihr Kleid ab, unter dem sie den Bikini trägt, rennt befreit los, über den Sand, direkt ins Wasser und taucht nach einigen Schritten unter.

Ich schaue ihr nach. Am Horizont fahren ein großer Dampfer und ein Schiff mit roten Segeln, ein paar Surfer kreuzen. Ich genieße die Weite. Meine Augen wollen immer weiter und weiter schauen, bis an den letzten Zipfel des unendlichen Horizonts, als könne ich dahinter etwas entdecken, von dem ich weiß, dass ich es suche, von dem ich aber nicht weiß, was es eigentlich ist.

Anna ist weit hinausgeschwommen. Sie taucht und plantscht wie ein junger Otter. Im Meer baden sollen wir eigentlich auch nicht. Infektionsrisiko. Gerade Anna sollte ein bisschen mehr auf sich aufpassen, denke ich. Aber ich werde sie nicht darauf ansprechen. Sie wirkt so glücklich, als sie zurückkommt. Fast als wäre sie ein wenig größer geworden, geht sie mit ihren langen schlanken Beinen auf mich zu, nimmt sich das Handtuch, wendet sich dem Meer zu, trocknet sich Gesicht und Dekolleté ab und steht dann mit dem Handtuch vor der Brust da und schaut in die Ferne.

„Herrlich!“ Ich rutsche im Strandkorb ein wenig zur Seite, um ihr Platz zu machen.

Sie stupst mich an: „Du solltest auch mal reingehen.“

Anna schwärmt: „Wasser ist was Großartiges. Du kannst es fassen und doch nicht halten. Es rinnt dir durch die Finger. Es ist und doch auch nicht. Es umspielt deinen ganzen Körper, du bist eingebettet und umfasst und doch hält es dich nicht. Ich habe schon als Kind in der Badewanne gesessen und das Wasser über meine Finger rinnen lassen und fasziniert dabei zugesehen.“

„Ich hatte als Kind immer Angst, dass ich beim Wasserablassen aus der Wanne vom Abfluss mit verschluckt werden könnte. Deshalb bin ich immer schnell raus, wenn der Stöpsel gezogen wurde.“

Anna lacht: „Diese Angst haben wohl viele Kinder. Kinder haben erstaunliche Ideen. Sie winken ja auch ihrem Aa nach, wenn sie es die Toilette hinunterspülen.“

„Machen das die Kinder in deiner Einrichtung?“

„Manchmal.“

„Warum bist du Kindergärtnerin geworden und hast nicht weiterstudiert?“

„Ich liebe Kinder. Ich wollte immer selbst welche haben. Das war mein größter Wunsch, schon immer, und er ist es bis heute. Ein Kind in die Welt setzen, es großziehen, es prägen und wachsen sehen. Das wünsche ich mir. Ob das jetzt nach der Krankheit, nach der Chemotherapie und der Brustoperation noch geht, weiß ich nicht. Während des Studiums habe ich irgendwann gemerkt, dass ich nicht nur selbst Kinder haben möchte, ich habe auch gemerkt, dass ich meine ganze Zeit lieber mit Kindern verbringen möchte als mit toten Bildern. Und da war die Entscheidung klar.“

„Aber du hättest doch mit einem Kunststudium viel mehr machen können und bestimmt auch mehr Geld verdient.“

„Kann sein, aber ich wäre nicht glücklich gewesen.“

„Was haben deine Eltern dazu gesagt?“

„Sie haben gesagt, dass ich verrückt bin, aber ich hab es trotzdem gemacht. Und jetzt ist es auch in Ordnung. Ich werde mir mit meinem Gehalt zwar nie eine Finca in Spanien leisten können. Aber was habe ich von einer Finca, auf der ich ein paar Wochen im Jahr bin, wenn ich den Rest des Jahres dafür in einem Beruf arbeiten muss, der mich nicht erfüllt."

„Die Erkenntnis ist das eine, aber dass du es dann auch umgesetzt hast ...", bewundere ich Anna.

„Es gibt doch eigentlich keine Alternative. Wenn du spürst, dass das, was du tust, nicht das ist, was du tun willst, dann kannst du es doch nicht weitermachen. Du würdest doch auch etwas, das dir nicht schmeckt, nicht weiter essen, wie deinen Camembert.

Das Leben ist endlich. Du musst dir gut überlegen, wie du diese Zeit verbringen willst. Es ist deine Zeit und du hast sie nur jetzt. Das ist mir heute klarer denn je. Irgendwann liegst du auf dem Sterbebett und dann wirst du dich fragen: Was habe ich mit all meiner Zeit angefangen? Dann will ich nicht bereuen. Wenn du dann da liegst und den verpassten Chancen nachtrauerst, dann wird die Zeit des Sterbens für dich die schlimmste deines Lebens werden. Dann, wenn es so weit ist, wird es *jetzt* sein. Und dieses letzte Jetzt hier auf der Erde will ich gut erleben. Ich will gut gehen können."

Dann, wenn es so weit sein wird, wird es jetzt sein – das klingt in mir nach. Dieses Jetzt macht mir Angst. Große Angst.

„Du sagst, hier auf der Erde. Glaubst du denn an ein Leben nach dem Tod?"

„Ich glaube an Gott. Und ich glaube fest daran, dass es mehr gibt zwischen Himmel und Erde, als wir uns erklären können. Und ich glaube auch, dass unser irdisches Dasein nicht alles ist."

„Nicht alles? Was meinst du mit ‚nicht alles'?"

„Für mich ist da Gott und ihm vertraue ich."

Ich weiß gar nicht genau, was mich gerade an Anna nervt, aber das Thema weckt meinen Widerspruchsgeist.

„Gott? Habe ich noch nie gesehen, glaube ich nicht dran."

„Nur weil wir ihn nicht sehen und uns etwas nicht erklären können, heißt das noch lange nicht, dass etwas nicht existiert. Wenn der Mensch etwas nicht versteht, dann sucht er sich eine Erklärung, und sei sie noch so absurd. Wir Menschen können nicht ohne Erklärung leben. Und weil Gott nur auf eine andere Weise erfahrbar ist als unsere Welt sonst und diese Erfahrung uns zunächst fremd ist, halten wir uns an chemische Formeln, um das Wunder des Lebens zu erklären."

„Aber die Erklärung, dass da ein Gott mit einem langen weißen Bart auf einer Wolke sitzt und alles geschaffen hat und lenkt, die kann ich nicht gelten lassen. Das ist doch reines Wunschdenken. Auch nur eine Erklärung für etwas, das man sich nicht erklären kann."

„Aber Gott kann man erklären. Er sitzt nicht mit einem weißen Bart auf einer Wolke, aber er ist da und er wacht über uns."

Mir widerstrebt die Vorstellung. „Gott, das ist ein großes Wort."

„Wie du ihn nennst, ist egal. Das sind nur Worte. Er ist da und ich vertraue ihm."

„Du machst es dir leicht. Du glaubst an Gott und der wird schon alles gut machen. Das ist natürlich einfach. So gesehen wünschte ich, ich könnte glauben. Ich glaube, wenn man glauben kann, wenn man vertrauen kann, dann ist vieles einfacher."

„Ja", nickt Anna. „Es gibt mir Boden unter den Füßen." Sie blickt eine Weile schweigend aufs Meer hinaus. „Es ist eine Entscheidung, Kiki, weißt du", fügt sie nach einer Weile an.

„Aber Anna, diesen Gott gibt es doch gar nicht. Du machst dir doch was vor. Das ist doch eine Selbstberuhigungsmethode. Willst du mir sagen, ich soll mich für etwas entscheiden, das es nicht gibt?"

Annas Antwort lässt auf sich warten.

„Nein, natürlich nicht. Aber weißt du das so genau? Du kannst doch auch nicht beweisen, dass es Gott *nicht* gibt."

Stimmt. Kann ich nicht. Ich überlege einen Moment.

„Anna, nur weil ich nicht beweisen kann, dass Gott nur der menschlichen Fantasie entsprungen ist, kann ich doch nicht einfach beschließen, jetzt glaube ich an ihn, und von da an fällt mir das Vertrauen ins Herz."

„Du kannst aber auch nicht sagen, es gibt ihn nicht, nur weil du nicht beweisen kannst, dass es ihn gibt. Das Radio dudelt und du kannst die Radiowellen auch nicht sehen. Nur weil du sie nicht sehen kannst, leugnest du ihre Existenz? Warum dudelt das Radio dann?"

Ich bin verwirrt. Und irgendwie geht mir das jetzt auch zu nah. „Weißt du, Anna, diese Glaubenssachen sind mir immer fremd geblieben. Für mich sind sie eher Selbstberuhigung. Da macht man sich was vor, nur um keine Angst zu haben."

Anna schweigt einen Moment lang nachdenklich.

„Und selbst wenn es so wäre: Was wäre so schlimm daran? Wenn das ein Weg ist, keine Angst haben zu müssen und ein gutes Leben führen zu können, ist das doch ein guter Weg. Finde ich wenigstens. Zu vertrauen ist eine Chance. Am Ende werden wir alle diese Erde verlassen. So oder so. Die Frage ist, wie wir die Zeit bis dahin verbracht haben. Ich verbringe sie lieber gut, indem ich auf Gott vertraue. Auf Liebe und Hoffnung."

„Ich soll mich also selbst betrügen?"

„Ach, Kiki, du sollst gar nichts. Ich wünsche dir einfach, dass du keine Angst hast, dass du darauf vertrauen kannst, dass alles gut wird und dass der Schöpfer seine Hand über dich hält, schützend über dich wacht."

Der Schöpfer! Ich bin versucht, das große Wort mit geringschätzigem Unterton zu wiederholen, kann mich aber gerade noch bremsen. „Wenn der Schöpfer seine Hand über mich hält und über mich wacht, warum hat er dann nicht aufgepasst, dass ich keinen Krebs bekomme? Warum passt er dann nicht auf, dass überhaupt nichts Schlimmes passiert, keine Kriege, keine Krankheit, kein Hunger, keine Naturkatastrophen?"

Anna bleibt geduldig. „Ja, das könnte man denken, nicht?“ Sie sitzt in Gedanken versunken neben mir, bevor sie weiterspricht: „Eine wirkliche Erklärung, in der keine Lücken mehr bleiben, habe ich auch nicht. Das ist eben Teil des Vertrauens. Aber ich sehe es so: Gott hat die bösen Dinge nicht geschaffen. Aber wenn es das Gute gibt, gibt es auch das Böse. Gott ist das Gute. Wenn du erst einmal die Augen dafür aufhältst, wirst du nach und nach sehen, alles hat seinen Sinn. Manchmal muss erst etwas Böses geschehen, damit wir das Gute erkennen und uns ihm zuwenden. Nicht, dass das Böse dann nicht mehr böse wäre“, ergänzt Anna. „Aber es gibt immer die Möglichkeit, dass man es sich zum Guten dienen lässt.“

Ich verspüre einen leichten Ärger. „Also, das ist mir jetzt wirklich zu platt.“

Anna schweigt. Nicht gekränkt. Eher in sich gekehrt und nachdenklich. Schließlich fragt sie: „Kiki, was willst du denn eigentlich?“

Jetzt bin ich getroffen. Und ebenfalls nachdenklich. „Tja, was will ich eigentlich. Was sollte ich wollen? In Ruhe leben, nicht krank sein, meine Ziele erreichen.“

„Welche Ziele?“

„Was man eben so als Ziele hat: Geld verdienen, schön wohnen, in Urlaub fahren können, Karriere machen, dass es aufwärtsgeht und man sich immer mehr aufbaut.“

„Du glaubst also, wenn du all das erreichst, wird es in deinem Leben immer aufwärtsgehen, du wirst zum Guten kommen?“

„Wieso nicht?“

Anna schaut mich verständnislos an. „Wenn das deine Lebensziele sind … Das ist das Leben, ein Prozess. Es gibt kein Ziel am Ende des Lebens, das Leben ist um seiner selbst willen. Das Leben ist wie Musik, es geht nicht nur um den Paukenschlag am Ende. Wenn es so wäre, würden alle nur End-Paukenschläge komponieren. Das Leben ist wie ein Tanz, er hat kein Ziel, keine Schlussposition am Ende. Es geht um den Tanz an sich, ohne Ziel. Es geht darum, im Hier und

Jetzt zu tanzen, im Hier und Jetzt zu leben und jeden Moment des Lebens so gut wie möglich zu verbringen. Gott hat dir die Tanzfläche für diesen Tanz gegeben und dich daraufgestellt, du entscheidest, was du tust, welchen Tanz du tanzt. Es geht darum, die Dinge der Dinge wegen zu tun, dafür bist du hier. Tue das, was du willst."

„Das sagt sich so leicht."

„Was hindert dich?"

„Es gibt Zwänge und Notwendigkeiten. Geld verdienen, Steuern zahlen …"

„Dann versuche, diese Notwendigkeiten mit etwas zu erfüllen, das dir entspricht."

„Kinder hüten statt durch Ausstellungen zu führen?"

„Zum Beispiel."

„Ich glaube nicht, dass ich das umsetzen kann."

„Warum?"

„Ich weiß ja nicht mal genau, was mir entspricht, was ich will."

„Höre nicht auf die fremden Stimmen in deinem Kopf, was deine Eltern, deine Freunde, die Gesellschaft dir sagen. Höre auf deine innere Stimme."

„Woher weiß ich, dass es meine Stimme ist?"

„Du machst dir viel zu viele Gedanken. Es ist wirklich ganz einfach: Du beißt in etwas hinein und prüfst, ob es dir schmeckt. Wenn es dir schmeckt, dann isst du es weiter, und wenn nicht, dann legst du es weg. So ist es mit dem Leben: Du tust etwas, schaust, ob du dich dabei wohlfühlst. Wenn ja, dann machst du es weiter, und wenn nicht, dann machst du es nicht weiter. Und lass dich dabei führen, wie beim Tanz."

„Wer führt mich?"

„Der, dem du vertrauen kannst."

„Aber wer ist das?"

Anna lächelt, als sei sie im Besitz einer Gewissheit, die ich in keiner Weise nachvollziehen kann. Ich spüre, dass wir uns im Kreis drehen.

„Es ist der, der dich hierhergeführt hat. Es mag vielleicht banal klingen, aber wenn wir beide nicht krank geworden wären, dann hätten wir uns nicht kennengelernt. Und das wäre doch schade. Wir hätten uns alle nicht kennengelernt. Ich finde es sehr schön, dass ich dich, Ina und Manu hier getroffen habe. Ich kann mir gar nicht mehr vorstellen, wie es ohne euch war. Es ist ein Geschenk. Das ist das Gute in dem, was auf den ersten Blick böse ist. Und du wirst sehen, was noch alles geschehen wird, was nicht geschehen wäre, wenn du nicht krank geworden wärst. Alles hat einen Sinn, alles wird gut. Du musst nur daran glauben."

„Das fällt mir schwer – zu glauben, dass ich krank geworden bin, damit ich zu einem erfüllten Leben komme. Und es klingt doch auch egoistisch, nur das zu tun, was ich will."

„Wieso brauchst du eine Erlaubnis, um ein gutes Leben zu führen? Mensch, Kiki, du brauchst keine Erlaubnis. Ich glaube, du hast die Pflicht, das Beste aus deinem Leben zu machen. Damit meine ich nicht, Reichtümer anzuhäufen, sondern dich im Moment wohlzufühlen. Das Leben ist ein Geschenk Gottes. Wenn ich dir etwas schenke, wünsche ich mir, dass du gut damit umgehst."

Ich kann nicht anders, als zu witzeln: „Deshalb hat man im Leben immer mehr schreckliche Gegenstände, die man von Leuten geschenkt bekommt und die man wieder sichtbar ins Regal stellen muss, wenn diese Leute zu Besuch kommen."

„Ja, die schauen auch, was du aus ihrem Geschenk gemacht hast…"

Es wird mir zu viel, ich lenke vom Thema ab: „Und dein Kinderwunsch? Ich will dir nicht zu nahe treten, aber wie hoch ist die Chance, dass du noch ein Kind haben wirst?"

„Ich weiß es nicht, ich kann nur hoffen. Ich bete zu Gott, dass ich noch ein Kind haben werde. Er hat es in der Hand. Und in Gedanken spreche ich mit meinem Kind und lade es ein, zu mir auf diese Welt zu kommen."

„Du sprichst mit deinem Kind?"

„Ja, ich spreche mit ihm, jeden Tag. Es ist ja in gewisser Weise in mir, ich weiß nur nicht, ob es zur Welt kommen wird. Und wenn nicht, dann werden wir uns an einem anderen Ort begegnen."

Das klingt nun wirklich ziemlich schräg, mit seinem ungeborenen Kind zu sprechen. Vielleicht ist Anna ein bisschen verrückt? Auf jeden Fall widerspricht sie sich, finde ich. Sie sagt einerseits, dass einem – obwohl es einen Gott gibt – schlimme Dinge passieren, damit man auf den rechten Weg gelangt. Andererseits habe ich den Eindruck, dass sie längst auf dem rechten Weg ist. Sie glaubt ja an Gott. Warum schenkt ihr der liebe Gott aber dann nicht einfach ein Kind? Da glaubt sie an Gott und hat doch nichts davon, oder wie?

Bevor ich entschieden habe, ob ich meinen Gedanken Ausdruck verleihe, kommen Manu und Ina um die Ecke: „Wir haben euch Eis mitgebracht."

Ina reicht Anna und mir je einen riesigen Becher.

Ich staune: „Das sind doch bestimmt zehn Kugeln und 10 000 Kalorien."

„Nein, es sind sogar zwölf Kugeln", grinst Ina, „das sind die Partnerbecher. Ein großer Becher für zwei Personen, aber wir dachten, den kann jede von uns auch allein verputzen."

Ich nehme die Kalorienbombe, ist ja ein Geschenk. Ich löffele in meinem Monster-Eis herum, schmecke Maracuja abwechselnd mit Schokolade, Vanille, Pistazie, Zitrone, Mango und Erdbeere, spiele mit den Fußzehen im Sand, schaue hinaus aufs Wasser, betrachte die krakeelenden Möwen, die um uns herumhüpfen und auf die Eiswaffel spekulieren, und lasse den lieben Gott einen guten Mann sein. Die Möwen machen sich keine Gedanken über das Leben. Die sind einfach. Die Vögel fliegen oder sitzen oder schwimmen oder fressen und sonst nichts.

Ich wünschte, ich wäre ein Vogel. Ich wünsche mir ihre Unbeschwertheit.

9

„Sie müssen positiv sein", eröffnet Frau Psycho am nächsten Morgen die Sitzung.

Manu schnaubt verächtlich durch die Nase. Sie hat sich wieder auf den Boden gesetzt. Sie nimmt nicht auf dem Stuhl Platz wie wir anderen. Es ist ihre Art, zu demonstrieren, dass sie von alldem hier nichts hält. Und von der Psychofrau schon gar nichts. Die hat das Schnauben wohl gehört und setzt neu an: „Sie müssen positiv sein. Das ist nicht nur wichtig für Ihren Heilungsprozess. Es ist auch wichtig, damit Sie nicht wieder krank werden."

Manu poltert los: „Das ist doch Quatsch, dieses ‚Sie müssen positiv sein'. Ich kann es nicht mehr hören. Das ist, als würde der Fotograf beim Fototermin sagen: ‚Sie müssen locker sein.' Erstens funktioniert es so nicht und zweitens ist das eine ganz miese Art, uns unter Druck zu setzen."

Die Psychotante bleibt ruhig. „Wieso?"

„Wieso? Wieso?" Manu regt sich auf. „Sie sagen mir damit ja zum einen, dass ich krank geworden bin, weil ich nicht positiv war. Selber schuld also: Wärest du die ganze Zeit positiv gewesen, dann würdest du jetzt nicht hier sitzen. Und Sie sagen mir: Wenn du nicht positiv bist, dann wirst du wieder krank. Sie geben mir damit Schuld. Ich bin also selber schuld, wenn ich krank werde, ich hätte ja positiv sein können. Ich finde, das ist eine Unverschämtheit. Ich habe keine Verantwortung dafür. Sie tun ja so, als hätte ich es in der Hand, ob ich Krebs bekomme oder nicht. Vielleicht sogar, als hätte ich das gewollt.

Ich kenne so viele Menschen, die ich als durchweg positiv beschreiben würde und die trotzdem Krebs bekommen haben. Irina zum Beispiel. Würden Sie sagen, dass Irina ein negativer Mensch ist? Ist sie schuld an ihrer Krankheit?"

Irina schaut verwundert und sagt natürlich gleich wieder etwas dazu: „Nein, bin ich positiver Mensch", und sie strahlt, so sehr freut sie sich darüber, etwas Gutes über sich von Manu gehört zu haben.

Manu nickt ausladend in Richtung Irina: „Da sehen Sie es. Irina ist ein positiver Mensch. Und sie sitzt trotzdem hier, ohne Haare und mit einer Zeitbombe im Körper."

Irina unterbricht sie: „Aber vielleicht ist Krebs Strafe für etwas Böses ich getan habe?"

Manu springt auf: „Das ist doch keine Strafe. Es ist Krebs. Was ist mit all denen, die wirklich Böses getan haben? Menschen, die im Dritten Reich andere gequält und getötet haben? Dann müssten die ja alle mit Krebs vergammeln."

„Vielleicht haben sie gemacht, aber sind trotzdem positiv", wirft Irina ein.

Manu keift sie an: „Jetzt hör mir aber auf. Ich mache also den größten Mist meines Lebens, und wenn ich dann trotzdem positiv bleibe, dann ist alles gut, oder was?"

Die Psychofrau schaut Manu an: „In gewisser Weise ist es so. Wenn die Dinge, die Sie tun, für Sie in Ordnung sind, dann geht es Ihnen damit auch gut."

Manu lässt sich auf einen Stuhl fallen: „Prima, dann kann ich also machen, was ich will, und wenn ich mir darüber keinen Kopf mache, dann ist es in Ordnung."

Die Therapeutin steigt darauf ein: „Das ist eigentlich schon eine philosophische Frage. Aber, ja, Sie können tun und lassen, was Sie wollen, Sie müssen nur die Konsequenzen dafür tragen."

Manu spitzt es zu: „Ich könnte also jetzt rausgehen und jemanden erschießen?"

„Theoretisch könnten Sie das, aber Sie müssten die Konsequenzen dafür tragen."

Das kommt Manu gerade recht: „Dann kann ich also auch so negativ sein, wie ich will."

„Das können Sie, aber Sie müssen die Konsequenzen dafür tragen."

Manu zählt zwei und zwei zusammen: „Und die Konsequenz ist Ihrer Meinung nach, dass ich wieder Krebs bekomme. Ich erschieße jemanden und dafür bekomme ich Krebs."

„Das ist eine Kausalkette, die so nicht stimmt, und das wissen Sie auch, Frau Burg. Aber es bleibt dabei, wenn Sie – egal, was Sie tun – positiv sind, dann ist die Wahrscheinlichkeit, dass Sie krank werden, vielleicht ein bisschen geringer."

Manu lacht höhnisch. „Das ist doch Quatsch."

Die Therapeutin fasst zusammen: „Gut, dann einigen wir uns darauf, dass Sie sagen, dass es keinen Zusammenhang zwischen Psyche und körperlicher Gesundheit gibt."

„Na, also."

Die Psychofrau widerspricht: „Ich habe nicht gesagt, dass das so ist. Ich habe nur gesagt, dass wir uns darauf einigen, dass Sie sagen, dass es keinen Zusammenhang zwischen Körper und Geist gibt. Ich akzeptiere Ihre Meinung."

In Manus Stimme schwingt Ironie mit: „Danke schön."

„Und können wir uns aber darauf einigen, dass es einem grundsätzlich besser geht, wenn man positiv ist?"

„Mag sein."

Frau Psycho dreht den Gedanken weiter: „Also verleben Sie eine bessere Zeit, wenn Sie positiv sind?"

„Okay."

Und jetzt fasst Frau Psycho zusammen: „Das heißt, wenn ich falschliege und es zwischen Psyche und Körper keinen Zusammenhang gibt und der Krebs zurückkommt, egal, wie positiv Sie sind – was ich nicht glaube – …"

Manu will die Psychofrau unterbrechen, aber die spricht unbeirrt weiter.

„... dann würden Sie aber wenigstens bis zur nächsten Krebserkrankung mit einer positiven Einstellung eine bessere Zeit erleben als mit einer negativen Einstellung, oder?“

Touché.

Manu bleibt still auf ihrem Stuhl hocken.

Die Psychologin wendet sich der Gruppe zu.

„Wenn Sie eine Blume wären, welche Blume wären Sie?“

„Ich wäre lieber ein Vogel“, platzt es aus mir heraus.

„Welcher Vogel?“

Ich antworte, ohne zu überlegen: „Vielleicht ein Rabe oder eine Amsel.“

Die Psychofrau will eine Begründung: „Warum?“

Und ich denke wieder nicht groß nach, bevor ich den Mund aufmache: „Die sind schön schwarz. Sie können über die Welt fliegen und alles von oben betrachten und sie müssen sich keine Sorgen machen. Sie sitzen rum, fliegen, fressen und das war's. Sie sind ganz im Hier und Jetzt.“

Frau Psycho nimmt den Faden wieder auf.

„Blumen sind auch ganz im Hier und Jetzt. Welche Blume wären Sie?“

Ich denke wieder nicht nach und plappere drauflos: „Vielleicht ein Gänseblümchen. Immer in der Angst, von jemandem zertreten zu werden.“

Dazu gibt es von der Therapeutin keinen Kommentar und ich brauche auch keinen, um zu begreifen, was ich gerade gesagt habe.

„Und Sie, Manuela Burg, welche Blume wären Sie?“

Manu sieht nachdenklich aus. Wenn ich Manu eine Blume zuordnen müsste, dann wäre es eine gefährliche Kampfstachelgladiole mit giftigen Blatthärchen. Manu danach zu fragen, was für eine Blume sie wäre, ist gefährlich. Ich glaube kaum, dass sie darauf ordentlich antworten wird, und erwarte ihren nächsten Angriff, aber sie antwortet tatsächlich: „Eine Mohnblume."

Das passt: kräftiges, leuchtendes Rot voller Energie, das die Natur überstrahlt und allen entgegenschreit: „Hier bin ich!", aber zarte Blätter, die sanft berührt werden müssen, wenn man sie nicht zerstören will.

Die ungekrönte Karnevals-Prinzessin aus Bonn sagt, sie wäre eine Nelke, weil ihr Fastnachtsverein die Nelke in seinem Wappen trägt. Ina wäre eine Tulpe, weil das für sie der Inbegriff von Blume ist. Anna wählt die Ranunkel: klein und kompakt mit saftiger Blüte in so vielen Farben blühend, dass man sie sich kaum ausmalen kann.

Irina weiß auch was für sich: „Ich wäre Sonnenblume in Rosa."

Die Karnevalsprinzessin widerspricht: „Sonnenblumen gibt es nicht in Rosa."

„Gibt es doch. Habe ich oft in Vase auf Tisch stehen. Nehme ich nicht in Topf, weil lassen dann die Köpfe hängen. Für Vase haben sie Draht am Bauch, dann stehen sie."

„Sie meinen Gerbera", klärt die Sternenfrau auf. „Gerbera. Aus der Gattung der Korbblütler, eine Art Aster. Für die Vase werden sie mit dünnen Drähten entlang des Stiels gestützt."

Irina nickt: „Ah, wusste nicht, dass so heißt."

„Sie kennen sich aber gut aus", stellt die Psychotante anerkennend fest.

Die Sternenfrau nickt: „Ja, ich liebe Blumen. Sie begleiten mich durch mein ganzes Leben. Ich hatte schon als Kind einen kleinen eigenen Garten, jetzt habe ich leider keinen mehr. Aber ich habe einen Balkon und den habe ich über und über bepflanzt mit mehr als 30 Sorten: Studentenblumen, Vergissmeinnicht, Kornblumen, Duftwicken, Gladiolen und ich weiß nicht, was sonst noch alles. Seitdem ich krank bin, verbringe ich fast mein ganzes Leben auf dem Balkon bei meinen Blumen. Ich kann schlecht rausgehen, alles strengt mich an. Deshalb habe ich mir mein Zuhause schön gemacht. Seit sieben Jahren, nach drei Rückfällen und drei Chemotherapie-Läufen. Ich bin austherapiert. Die Ärzte können nichts mehr für mich tun. Vielleicht geht es noch ein Jahr, vielleicht zwei, vielleicht fünf Jahre, ich weiß es nicht. Deshalb habe ich auch kein Haustier mehr, nicht mal einen Wellensittich. Nachdem der Wellensittich und mein Hund gestorben sind, habe ich mir kein Tier mehr zugelegt. Ich will nicht, dass ich sterbe und dass das Tier dann allein ist. Was wird dann aus ihm?

Aber ich habe meine Blumen. Morgens gehe ich hinaus auf den Balkon, gieße sie und zupfe die welken Blätter ab. Dann setze ich mich zu ihnen, lese Zeitung oder schaue die Blumen nur an oder genieße die Sonne oder den Regen. Abends gieße ich die Blumen noch einmal, wünsche ihnen eine gute Nacht und streiche über ihre Blätter. Und dann gehe ich ins Bad, träufele ein wenig Augen-Make-up-Entferner auf ein Wattepad, wische mir die Schminke aus dem Gesicht und dann lasse ich die Tränen fließen."

Ich habe einen Kloß im Hals. Die meisten schauen betreten zu Boden. Einige nesteln an ihrer Kleidung oder spielen mit den Fingern an den Lippen. Nur Manu blickt die Sternenfrau unumwunden an, mit großen Augen und schmalen Lippen.

Selbst die Psychofrau scheint ein wenig mit dem Gehörten zu ringen und ihre Stimme klingt ein wenig heiser: „Danke."

Mehr sagt sie nicht. Ein leises, weiches Danke, ein ehrliches Danke.

Danach ist nichts mehr zu sagen. Die Stunde ist rum. Die Sternenfrau nimmt ihre Brille ab und verkramt sie in ihrer Handtasche. Die Psychotherapeutin steht auf und packt ihre Sachen zusammen. Zögerlich erheben sich die Damen, auch die Sternenfrau, um den Raum zu verlassen. Die Sternenfrau geht allein hinaus, alle anderen folgen ihr. Nur Manu bleibt sitzen. Und die Psychotante.

Manu kommt nicht zum Mittagessen. Ina, Anna und mir steht nach der Sternenfraugeschichte auch nicht so recht der Sinn nach einer Mahlzeit. Die Orthokangs schaufeln sich die Münder voll.

„Ich habe gar keinen Hunger", sagt Anna.

„Ich auch nicht", pflichtet Ina ihr bei und deutet auf den Teller. Es gibt Kartoffel-Zucchini-Auflauf.

„Zucchini kann ich sowie nicht mehr essen, seitdem Manu sie mit Sorgen belegt hat."

„Ich fand das, was die Sternenfrau gesagt hat, sehr berührend. Sie macht es sich schön, dabei ist sie so traurig. Das muss doch der Horror sein, wenn du weißt, dass du nichts mehr tun kannst", spreche ich meine Gedanken aus.

„Ja, das muss schlimm sein", nickt Anna.

Schlimm? Das trifft es für mich nicht.

„Du hast ja keine Perspektive mehr. Wartest nur noch darauf, dass es zu Ende geht. Chancenlos. Ohnmächtig. Ich glaube, ich würde den ganzen Tag heulen. Das ist doch schrecklich. Wenn man weiß, dass es vorbei ist. Ich wollte es gar nicht wissen."

Ina nickt. „Sie heult ja, nicht den ganzen Tag, aber jeden Abend. Aber vielleicht ist es ja gut, dass sie es weiß, so kann sie aus der verbleibenden Zeit das Beste machen."

Das kann ich mir nicht vorstellen.

„Mit diesem Wissen? Das Beste daraus machen?"

Anna versucht das Positive daran zu sehen.

„Sieh es doch mal umgekehrt. Wenn du es nicht weißt und einfach so vor dich hin lebst und dann erfährst, dass es gleich vorbei ist, dann würdest du dir vielleicht wünschen, du hättest es gewusst, und dann hättest du anders gehandelt."

Ich widerstehe dem ersten Impuls, ihr zu widersprechen.

„Eigentlich hast du recht. Ich hab schließlich auch, nachdem ich meine Diagnose bekommen habe, gedacht, wenn ich es gewusst hätte, dann hätte ich anders gelebt, dann wäre ich längst zelten gegangen."

Ich mache eine kleine Pause, bevor ich anfüge: „Aber ich wollte es trotzdem nicht wissen. Ich wollte nicht ohne jede Hoffnung leben."

Ina schaut mich prüfend an.

„Bei dir hat es ja auch nichts geändert. Du bist nicht zelten gegangen."

Das trifft mich, weil sie recht hat. Da habe ich einen Schuss vor den Bug bekommen, wollte alles ändern, aber was ist geblieben? Hätte ich etwas geändert, wenn ich unheilbar krank gewesen wäre? Das will ich gar nicht weiterdenken.

„Es bleibt die Hoffnung", ist Anna sicher.

Welche Hoffnung?

Anna sieht die Fragezeichen in meinen Augen.

„Und wenn es nur die Hoffnung ist, dass es nicht in sieben, acht Monaten vorbei ist, sondern vielleicht erst in ein, zwei, drei Jahren. Und dann wirst du gut weiterleben können, wenn du Hoffnung hast."

Ina schiebt ihren Teller zur Seite.

„Ja, das passt. Sie hat sicher noch irgendeine Hoffnung, und sie macht das Beste daraus. Ich glaube, sie ist kein Kind von Traurigkeit."

Wie meint sie das?

„Ich habe sie gesehen, einmal mit einem großen, schlanken Mann mit braunen Haaren und einmal mit einem etwas untersetzten Kerl, der kleiner ist als sie, mit Halbglatze."

Ich bin verwundert: „Na und?"

„Sie hat mit beiden Händchen gehalten."

„Vielleicht ist einer davon ihr Sohn?", wäge ich ab.

„Dann wäre sie aber schon als Kind schwanger gewesen."

Ich versuche immer noch, eine Lösung zu finden, weil ich mir nicht vorstellen kann, dass sie zwei Kerle hat. So etwas macht man nicht.

„Oder ihr Bruder?"

Ina schüttelt wieder den Kopf.

„Das glaube ich nicht. Ich glaube eher an einen Kurschatten."

Anna grinst: „Ja, wie die Blümelein, die bekommen ja auch unterschiedlichsten Besuch."

„Also das würde mich ja mal interessieren", werde ich neugierig.

„Wir können sie ja fragen", schlägt Ina vor.

Das würde ich mich nun wieder nicht trauen.

Ina schon: „Warum nicht? Bei nächster Gelegenheit finden wir es raus."

Den Nachmittag verbringen wir wieder am Strand, wir versuchen so viel Zeit wie möglich am Strand zu sein, auch wenn wir es eigentlich nicht dürfen.

10

„Das ist für dich."

Ina steht am nächsten Morgen mit einem dicken Paket unterm Arm an unserem Frühstückstisch und streckt es mir über die Tischplatte entgegen.

„Für mich?"

„Ja, für dich."

„Was? Wieso das dann? Was ist es?"

„Ich hatte kein Geschenkpapier, deshalb hab ich es in Zeitungen gewickelt. Mach es auf!"

Ich reiße das Zeitungspapier weg, und ein grau-gelber Beutel kommt zum Vorschein. Er fühlt sich weich an, aber es sind auch ein paar lange, harte Stäbe zu spüren.

„Ein Zelt?", frage ich ungläubig.

„Ja, ein Zelt. Ich will, dass du endlich zelten gehst."

„Du bist ja lustig." Ich bin ein wenig beschämt.

„Und zwar gleich heute Abend. Wir gehen zelten."

„Du bist verrückt, wir können doch hier nicht zelten gehen."

Manu schüttelt den Kopf: „Warum nicht? Frau Leu hat doch gesagt, dass wir alles machen können, was wir wollen, wir müssen nur die Konsequenzen tragen."

Ich bin irritiert. „Wer?"

Manus Erklärung folgt auf dem Fuße: „Frau Leu, die Psychotante."

Jetzt bin ich überrascht. „Mir war gar nicht bewusst, dass sie einen Namen hat."

„Doch. Hat sie. Elisabeth Leu, 57 Jahre alt, stammt aus Bochum und arbeitet seit 14 Jahren in der Klinik."

Ina schaut ungläubig Manu an. „Du bist aber ziemlich gut informiert."

Manu wirkt kleinlaut. „Ja, ich hab mich mit ihr unterhalten."

Ich verstehe: „Deshalb bist du gestern nicht mehr aufgetaucht. Worüber habt ihr gesprochen?"

Manu winkt ab: „Ach, ist egal."

Ina steht immer noch abwartend am Tisch.

„Also, gehen wir zelten heute Nacht oder nicht? Ich will nicht, dass du bei Petrus an der Himmelspforte ankommst und ihm diese lausige Antwort geben musst, dass du nur ein einziges Mal in deinem Leben zelten warst. Wenn wir heute im Zelt schlafen, kannst du wenigstens zwei Mal Zelten vorweisen."

Ich schaue die anderen an. „Wir alle?"

Ina schränkt ein: „Das wird nicht gehen, es ist ein Zwei-Mann-Zelt. Du kannst allein zelten oder ich komme mit."

„Allein traue ich mich nicht. Na, dann kommst du natürlich mit."

Ina freut sich: „Abgemacht. Du nimmst deine Gymnastikmatte mit und eine Decke, ich habe noch einen Schlafsack. Wir brauchen eine Taschenlampe, was zu trinken und zu essen. Wir gehen heute Abend nach dem Abendessen los und morgen früh zum Frühstück sind wir wieder hier und niemand merkt, dass wir nicht in unseren Zimmern geschlafen haben."

Mir kommen Bedenken: „Und wenn ich auf Toilette muss?"

Ina wird ungeduldig: „Dann pieselst du in die Natur. Was ist los? Ich denke, du magst zelten und hast auch schon gezeltet."

Ich komme in Erklärungsnot.

„Ja, aber mit meiner Kinderfreundin bei meiner Oma, im Garten hinterm Haus ihrer Eltern, ein einziges Mal. Das war so eine Art Luxuszelten mit Rückzugsmöglichkeit, Sicherungsnetz und doppeltem Boden. Wir konnten jederzeit ins Haus; wenn wir auf Toilette mussten, uns zu kalt wurde oder wir Hunger hatten, sind wir einfach reingegangen."

Ina bleibt hartnäckig. „Dann wird es Zeit, dass du jetzt richtig zeltest, ohne Rückzugsmöglichkeit, Porzellantoilette und gefüllten Kühlschrank. Komm! Eine Nacht! Das bekommst du hin."

Ja, das bekomme ich hin. Eigentlich ist es auch doof, dass ich Ina erst etwas vorheule, dass ich so gerne zelten gehen würde, ich ihr dann gestehen muss, dass ich es trotz der Erkenntnis der eigenen Endlichkeit noch nicht getan habe und dass sie mich jetzt auch noch dazu überreden muss. Ich weiß selbst gar nicht so recht, warum ich es nicht einfach tue. Es wird Zeit, dass ich mich bedanke.

„Danke, Ina. Dann machen wir das."

Zwischen der Nackengymnastik, dem Walken, dem Vortrag über Operationsmethoden bei Unterleibskrebs und Mittagessen organisieren wir unsere Geheimaktion. Den ganzen Tag über habe ich ein Kribbeln im Bauch, fühle mich ein wenig wie eine Diebin. Wenn das rauskommt …

Am Abend haben wir alles zusammen. Ina hat quasi in Antizeckenmittel gebadet. Manu und Anna wünschen uns viel Spaß und Glück. Und wir stiefeln los, in die Nähe unseres Grillfeldes, etwa einen Kilometer von der Klinik entfernt, auf eine Wiese unter einen Baum. Unterwegs begegnet uns tatsächlich der beigefarbene Meckermann. Wir grüßen brav und hoffen, dass er uns nicht wiedererkennt.

Ich habe zwar schon gezeltet, aber ich habe noch nie ein Zelt aufgebaut. Ina übernimmt es. Sie rollt das Zelt auf, sammelt die Heringe neben sich, legt das Zelt aus, steckt die Stangen an die richtigen Stellen, haut die Heringe in den Boden, spannt die Seile, knotet sie fest, und schon steht das Zelt.

Ich bin voller Bewunderung: „Das hast du aber nicht zum ersten Mal gemacht?"

„Das stimmt, ich habe oft gezeltet, mit meinen Eltern und auch bei Exkursionen während des Bio-Studiums."

Ina zieht den Reißverschluss des Eingangs auf, dann den des Fliegennetzes, schlägt die beiden Stoffhälften zur Seite und wirft mir einen einladenden Blick zu. Ich werfe die Isomatte ins Zelt, krieche auf allen vieren hinterher und setze mich erst einmal. Diesen Eindruck hatte ich schon lange nicht mehr. Im Zelt schimmert alles grün-gelb. Es riecht nach Plastik, ich klebe am Boden. Durch die Plastikfolie drücken sich die Hubbel des Wiesenbodens. Sie ist so dünn, dass man die Halme durchscheinen sehen kann, und sie klingt wie eine Mehrwegeinkaufstasche. Ina reicht mir unsere Überlebenstüte mit den geschmierten Brötchen darin an, schiebt meine Decke und ihren Schlafsack hinterher, legt ihre Isomatte hinter die Eingangsschwelle und krabbelt drüber weg ins Zelt.

„Da wären wir also", sagt sie und lächelt, „auf welcher Seite willst du schlafen?"

„Dann nehme ich die hier", entscheide ich und ziehe meine Isomatte zur Seite.

Ina breitet rechts neben mir ihre Isomatte aus, drapiert ihren Schlafsack darauf. Und legt sich ihre Tasche als Kissen hin. Gute Idee, das mache ich auch. Jetzt werden wir also die nächsten elf Stunden in der Wildnis verbringen, umgeben von einer dünnen Plastikfolie, die Sicherheit vorgaukelt. Ganz wohl ist mir bei der Sache nicht.

„Warum bist du eigentlich so scharf aufs Zelten?", fragt Ina, während sie eine Tüte Chips, die Brötchen, den Frischkäse und die Minitomaten auspackt.

Ja, wie komme ich überhaupt darauf?

„Es war einfach eine unbeschwerte Zeit. Die Ferien bei meiner Oma waren sorglos, meine Freundin Tanja wohnte fünf Häuser weiter vorne, wir haben alles zusammen gemacht. Ich konnte bei ihr klingeln und sie bei mir, ohne dass wir uns anmelden mussten. Dann sind wir schwimmen gegangen, Fahrrad fahren oder einfach nur spazieren. Abends haben wir uns in der Laube mit Jugendlichen aus dem Dorf getroffen, einer kam mit dem Mofa, hatte auf dem Gepäckträger einen kleinen Kassettenrekorder, der unentwegt dudelte, auch während der Fahrt, meistens Phil Collins' ‚In the air tonight'. Wir mussten uns um nichts kümmern, wir durften alles, ein bisschen war es wie hier in der Kur.

Das Zelten ist für mich der Inbegriff dieser glücklichen Zeit. Alles beim Zelten verbinde ich damit. Die frische Luft, die Nähe zum Himmel und zu den Sternen. Die Kühle, die gegen vier Uhr morgens ins Zelt kriecht, den Geruch der Plane …

Und man klingt auch anders im Zelt, hörst du das? Die Zeltwände reflektieren im Innern die Geräusche, auch die, die man selbst macht. Man hört sich lauter. Vielleicht ist es das, was mir meine Existenz bewusster macht. Vielleicht sollte man öfter mal in ein Zelt krabbeln, damit man sich besser spürt."

„Du kannst dich auch einfach zwischendurch kneifen", sagt Ina und petzt mir leicht in den Unterarm.

Ich sinniere weiter: „Hast du nicht manchmal das Gefühl, dich aufzulösen, das Gefühl, dass du selbst gar nicht da bist, sondern nur die anderen und das Außen?"

„Klar. Das ist alles eine Frage der Wahrnehmung. Du musst dir einfach ab und zu mal vornehmen, dich auf dich zu besinnen."

Ina ist immer so pragmatisch.

Als es dunkel geworden ist, liegen wir auf dem Rücken, die Köpfe durch den Zelteingang auf die Wiese hinausgestreckt, den Sternenhimmel über uns.

„Was wohl da oben ist?", überlege ich laut.

„Was soll da oben sein? Sterne, All und ein paar Planeten."

Ich gebe mich der Weite des Himmels hin.

„Aber ist das nicht faszinierend? Wir sehen hier unten Sterne, die es tatsächlich gar nicht mehr gibt, die längst verglüht sind."

Ina hat eine Erklärung dafür: „Das liegt an der Entfernung."

Klingt wenig romantisch.

„Aber vielleicht ist da oben noch mehr? Vielleicht gibt es Leben auf anderen Planeten? Vielleicht gibt es dort draußen doch irgendeine übergeordnete Macht, die alles lenkt."

Ina hat eine andere Sicht: „Da oben gibt es Satelliten, denen wir das Fernsehprogramm verdanken."

„Ina, glaubst du nicht, dass es noch mehr gibt?"

„Ich bin Naturwissenschaftlerin. Für mich hat alles eine klare Erklärung. Evolution, Biologie und Chemie."

„Aber das eine schließt das andere doch nicht aus", würde ich gerne weiter mit ihr fantasieren.

Ina bleibt nüchtern: „Kann sein, aber was hat das mit mir zu tun? Ich bin hier."

„Fragst du dich nicht, wie du hierhergekommen bist?"

Typische Ina-Antwort: „Meine Mutter hat mich geboren."

„Das ist wirklich sehr nüchtern."

„Das ist es. Aber warum soll ich mir Gedanken machen, wie du es tust? Am Ende ändert es doch nichts, ich bin hier, die Sterne sind da oben. Ich lebe und die Sterne leuchten. Ändern kannst du es ja sowieso nicht. Und wenn ich anfange, nach dem Sinn von allem zu fragen, wo komme ich da hin?"

„Vielleicht zu einer Antwort." Ich fühle mich weise und platt zugleich.

„Es gibt nicht die eine Antwort. Und würde das mein Leben ändern? Für den einen ist der Sinn des Lebens, viel Geld zu verdienen, der andere kämpft nur ums Überleben. Manche wollen die Welt verändern und andere einfach nur ihre Ruhe haben."

„Ina, und das Meer? Du wolltest doch eigentlich Meeresforscherin werden, oder nicht?"

„Ja, bin ich eben nicht geworden. Es ist, wie es ist. Die Biologie macht mir auch Spaß. Wir haben in dem Labor, in dem ich arbeite, ein gutes Team. Ich freue mich auch schon darauf, dorthin zurückzukommen. Und dann arbeite ich und denke nicht über das All und die Sterne und andere Leute nach, so wie du. Du machst dir viel zu viele Gedanken. Du willst die ganze Welt retten."

Aber was ist daran falsch, die Welt retten zu wollen? Wenn jeder nur ein kleines Stück dieser Welt retten würde, sähe die Welt um einiges besser aus. Ich würde gerne weiter über tiefgründige Themen sprechen und sinnieren, aber für Ina scheint das nur pseudo-philosophisches Geplänkel zu sein. Schade. Mit Ina kann man nur über wirklich griffige Themen sprechen. Naturwissenschaftlerin eben. Dann stelle ich ihr jetzt eine ziemlich griffige Frage, auf die sie mir noch eine Antwort schuldig ist: „Wo warst du, als du deine Diagnose bekommen hast?"

Ina dreht den Kopf weg.

„Das willst du nicht wissen."

„Doch, will ich."

Ina atmet tief durch: „Na gut. Ich sage es dir. Ich habe auch einen Handy-Anruf bekommen. Als das Telefon klingelte, stand ich vor einer Umkleidekabine in einem langen weißen Kleid und eine Verkäuferin fummelte gerade einen Schleier in mein Haar."

„Ein Brautkleid?"

„Ja, genau. Zwei Tage später war die Hochzeit abgesagt."

„Wegen der Diagnose?"

„Wegen meines Freundes, der nicht das Rückgrat hatte, zu mir zu stehen. Seine Familie hat gesagt: Was willst du die heiraten, die stirbt doch eh bald."

Ich bin entsetzt. „Er hat es abgesagt, weil du eine Krebsdiagnose hattest? Aber wenn er dich liebte, dann hätte er doch erst recht zu dir stehen müssen in so einer Situation."

„Ja, wenn. Er hat gesagt, das sei jetzt wichtiger, und ich solle erst einmal wieder gesund werden und dann könnten wir ja weitersehen."

Das ist bitter.

„So ein Arsch! Da hast du so einen Schicksalsschlag und er lässt dich damit allein."

Ina starrt in den Himmel.

„Ja, im ersten Moment war ich auch entsetzt. Aber wahrscheinlich ist es besser so. Es hätte sowieso nicht gehalten, wenn er an dieser Stelle schon aussteigt. Und so haben wir wenigstens Geld gespart. Stell dir vor, die Diagnose wäre nach der Hochzeit und dem Zusammenziehen gekommen und wir hätten uns dann getrennt, was wäre das erst für ein Aufwand gewesen?"

Ja, das ist der pragmatische Ansatz. Inas Ansatz. Aber es ist und bleibt eine unglaubliche menschliche Enttäuschung. Ich will Ina nicht runterziehen, also spreche ich das nicht aus, sondern versuche sie zu trösten: „Na, da hast du ja noch mal Glück gehabt."

Ina kichert künstlich: „Ja, hihi, Glück im Unglück."

Nachdem wir eine Weile schweigend nebeneinandergelegen haben, rutschen wir ins Zelt, drehen uns um, schließen den Reißverschluss der Zeltaußenhaut und auch den des Fliegennetzes, legen uns mit den Füßen in Richtung Eingang auf unsere Isomatten, trinken unsere Biergläser aus, verstauen das Essen in der Tüte in der linken Ecke des Zelts und knipsen die Taschenlampe aus.

„Uuhh, gruselig", sage ich.

Ich höre eine Stechmücke herumsurren, ein leises Rascheln hinter unseren Köpfen im Gras, vielleicht eine Maus. Sonst ist es still.

„Ob Manu gerne mitgekommen wäre? Und Anna?", frage ich.

„Es kann dir egal sein, sie sind nicht dabei, und wenn sie zelten wollen, können sie es ja noch machen. Jetzt zelte endlich."

Okay. „Dann lass uns Gruselgeschichten erzählen. So wie wir es bei meiner Oma gemacht haben“, schlage ich vor.

„Du fängst an.“

„Okay.“

Ich überlege, was ich mal erzählen könnte.

„Also, es war einmal ein ganz kleines Männchen, das lebte in einem Wald hinter einer Kurklinik, in einem Erdloch an einem Baum. Es war schon mehr als 200 Jahre alt und es kam nur nachts raus … Jetzt musst du weitererzählen, Ina.“

„Wenn es nachts aus seiner Höhle schlich, dann, um sich etwas zu essen zu besorgen. Es fraß mit großer Vorliebe Camper. In 20 Jahren waren 80 Camper verschwunden.“

„O nein, das ist aber sehr gruselig, vielleicht werden wir gefressen?“

„Erzähl weiter!“

Ich überlege.

„Einmal, als es keine Camper gab und die Menschenvorräte in seiner Höhle aufgebraucht waren, blieb dem Hutzelmännchen nichts anderes übrig, als sich der Kurklinik zu nähern und sich dort nach Nahrung umzuschauen …“

Ina macht weiter: „Es verkleidete sich. Es warf sich einen beigefarbenen Mantel über und setzte sich einen Strohhut auf den Kopf und versteckte ein großes Messer in seiner Tasche …“

„Der Meckermann!“, entfährt es mir.

„Ja, genau, und so pirschte sich das kleine Menschenfressermännchen an die Kurklinik und traf dort auf …“

„… die Psychofrau!“

Wir lachen los, aber ich relativiere sofort.

„Nein, das ist nicht fair. Ich finde, wir tun ihr unrecht. Die arme Frau Leu, immerhin hat sie Manu zum Sprechen gebracht.“

Ina wirkt enttäuscht: „Nicht mal Gruselgeschichten kann man mit dir erzählen, ohne dass du Mitleid mit den Opfern hast und mit den Monstern.“

Ich gebe den Neustart: „Lass uns eine andere Geschichte spinnen."

Ina schweigt. Ich suche nach etwas möglichst Originellem. Mir fällt ein Witz von einem Bären ein, den ich variiere:

„Es war einmal der kleine Tod. Er war von seinem großen Bruder mit einer Kutte und einer Sense ausgestattet worden und mit dem Auftrag, jeden Tag eine Liste von Menschen abzuarbeiten, die er mit sich nehmen sollte.

Der kleine Tod wollte das nicht, er empfand sich als kalt, herzlos und gemein, den Menschen das Leben zu nehmen. Aber der Bruder schob ihn aus der Haustür zur Arbeit und drohte ihm: ‚Wehe, du hast heute Abend nicht an allen 50 Haustüren geklingelt!'

So ging der kleine Tod los und nahm sich vor, es wenigstens zu versuchen. Er klingelte an der ersten Tür. Sie öffnete sich und drinnen stand eine alte Frau.

‚Ich bin der kleine Tod', sagte der kleine Tod.

Die Frau erschrak: ‚Und hast du eine Liste?'

‚Jau.'

‚Und stehe ich da auch drauf?'

‚Jau.'

Einen Moment später fiel die Frau tot um.

Der kleine Tod klingelte an der nächsten Tür. Es öffnete ein kleines Mädchen.

‚Ich bin der kleine Tod', sagte der kleine Tod.

Das Mädchen erschrak: ‚Und hast du eine Liste?'

‚Jau.'

‚Und stehe ich da auch drauf?'

‚Jau.'

Im nächsten Moment fiel das kleine Mädchen tot um.

Der kleine Tod klingelte an der dritten Tür und ein Kaninchen öffnete.

‚Ich bin der kleine Tod', sagte der kleine Tod.

Das Kaninchen erschrak: ‚Hast du eine Liste?'

‚Jau.‘

‚Und stehe ich da auch drauf?‘

‚Jau.‘

„Und kannst du mich da runterstreichen?‘

‚Jau.‘“

Ina prustet los: „Ja, wenn es so einfach wäre, dass man nur fragen müsste, dass man von der Liste gestrichen wird.“

„Ja, Ina, aber wir sind von der Liste gestrichen worden. Dieses Mal. Dieses Mal hatten wir Glück.“

Ina ergänzt: „Dabei haben wir nicht einmal gefragt.“

In der Nacht erwache ich. Ich höre draußen Schritte. Ich höre, dass jemand spricht, aber ich kann nicht verstehen, was gesagt wird. Da ist jemand. Und von diesem fremden Jemand trennen uns nur ein paar Millimeter Plastikstoff. Es klingt, als stehe er direkt am Zelt. Kopfkino. Meine Fantasie geht mit mir durch. In meinem inneren Film sehe ich, wie eine riesige Messerklinge durch die Zeltplane stößt.

„Ina. Inaaaa!“, flüstere ich, so laut ich es wage, und ruckele an ihrer Schulter.

„Was denn?“

„Psst, leise, da draußen ist jemand.“

„Wer soll denn da sein?“, wispert Ina.

„Keine Ahnung. Er muss direkt vorm Zelt stehen. Ich habe Schritte gehört und Stimmen, vielleicht hat er ein Messer dabei“, flüstere ich so leise wie möglich.

„Vielleicht der Meckermann?“

„Oder der Hutzelmenschenfressermann?“

Draußen sind wieder Schritte zu hören. Wir wagen nicht zu flüstern, kaum zu atmen. Wir regen uns nicht. Es klingt, als stehe der Fremde direkt vorm Zelteingang. Vermutlich wartet er dort, bis wir rauskommen, und dann brät er uns beiden eins über, fürchte ich.

„Wir gehen auf keinen Fall raus, hörst du“, sage ich zu Ina. „Wenn wir ganz leise sind, geht er vielleicht wieder weg.“

Wir liegen da und versuchen unhörbar und unsichtbar zu sein, am besten samt Zelt, eine ganze Weile, vielleicht fünf Minuten oder hundert. Draußen ist nichts zu hören, auch nicht, dass sich Schritte entfernen, der Hutzelmann muss also noch da stehen.

Dann unterbricht Ina die Stille: „Ich muss mal.“

„Jetzt nicht.“

„Ich muss aber mal.“

„Dann halt es ein und sei leise.“

Meine Angst ist inzwischen übermächtig geworden. Ich will auf keinen Fall Krebs überlebt haben und dann von einem Kannibalen-Waldschrat gefressen werden.

„Ich muss aber ganz dringend.“

„Nein, sei leise.“

Neben mir raschelt es. Ina bewegt sich, wurstelt rum.

„Du willst doch jetzt nicht rausgehen“, herrsche ich sie flüsternd an, soweit man flüsternd eben anherrschen kann.

„Nein.“

Ich liege immer noch wie versteinert, da höre ich, wie es neben meinem Kopf blinkert, oder wie würde man es nennen, wenn ein dünner Strahl Flüssigkeit in ein Glas plätschert?

„Ina, was machst du?“

„Ich piesel in das Bierglas.“

„Ina, du Schwein. Nein, das ist jetzt nicht dein Ernst. Hör auf damit.“

„Ich kann nicht.“

Es blinkert weiter.

„Ina, lass das. Das darf doch nicht wahr sein …“

„Ich kann nicht. Ich kann nicht aufhören und das Glas ist voll.“

„Ina, du Schwein, hör auf!“

„Ich kann nicht aufhören, das Glas läuft über.“

„Na, warte“, brülle ich und bin mir selbst nicht ganz im Klaren, ob ich nun mehr sauer bin auf Ina, die neben meinem Kopf pullert und gerade das Bierglas zum Überlaufen bringt, oder auf den Fremden vorm Zelt, der uns daran hindert, in Ruhe zu zelten und in Ruhe unser Geschäft zu verrichten. Da hilft nur eins: Angriff nach vorne.

Ich zerre den Reißverschluss des Fliegennetzes auf, dann den des Eingangs und brülle, während ich mich ungelenk aus dem Zelt schraube: „Hau ab, wir haben keine Angst vor dir. Ich mach dich fertig!“

Ina pullert noch. Draußen ist niemand. Kein Meckermann, kein Hutzelmenschenfressermann und auch nicht der kleine Tod. Ich bleibe im Dunkeln stehen, betrachte den Baum und den Weg, die der Mondschein erhellt. Ina arbeitet sich aus dem Zelt, stellt sich neben mich und stellt fest: „Übergelaufen. Das Glas ist übergelaufen.“

„Igitt!“

Im Schein der Taschenlampe sehen wir, dass der Boden des Zeltes gleichmäßig mit Inas Urin überzogen ist. Die Isomatten liegen in einer flachen Pfütze, die den gesamten Zeltboden überschwemmt hat. Im Urinrest im Bierglas ist ein Weberknecht ertrunken. Wir müssen lachen.

„Da können wir jetzt nicht mehr schlafen“, stellt Ina fest.

„Und in die Klinik kommen wir auch nicht rein“, fürchte ich.

Ina schaut auf die Uhr.

„Es ist drei. Noch vier Stunden, bis wieder auf ist. Und langsam wird es kalt.“

Ich überlege: „Vielleicht ist irgendwo was auf, lass es uns probieren. Das Zeug lassen wir hier, können wir morgen holen. Ich habe keine Lust, jetzt ein Urin-Zelt abzubauen.“

Ich schnappe mir noch meine Schuhe vom Pipiboden, Ina nimmt die Taschenlampe mit und wir gehen los. Die Angst ist verflogen. Ich komme mir ein wenig kindisch vor, wie damals, als ich dreizehn war und mit Tanja vor einem Gewitter ins Haus geflohen bin, weil wir sicher waren, der Blitz würde ins Zelt einschlagen. Wir gehen über die geschotterten Wege durch den Park, ein Stück auf dem Urinpfad entlang, am Schachfeld vorbei in Richtung des Eingangs unseres Wohntrakts. Nur der Kies knirscht unter unseren Schuhen.

Als wir in Sichtweite vor der Klinik stehen, deutet Ina auf eine Glastür: „Da ist jemand."

Tatsache. Da ist jemand.

Jetzt ist die Frage: Hingehen, sich aufschließen lassen und Ärger bekommen? Oder draußen bleiben und keinen Ärger riskieren?

Die Person an der Tür schaut direkt in unsere Richtung. Ob sie uns gesehen hat?

Ina versucht mich zu beruhigen: „Bestimmt nicht, das sieht nur so aus, als sähe sie uns."

Dann sehen wir, wie die Person an die Türklinke greift und daran herumnestelt. Schließt sie auf?

Jetzt erkenne ich sie.

„Das ist doch Frau Leu. Was macht die denn um diese Zeit da?", frage ich.

Sie öffnet die Tür einen Spalt, scheint uns noch mal anzuschauen und geht.

„Geht sie weg?", fragt Ina.

„Ja, sieht so aus."

„Vielleicht hat sie sich nur um die Ecke gesetzt und wartet nur darauf, dass wir reinkommen, um uns eine Standpauke zu halten?"

Wir gehen trotzdem hin, ziehen die Tür auf, spähen vorsichtig in den Gang, gehen auf Zehenspitzen rein, spähen um die Ecken. Keiner da. Der Vorraum ist leer, im Gang ist auch niemand. Frau Leu ist verschwunden.

So ein Glück. Dann nichts wie in die Zimmer.

Aber vorher drücke ich Ina noch einmal: „Danke, Ina, dieses Zelten werde ich bestimmt nicht vergessen. Es war das schönste Zelten meines Lebens."

„Kunststück, wenn du bisher nur einmal zelten warst. Glaub mir, es geht noch besser."

Wir schleichen in unsere Betten.

11

Als ich am nächsten Morgen erwache, sind die Wassergymnastik, die Psychorunde und das Frühstück schon rum. Ich erschrecke.

Verschlafen. Mist. Was war denn eigentlich?

Stimmt, wir waren zelten, am Baum des Menschenfressermännchens, und Frau Leu hat uns in die Klinik gelassen. Gut, dass sie da war, und gut, dass sie dann weg war.

Hoffentlich hat das kein Nachspiel.

Stimmt, und Ina hat in das Zelt gestrullt. Ich muss mich sammeln, schaue in meinen Anwendungsplan. Jetzt noch schnell in den Vortrag über die Wirkweise von antikanzerogenen Lebensmitteln schlupfen, das würde auffallen. Den kann ich auch noch nachholen. Und für Walking bin ich einfach zu platt. Am besten ich gehe einfach direkt zum Mittagessen und klinke mich dann wieder in den Tagesablauf ein.

Dann habe ich jetzt noch eine gute Stunde. In der Zwischenzeit kann ich die Klamotten von gestern Nacht in die Waschmaschine bringen und mir mögliche Urinreste vom Körper und aus den Haaren duschen. Ich entscheide mich, erst einmal die Waschmaschine zu füttern. Auf dem Gang scheint niemand zu sein, dann kann ich schnell rausschlüpfen und die Wäsche wegbringen.

Als ich die Tür hinter mir schließe, fällt mein Blick auf ein buntes Etwas auf dem Gangboden. Das ist doch Irinas Topflappen. Hat sie ihn verloren?

Aber halt, da liegt noch ein Zettel dabei: „Fuer Sie, dschüs."

Jetzt hat sie mir doch einen Topflappen gemacht. Und er sieht auch noch genauso aus wie ihrer. Ehrlich gesagt sieht er sogar benutzt aus. Vielleicht ist es ihrer? Den hätte sie mir ja nun wirklich nicht schenken müssen. Ich nehme ihn nachher mit zum Mittagessen und entweder ich gebe ihn ihr wieder, wenn es ihrer ist, oder ich werde mich brav bedanken. Ist ja irgendwie auch sehr lieb von ihr. Umso mehr schäme ich mich, dass wir sie ausgeschlossen haben aus unserem Vierbündnis. Vielleicht sollten wir uns doch mehr um sie kümmern?

Bin gespannt, wie es Ina geht. Ob sie auch verschlafen hat? Wir müssen auch noch das Zelt holen.

Auf dem Weg zum Mittagessen begegnet mir Anna und erkundigt sich: „Wo warst du?"

„Verschlafen."

„Wie war euer Zelten?"

Ich mache nur eine Andeutung: „Schön, aber feucht."

„Es hat doch gar nicht geregnet."

„Ja, das hat auch andere Gründe. Aber das erzählt dir am besten Ina."

Wir mogeln uns an den lahmen Orthokangs vorbei in den Speisesaal zu unserem Tisch, ich mit dem Topflappen in der Hand. Manu ist schon da.

„Wo ist denn Irina?"

An ihrem Platz ist sie nicht, naja, wird noch kommen.

Manu deutet auf das Irina-Deckchen: „Was willst du denn damit?"

„Hab ich vor meiner Tür gefunden. Entweder sie hat es verloren oder es ist ein Geschenk."

Manu schaut abschätzig: „Ein Geschenk? Wer will denn so was?"

„Sie hat mir angeboten, mir auch ein Deckchen zu häkeln, und ich finde das sehr nett von ihr."

Manu wechselt das Thema: „Egal. Wie war euer Zelten?“

Ich strahle Manu und Anna an: „Sehr schön. Wir haben uns Gruselgeschichten erzählt von einem Menschenfresserhutzelmännchen, das Camper verspeist. Naja, und dann ist es mit uns durchgegangen, aber das soll Ina erzählen. War sie nicht beim Frühstück?“

„Nein, die hat wahrscheinlich auch verschlafen“, erklärt Anna, „aber dahinten kommt sie.“

Ich winke Ina mit dem Topflappen zu. Ina sieht ernst aus und deutet auf Irinas Handarbeit.

„Wo hast du das her?“

„Den Topflappen? Der lag vor meiner Tür. Ich will ihn Irina zurückgeben.“

Ina fixiert mich: „Das wird schwierig. Irina ist nicht mehr da.“

Ich verstehe nicht: „Wieso ist Irina nicht mehr da?“

Ina zögert einen Moment.

„Sie hat ein Rezidiv, eine Wiedererkrankung. Sie hat es gestern Nachmittag erfahren. Sie musste sofort ihre Sachen packen und ist heute Morgen von der Kurklinik direkt zurück ins Krankenhaus gefahren.“

Ich bin erschüttert: „Woher weißt du das?“

„Von Frau Leu, sie war heute Nacht bei ihr, hat die ganze Nacht mit ihr geredet.“

„Meine Güte.“ Anna setzt sich.

„Irina ist weg?“

Ich schaue auf den Topflappen in meiner Hand und fühle mich schlecht.

„Dann ist das ein Abschiedsgeschenk …“ Ja, dann ist es tatsächlich ihrer und kein neuer. Es ist der, der ihr beim Tauchgang vom Kopf geschwommen ist, der wie Treibholz auf der Wasseroberfläche schaukelte und den sie sich mit einem lauten Platsch wieder auf den kahlen Kopf geklatscht hatte.

Ich kann nichts sagen.

Manus Miene verfinstert sich. Sie kippelt mit ihrem Stuhl nach hinten und plappert los: „Na also, da haben wir es. Von wegen positiv sein, dann passiert dir nichts. Die Sorgloseste von uns allen, die sich um nichts einen Kopf gemacht hat, die hat es erwischt, meine Damen."

Die Frauen am Nachbartisch schauen hilflos zu uns rüber.

Manu wird immer lauter: „Ja, da hilft alle Fröhlichkeit nichts. Da kannst du machen, was du willst, früher oder später hat Gevatter Tod dich auch auf der Schippe. Da ist es scheißegal, was du vorher gemacht hast. Da hilft kein Wimmern und kein Flehen. Am Ende werden wir alle verrecken."

Mir ist das wahnsinnig unangenehm.

„Manu!", versuche ich sie zu unterbrechen.

„Was denn? Ich spreche nur die Wahrheit aus. Wir werden alle verrecken, wir werden alle verrecken!"

Manu schreit jetzt in die Runde.

„Ja, du auch, du blöder Orthokang, du wirst auch verrecken. Wir werden alle sterben!"

Alle schauen zu uns rüber. Ich würde am liebsten im Boden versinken. Manu erhebt sich, der Stuhl kracht auf den Boden, sie breitet die Arme aus, wendet sich den anderen Tischen zu.

„Wir werden alle sterben, alle, du und du, und du auch", und sie deutet auf eine Frau nach der anderen. Und die Frauen sitzen da, haben aufgehört zu essen und zu sprechen und starren Manu sprachlos an. Nur zwei Orthokangs am Ende des Saals äugen verstohlen in unsere Richtung, während sie unbeirrt weiter Essen in sich hineinschaufeln.

Und Manu schreit weiter: „Es ist doch zum Kotzen. Am Ende sind wir alle tot, ja, du auch! Es hat alles keinen Sinn, wir werden tot sein. Mausetot, nichts mehr, finito, basta, Ende, aus, vorbei …"

Während sie weiter aufzählt – „… niente, tschüss, asta la vista, Baby, wir verrotten …" –, beginnt sie zu zittern, und dann schreit sie weiter: „Tot, tot, tot!!"

Ihre Stimme erstickt.

„Was soll das? Wollt ihr mich verarschen? Schaut mich an. Ihr könnt die Augen nicht einfach verschließen. Das ist eine Tatsache!"

Manu ist nicht zu bremsen, sie redet sich in Rage: „Tooot, tooot, ja, so ist das. Niemand ist ausgenommen, niemand hier im Saal. Alle, die hier sitzen, wird es erwischen, ja alle!"

Die Aufpasserfrau steht wie vom Donner gerührt mit einem gefüllten Teller im Gang. Alle schauen auf Manu, wie kann sie uns das antun?

Manus Augen füllen sich mit Tränen, sie wird leiser, senkt ihren Kopf.

„Ich dachte, wir wären sicher hier!", flüstert sie. „Ich dachte, wir wären hier sicher!"

Eine ruhige, weiche Stimme spricht Manu an.

„Es gibt keine Sicherheit."

Frau Leu ist wie aus dem Nichts aufgetaucht, steht hinter Manu, legt ihr ihre Hand auf die rechte Schulter und dreht Manu sacht zu sich um, zieht Manu zu sich, und Manu lässt sich in ihre Arme fallen, heulend, schluchzend, jammernd, flehend.

Frau Leu streicht ihr über den Kopf: „Es gibt keine Sicherheit. Es gibt nur Sie und das Leben und die Chance zu vertrauen, zu hoffen. Ganz ruhig. Es ist okay. Sie sind hier. Sie sind hier, wir sind hier. Es kann Ihnen nichts passieren."

Frau Leu bugsiert Manu behutsam aus dem Raum. Manu lässt sich von ihr lenken.

Im Speisesaal bleibt es still. Die Frauen brauchen ein wenig, bis sie sich gefangen haben. Einige tuscheln. Wir stehen immer noch um unseren Tisch herum und schauen Manu und Frau Leu nach.

„Was ist denn mit der los?“, quakt ein Orthokang am Nebentisch los.

Ich fasse es nicht.

„Was soll mit ihr los sein? Sie hat Angst.“

„Ja, aber da muss man ja hier nicht so rumbrüllen.“

„Dann hören Sie weg“, faucht Ina sie an.

Die Orthokangs senken die Köpfe auf ihre Teller und schaufeln weiter.

Die Angst steht im Raum wie ein dicker beißender Salzsäurenebel. Ich muss raus. Ich nehme das Regenbogendeckchen mit.

Draußen bleibe ich vor der Bank stehen, an der Irina ihre Glatze präsentiert hat.

Irina, nein, wo bist du? Wie kann das sein? Wie es ihr gehen mag? Ich habe mich nicht einmal verabschiedet. Ich würde so gerne Kontakt zu ihr aufnehmen.

Wir müssen ihr helfen. Vielleicht kann ich Frau Leu um ihre Adresse bitten?

12

Wir fahren nicht an den Strand an diesem Nachmittag. Jede hat sich in ihrem Zimmer vergraben. Manu ist nicht mehr erschienen. Ihre Stimme hallt in mir nach.

„Wir werden alle sterben!“ Ja, das stimmt.

Aber nicht jetzt. Ich versuche den Gedanken wegzuschieben, irgendwohin, wo er mich nicht einholen kann, versuche mich abzulenken, blättere im Dali-Buch, räume mein Zimmer auf, bekomme wieder den Jutesack in die Hand und weiß wieder nicht, wo ich mit dem Inhalt hinsoll: die Sorgenzucchini, die Manu fröhlich aus dem Feld gepfeffert hat, mit all den Sorgen daran.

Und jetzt das. Dass Manu so sehr die Fassung verlieren könnte, hätte ich nicht gedacht. Sie ist doch die Frechste und Stärkste von uns, denke ich. Sie hat immer einen Spruch auf den Lippen, lässt sich nichts sagen, von niemandem. Ich bewundere sie für ihren Mut. Sie macht einfach das, was sie will. Ich nicht. Sie macht den Eindruck, als könne sie nichts umhauen. Arme Manu.

Und arme Irina. Ich beschließe, zu Frau Leu zu gehen, um mich nach ihr zu erkundigen.

Ihr Büro ist in den Kellerkatakomben. Ich klopfe zaghaft an. Vielleicht ist sie gar nicht da?

Doch sie öffnet: „Kommen Sie rein! Ich wollte eh mit Ihnen sprechen.“

Oje, denke ich, jetzt gibt es Ärger wegen heute Nacht.

„Setzen Sie sich!“

Frau Leu deutet auf die Rattan-Sesselgruppe aus den Siebzigerjahren mit orangefarbenen, abgewetzten Kissen darauf unter dem großformatigen Farbfoto von einer Mohnblume.

„Das Bild gefällt mir immer wieder“, versuche ich unverfänglich das Gespräch zu beginnen, „das ist doch die Blume, die Manu sich ausgesucht hat.“

Frau Leu nickt.

„Ja, das ist sie, stark und zerbrechlich zugleich.“

„Sind Sie sauer auf Manu?“

„Nein, warum sollte ich?“

Ich überlege, ob ich nachfragen soll, und traue mich.

„Naja, wenn ich so an unsere ersten Sitzungen und Manus Auftritt heute denke … sie war ja anfangs nicht sonderlich nett zu Ihnen.“

„Das stimmt.“

Und ich ergänze: „Und wir ja auch nicht.“

„Ja, das stimmt auch.“

„Frau Leu, ist es öfter so, dass die Gruppen so mit Ihnen umgehen?“

„Ja.“

Es scheint für Frau Leu Normalität zu sein, aber es ist ja irgendwie auch kein Wunder.

„Ich muss Ihnen ehrlich sagen, ich finde Ihre Aktionen mit Sorgenluftballons und Kistenträumen und Häusern der Genesung und Blumenbildern auch ein bisschen wie Kindergarten, darf ich das sagen?“

Frau Leu nickt: „Das dürfen Sie.“

Ich wage mich weiter: „Ich dachte, wir sprechen in den Gruppensitzungen über unsere Sorgen, über den Krebs und was er mit uns macht. Und ich dachte, Sie geben uns Empfehlungen, wie wir damit umgehen können, klare Handlungsanweisungen. Und nicht so einen Kinderkram.“

Frau Leu scheint nicht überrascht zu sein. „Aber Sie sprechen doch untereinander über Ihre Krankheiten und darüber, wie es Ihnen geht, oder etwa nicht?“

„Ja, aber nicht bei Ihnen in den Sitzungen."

„Wer sagt, dass das bei mir passieren muss?"

Ich bin verdutzt.

„Nicht?"

„Nein."

„Da frage ich mich aber, wozu sind dann solche Sitzungen da, wenn man da nicht Tacheles redet?"

Frau Leu lächelt wissend. „Wenn ich Sie in der ersten Gruppensitzung gefragt hätte, wie es Ihnen geht, was hätten Sie gesagt?"

„Ganz gut?"

„Und Manu? Was hätte die gesagt?"

„Vermutlich auch ganz gut."

„Und geht es Ihnen gut? Würden Sie sagen, dass es Manu gut geht?"

„Nein, nicht wirklich."

„Aber Sie hätten trotzdem gesagt, dass es Ihnen gut geht."

„Ja."

„Hätte meine Frage also einen Sinn gehabt?"

„Nein."

Frau Leu sieht sich bestätigt. „Sehen Sie." Und jetzt fragt sie erneut: „Wie geht es Ihnen?"

Ich bin irritiert. Was soll ich sagen? „Nicht so gut."

„Warum?"

„Na, weil es mir nicht so gut geht. Ich hatte Krebs, jetzt bin ich hier. Ich konnte eine Weile nicht das machen, was ich machen wollte."

„Und deshalb geht es Ihnen nicht gut?", fasst sie nach.

„Nicht nur."

„Sondern?"

Die Pause ist lang.

„Weil ich Krebs habe."

Frau Leu schürzt kurz die Lippen.

„Was ist daran schlimm?"

Wie kann sie das fragen?

„Was daran schlimm ist? Alles. Krebs ist der Horror. Er zerfrisst mich, ich habe etwas in mir, das ich nicht kontrollieren kann, es macht, was es will. Wie ein Alien, der sich in mich hineingesetzt hat, der tun und lassen kann, was er will, der nur darauf wartet, mich kaputt zu machen. Mein Körper hat mich im Stich gelassen."

Frau Leu gibt sich erbarmungslos: „Na, und?"

Ich beginne, mich über sie zu ärgern. Wie kann sie nur so kalt, ungerührt und abgestumpft dasitzen? Für sie mag das alltägliches Geschäft sein, aber nicht für mich.

„Wie, na und? Finden Sie das in Ordnung? Soll ich das in Ordnung finden, dass mein Körper macht, was er will? Ich will weiterleben und mein Körper versagt mir den Dienst? Da bin ich, die leben will, und da ist mein Körper, der mir einen Strich durch die Rechnung macht. Ich bin stinksauer auf meinen Körper."

Und während ich es sage, steigt eine Riesenwut in mir auf. Am liebsten würde ich aufstehen, gehen und die Tür knallen.

„Und jetzt sind Sie auch wütend."

„Ja, das bin ich. Ich bin wütend, ich bin enttäuscht, traurig und sauer." Am liebsten würde ich ihr eine reinhauen, so ruhig und unberührt wie sie dasitzt. Mein Puls geht hoch.

„Ich fühle mich ungerecht behandelt. Wie können Sie so gelassen dasitzen? Ich habe Krebs! Warum habe ich Krebs? Ich habe eine Scheißwut. Und der, auf den ich auch wütend bin, gegen den kann ich gar nichts machen. Ich kann ja schlecht meinen eigenen Körper verprügeln."

„Aber das tun Sie."

„Was?"

„Sie verprügeln Ihren Körper, nicht tätlich, aber in Gedanken. Sie prügeln auf Ihren Körper ein, dass er nicht das macht, was Sie wollen, dass er Sie im Stich gelassen hat. Sie prügeln auf sich ein. Sie richten Ihre ganze Wut auf sich."

„Und dann kommen Sie mit Ihren verkackten Luftballonspielchen."

„Und dann werden Sie wütend. Auf die Spielchen, auf die Luftballons, auf mich. Und dann habe ich erreicht, was ich wollte."

„Was?"

„Ich habe erreicht, dass Sie Ihre Wut rauslassen. Mit Wut im Bauch kann man keinen klaren Kopf bekommen, man kann nicht klar denken und es gibt keine Entwicklung."

„Das heißt, Sie wissen, was wir von Ihren Spielchen halten, Sie machen das absichtlich, damit wir wütend sein können? Und Sie nehmen in Kauf, dass wir wütend auf Sie sind, schlecht über Sie reden, uns über Sie lustig machen, damit wir ein Ventil bekommen?"

„Das ist mein Job. Zunächst. Und dann, wenn Sie die Wut rausgelassen haben, dann können wir anfangen miteinander zu sprechen. Jetzt sitzen wir hier, Sie und ich, und wir reden."

„Das heißt, Ihr Job ist es, zu unserem Boxsack zu werden?"

„Das ist eine Methode."

„Merkwürdige Methode. Das ist aber sehr selbstlos von Ihnen."

„Dafür werde ich bezahlt. Das ist mein Job."

Ich fühle mich durchschaut und manipuliert.

Und Frau Leu durchschaut auch das: „Sie fühlen sich durchschaut."

Ich verschränke die Arme und antworte knapp: „Ja."

„Sehen Sie, der Zweck heiligt die Mittel. Wenn ich dadurch, dass ich – sagen wir mal – zu Ihrer Feindin werde, dazu beitragen kann, dass Sie sich über sich selbst im Klaren werden, dann ist das doch ein guter Weg."

„Wäre jedes Mittel recht?"

„Jedes Mittel, das man vor sich selbst vertreten kann. Manchmal muss man verschlungene Wege gehen, um ans Ziel zu kommen. Rückblickend scheint einem oft alles ganz klar. Als ich Ihnen gesagt habe, dass ich genau weiß, wie Sie sich fühlen, da waren das keine leeren Worte. Ich weiß, Sie haben gedacht, lass sie schwätzen, sie hat keine Ahnung. Aber ich weiß, wie Sie sich fühlen, ich weiß genau, was in Ihnen vorgeht, ich habe einen ganz ähnlichen Weg genommen."

„Sie hatten auch Krebs?"

„Nicht nur das. Ich war eine Kämpferin. Ich habe schon als junge Frau gedacht, dass sich die ganze Welt gegen mich verschworen hat, dass ich tun und lassen kann, was ich will, aber dass ich keine Chance bekommen werde. Dass die Welt daran schuld ist, wenn es mir schlecht geht.

Als Jugendliche bin ich in pechschwarzen Klamotten herumgelaufen, habe mir die Fingernägel schwarz gemalt, mir Ketten um die Hüften gewickelt und ein schwarzes Totenkopftuch um den Kopf und mich in der frühen Punkrockszene herumgedrückt."

„Sie? Bei den Punkrockern? Schwer vorzustellen, wenn man Sie jetzt in Ihren Bonbonfarben sieht."

„Ich wollte hart sein, nach außen und nach innen, aber eigentlich hatte ich Angst. Und ich hatte Angst, dass es jemand merkt und dass die Angst es merkt und mich beherrscht. Ich wollte lieber wütend sein statt verletzlich. Ich hatte für alles einen Spruch auf den Lippen, ich schien über allem zu stehen, nichts schien mich aus der Bahn werfen zu können, aber nur nach außen. Eigentlich hatte ich Angst."

„Wie Manu."

Frau Leu sagt nichts.

Ich bin überrascht über ihre Offenheit und will wissen, wie es weitergeht:

„Und wie kam es zu Ihrer Wandlung?"

„Ich bekam Krebs."

Es sind nur drei Worte, aber sie stehen im Raum wie eine Wand, die nichts anderes mehr zulässt.

Ich stelle mir Frau Leu vor, in ihren schwarzen Revoluzzerklamotten, als junges Mädchen, wie sie vor dem Schreibtisch eines Arztes sitzt und die drei entscheidenden Worte hört.

„Und dann haben Sie Ihre schwarzen Kleider weggeworfen und sind plötzlich ganz weich geworden?“

„Nein, ich habe dagegen gekämpft. Ich wollte es nicht wahrhaben. Ich wollte keine Angst haben, ich wollte stark sein und alles beherrschen. Aber das ist ein Kampf, den man nicht gewinnen kann. Die Angst ist in einem, ob man es wahrhaben will oder nicht. Aber wenn man sich ihr nicht stellt, wenn man nicht in den Dialog mit ihr tritt, dann wird sie einen beherrschen. Dann werden Sie all Ihre Energie darauf verwenden, etwas zu bekämpfen, zu unterdrücken, das faktisch da ist: die Angst. Sie wird Sie und Ihr Handeln bestimmen und lenken, so lange, bis Sie der Angst ins Gesicht schauen und mit ihr sprechen.“

Frau Leu gibt mir einen Moment Zeit, bevor sie weiterspricht.

„Krebs ist nichts, was Sie verfolgt, was hinter Ihnen herläuft und Sie treibt. Es ist ein Thema, das Sie begleitet. Es läuft neben Ihnen her, für den Rest Ihres Lebens. Wenn Sie es wegschicken, wird es Sie immer wieder einholen, Sie jagen. Wenn Sie es neben sich herlaufen lassen, dann haben Sie es im Blick, Sie können mit ihm sprechen und ihm auch den Mund verbieten, wenn es Ihnen passt. Sie bestimmen den Zeitpunkt der Dialoge. Sie allein bestimmen, ob es Ihnen gut geht oder nicht, und nicht die Welt oder die anderen und schon gar nicht der Krebs oder die Angst.

Ob es Ihnen gut geht oder nicht, das ist eine Entscheidung. Versöhnen Sie sich mit Ihrem Leben. Und versöhnen Sie sich mit Ihrem Körper, er ist nicht gegen Sie, er ist ein Teil von Ihnen.“

So habe ich es noch nie gesehen.

„Und Manu lässt sich vom Krebs jagen?“

„Ich kann Ihnen dazu nichts sagen, das fällt unter die ärztliche Schweigepflicht.“

„Sie lässt sich vom Krebs vor sich hertreiben. Sie hat die Kontrolle verloren, sie ist bestimmt vom Krebs, in ihrem Handeln und Denken. Der Krebs bestimmt sie und das, was sie tut.“

„Wenn Sie es allgemein formulieren, dann kann ich Ihnen zustimmen."

„Wann hört das auf?"

„Wenn man die Wut überwunden, wieder einen klaren Kopf hat und den Mut bekommt, sich umzudrehen und dem ins Auge zu schauen, was einen treibt."

„Manu ist mutig."

„Ja, das ist sie."

„Und wenn der Krebs einen einholt, wie bei Irina?"

„Dann sollten Sie wieder mit ihm sprechen."

„Können Sie mir Irinas Adresse geben?"

„Das darf ich nicht."

„Ich würde aber so gerne Kontakt mit ihr aufnehmen. Mich bedanken, Hören, wie es ihr geht."

„Ich weiß. Ich kann Ihnen aber leider keine Auskunft geben. Lassen Sie sie ziehen."

Es klingt, als sei das Gespräch beendet. Ich setze an, zu gehen.

„Moment mal, eines noch", hält mich Frau Leu auf.

Jetzt kommt es, denke ich. Jetzt kommen die Schelte wegen unseres nächtlichen Verstoßes und die Mitteilung, dass wir ein Problem mit der Kostenübernahme bekommen, weil wir gegen die Regeln verstoßen haben.

Frau Leu lächelt. „Sie müssen noch Ihr Zelt abbauen."

„Sonst nichts?"

„Nein, ich denke, wir sind durch."

„Danke, Frau Leu. Das machen wir."

Ich suche Ina und finde sie mit Anna auf der Wiese vor dem Gymnastikraum.

„Wo warst du?", fragt Anna.

„Bei Frau Leu, ich wollte die Adresse von Irina erfragen, aber sie darf sie mir nicht geben."

Ina runzelt die Stirn.

„Hat sie was wegen unseres nächtlichen Ausflugs gesagt?"

„Nein, sie drückt beide Augen zu. Ich habe mich bei ihr bedankt. Sie war zur rechten Zeit am rechten Ort."

Anna nickt: „Ja, drei Mal: als sie euch die Tür aufgeschlossen hat, heute Nacht bei Irina und heute Mittag bei Manu."

„Sie ist ein Engel", höhnt Ina.

Anna überhört den Spott.

„Ja, sie ist ein bisschen wie früher in der Fernsehserie ‚Ein Engel auf Erden', kennt ihr die? Die hab ich gerne gesehen. Da gab es einen Engel, der auf der Erde immer zu den Menschen gegangen ist, die Hilfe brauchten. Der war immer da, wenn man ihn brauchte."

„Ja, wie Frau Leu", setzt Ina in einem spöttischen Singsang hinterher.

„Lass uns das Zelt abbauen gehen", wende ich mich an Ina. „Kommst du mit, Anna?"

Anna rümpft die Nase.

„Nein, ehrlich gesagt, nach dem, was Ina mir erzählt hat, möchte ich da lieber nicht mit anpacken."

Ina und ich gehen los.

„Was machen wir denn jetzt damit? Meinst du, das Pipi ist getrocknet?"

Ina wiegt den Kopf.

„Könnte sein. Am besten, wir wickeln es zusammen. Vielleicht können wir es in die Waschmaschine stopfen?"

Als wir vom Urinpfad auf den Weg in Richtung des Baums einbiegen, stellen wir fest, dass der Platz unter dem Baum leer ist.

„Aber das war doch hier?", wundere ich mich. Das Zelt ist weg.

„Es hat wohl jemand abgebaut", vermutet Ina. Alles verschwunden, auch die Versorgungstüte und die Isomatten.

Ina ist fast ein bisschen froh.

„Ist ja nicht schlimm. Dann müssen wir es auch nicht waschen."

Auf dem Rückweg finden wir es. Der Meckermann hat es geholt. Er steht vor dem Mülleimer, in den wir nach dem Grillen unseren Abfall entsorgt hatten, und versucht das Zelt hineinzustopfen. Er presst und drückt mit beiden Händen auf dem grau-gelben Stoff herum, stopft die Heringe nach und die Seile.

Dabei schimpft er: „So eine Unverschämtheit."

Und zum Zelt: „Geh schon rein."

Dann sieht er uns und spricht uns an. „Da zelten die Leute einfach in der Landschaft, obwohl das verboten ist. Man darf hier nicht zelten. Und dann lassen sie ihren ganzen Kram auch noch liegen. Es wird immer bunter. Zu meiner Zeit hätte es so etwas nicht gegeben."

Wir nicken beipflichtend. Ich widerstehe dem Impuls, nach den Isomatten zu greifen, die der Meckermann neben den Abfalleimer gestellt hat.

„Ja, es wird wirklich immer bunter", kommentiert Ina, lässt ein deutliches „Tzz, tzz, tzz" hören und schüttelt dazu den Kopf.

Als wir am Meckermann vorbei sind, lachen wir.

„Wenn der wüsste, was er da gerade angefasst hat …"

13

Manu taucht zum Abendessen wieder auf. Sie sagt nichts zu dem Vorfall beim Mittagessen. Und wir sagen auch nichts.

Manu scheint einen Plan zu haben: „So, Mädels, nachdem wir ja von Frau Leu erfahren haben, dass wir alles machen können, was wir wollen, und wir nur die Konsequenzen tragen müssen, würde ich sagen, wir lassen es heute Abend mal so richtig krachen."

„Was hast du vor?", will Anna wissen.

„Wir gehen auf die Rolle, Party machen. Im Ort gibt es eine urige Kneipe, ich lade euch ein."

„Au ja", sagt Ina, „ich will mir nur schnell noch etwas anderes anziehen."

„Machen wir uns schick?", frage ich.

„Klar", sagt Manu.

„Dann brauche ich eine Stunde", gebe ich zu bedenken.

Manu bestimmt: „Okay, dann in einer halben Stunde am Eingang."

Dreißig Minuten später stehen wir vor der Tür, Ina in einem dunkelgrünen Kleid und goldfarbenen Sandalen. Anna in einem Blumenkleid mit Volants, ich habe mich gar nicht umgezogen. Manu hat sich herausgeputzt: knallroter Lippenstift, brauner Lidschatten, etwas Rouge, Lidstrich.

Anna bewundert sie: „Wow, du siehst aber toll aus."

Und Manu dreht sich und präsentiert ihren knielangen schwarzen Rock und die schwarze Taftbluse über dem Top. Ich muss an Frau Leu, die Punkerin, denken.

„Ich will mir noch ein paar Ohrringe besorgen", teilt Manu mit.

„Dann müssen wir uns beeilen, ich weiß gar nicht, ob die Läden noch aufhaben", dränge ich zum Aufbruch.

Manu gibt die Richtung vor: „Auf dem Weg zur Kneipe gibt es einen kleinen Laden mit Schreibwaren und Kleinkram. Ich glaube, die haben auch Ohrringe."

„Wie viel willst du denn ausgeben? Es gibt ein Stückchen weiter auch noch einen Schmuckladen", gebe ich einen Tipp.

Manu scheint begeistert: „Dann gehen wir dahin."

Ich komme noch mal auf das Geld zu sprechen.

„Kommt darauf an, wie viel du ausgeben willst."

Manu lacht überlaut: „Am liebsten gar nichts."

Wir lachen auch. Und gehen in Richtung Schmuckladen.

Er hat noch auf. Wir gehen eine nach der anderen hinein. Die Verkäuferin ist gerade dabei, neue Ketten aufzuhängen.

„Kann ich Ihnen helfen?"

„Wir wollen uns nur umschauen."

Manu geht zielstrebig auf die Silberohrringe zu, eine ganze Wand mit langen ausladenden Hängern, Creolen mit und ohne Stein, Schmucksteckern in Rot, Blau und Rosé und Motiv-Ohrringen. Anna ist an Modeschmuckketten hängen geblieben und hält sich prüfend eine bunte Holzperlenkette an den Hals.

„Die würde dir gut stehen", sagt Ina und zeigt Manu zwei große echt silberne Hänger mit Perlen an den Enden. „69 Euro", stellt sie fest.

Manu hält sie sich an die Ohren, sie scheint sich damit zu gefallen.

„Oder die", sagt Ina und deutet auf ein paar Engelsflügel mit glitzernden Steinen, „die sind aber noch teurer, 89 Euro."

„Egal, ich nehme beide", sagt Manu und behält sie in der Hand, während sie weitergeht.

Anna hat die Holzkette zurückgehängt.

„Gefällt sie dir?", fragt Manu.

„Ja", sagt Anna, „aber ich brauche sie nicht."

Manu nimmt die Kette forsch von der Wand.

Da wendet sich die Verkäuferin an uns: „Ich hätte hier noch ein paar Holzketten, wenn Sie das mögen."

Sie hat sie gerade aus dem Karton geholt. Sie sind noch verpackt, die Verkäuferin geht zum Tresen, nimmt eine Schere und schneidet den Beutel auf, um sie herauszunehmen und uns zu reichen.

Ina und Anna schauen sie sich an. Manu wartet hinter uns, bei den Haarspangen.

Anna legt eine Kette zurück und winkt ab: „Nein danke. Die sind sehr schön, aber ich brauche jetzt keine Kette."

Manu will die Holzketten nicht sehen, sie wird ganz hektisch und drängt zur Eile: „Los, Mädels, gehen wir!"

Was? Warum das denn jetzt?

„Aber du wolltest dir doch Ohrringe kaufen", werfe ich ein.

„Egal, heute nicht", herrscht mich Manu an, reißt die Tür auf und geht schon hinaus. Ina und Anna schauen ihr verständnislos hinterher. Die Verkäuferin ist auch ein wenig perplex.

Tschüss, denke ich beleidigt. Eben will Manu noch was kaufen, jetzt wieder nicht, hü, hott …

Okay, dann gehen wir eben wieder.

„Auf Wiedersehen."

So ganz verstehe ich Manu nicht. Ich habe den Eindruck, sie konnte gar nicht schnell genug aus dem Laden raus sein.

Als wir um die Ecke gebogen sind, erklärt sich ihr merkwürdiges Verhalten. Manu bleibt triumphierend stehen.

„Diese oder diese hier?"

An ihr linkes Ohr hält sie die silbernen Hänger, an ihr rechtes die glitzernden Engelsflügel.

Ich glaube, ich sehe nicht richtig.

„Manu, du hast die Ohrringe doch nicht etwa geklaut?"

„Doch, ich habe doch gesagt, dass ich nichts dafür zahlen will."

Und an Anna gerichtet: „Und für dich habe ich auch etwas."

Sie hält ihr gönnerhaft die bunte Holzperlenkette hin.

Anna schaut nur kurz drauf.

„Nein danke", sagt sie trotzig. „Du bringst sie zurück."

Manu lacht Anna aus: „Ich bringe sie doch nicht zurück. Wie soll ich das erklären? Dass der Schmuck in meine Tasche gesprungen ist?"

Anna schimpft: „Ich finde das unmöglich. Wegen dir bekommen wir alle noch einen Riesenärger."

Manu setzt ein Grinsen der Überlegenheit auf.

„Man kann alles tun, was man will, man muss nur die Konsequenzen tragen, hat Frau Leu doch gesagt. Und in diesem Fall hat es keine Konsequenzen."

Ina hält dagegen: „Es hat sehr wohl Konsequenzen, nur nicht für dich."

Mir ist das superunangenehm.

„Du sollst nicht stehlen", sagt Anna.

Manu baut sich vor Anna auf: „Kommst du mir jetzt mit den Zehn Geboten?"

„Nein, nicht mit allen zehn, aber mit dem siebten: Du sollst nicht stehlen!"

„Und du sollst dich hier nicht als Moralapostel aufspielen."

„Ich gehe“, sagt Anna sichtlich aufgebracht, dreht sich um und läuft los.

Ich versuche, sie aufzuhalten: „Aber Anna, bleib doch!“

Manu hat sie schon abgeschrieben.

„Lass sie gehen, wenn sie keinen Spaß haben will.“

Ina bleibt cool und bestimmt: „Ich finde nicht, dass das Spaß ist. Hier hört der Spaß auf. Das sind bald 200 Euro, die du gestohlen hast.“

„Ja, aber es ist meine Sache.“

Ich versuche, die Situation zu entschärfen: „Als ich klein war, habe ich auch mal gestohlen. In einem Schreibwarengeschäft, eine kleine gelbe Plastikschildkröte. Ich habe sie in meinen Ärmel fallen lassen, als die Verkäuferin nicht hingeschaut hat. Und dann musste ich die ganze Zeit meinen Arm oben halten, bis ich aus dem Laden raus war. Ich brauchte die Schildkröte gar nicht, ich wollte nur wissen, ob es funktioniert, sie zu stehlen.“

Ina fällt mir ins Wort: „Aber da warst du ein Kind und Manu ist erwachsen.“

Manu geht darüber hinweg. „Erwachsen oder Kind. Man ist so alt, wie man sich fühlt. Lasst uns wieder Kinder sein.“

Sie popelt sich die gestohlenen Engelsflügel in die Ohrlöcher.

„Auf geht’s, Party machen!“

Ich habe nach dem Streit eigentlich gar keine Lust mehr auf Party. Ich weiß gar nicht, wie Manu einfach so weitermachen kann. Erst klaut sie, dann verärgert sie Anna, und jetzt will sie feiern. Diese Unbekümmertheit behagt mir nicht. Manu läuft einfach los, noch bevor ich ihr sagen kann, dass ich jetzt auch lieber gehen würde. Da gehe ich eben hinterher.

Ein paar Häuser weiter ist die Dorfkneipe. Ina kommt zum Glück auch mit. Wenn sie sich auch abgemeldet hätte, ich weiß nicht, was ich getan hätte. Ich hätte mich nicht getraut, Manu stehen zu lassen. So bin ich froh, dass Ina noch dabei ist.

In der Kneipe stellen wir zu unserer Überraschung fest, dass wir nicht die einzigen Krebsfrauen sind. Die Sternenfrau sitzt am Stammtisch vor einem Bier.

„Dürfen wir uns zu Ihnen setzen?", frage ich.

Sie deutet auf die Bank.

„Sind Sie öfter hier?"

„Dann und wann. Oft genug, um den Wirt zu kennen."

Ich plaudere los, immer noch den Schrecken des Diebstahls in den Knochen.

„Wir sind zum ersten Mal hier. Ist ja ganz schön hier."

Manu und Ina studieren die Getränkekarte.

„Ich nehme einmal Cola-Cognac", ruft Manu durch den Raum.

„Kommt sofort", antwortet der Mann hinter der Theke. Er dürfte etwas über dreißig sein und sieht ein wenig aus wie ein Klischee-Surfer. Blonde Haare, braungebrannte Haut, blaue Augen, muskulös, sehr attraktiv. Das findet auch Manu.

Er kommt an den Tisch: „Und die Damen, was darf es für Sie sein?"

Ich bestelle eine Cola ohne Alkohol, Ina einen Weißwein.

Die Sternenfrau spricht Manu auf ihren Ausraster im Speisesaal an: „Haben Sie sich wieder beruhigt?"

„Klaro, hab ich", antwortet Manu. Kein Wort mehr dazu. Kurze Stille.

Die Sternenfrau wechselt das Thema. „Und? Wie lange haben Sie noch?"

„Wir haben alle Verlängerung bekommen, also jetzt noch mindestens eine Woche. Und Sie?"

Die Sternenfrau hat länger.

„Ich bleibe bis zum Schluss, die vollen sechs Wochen."

Der Surfer bringt den Weißwein und meine Cola.

„Bitte schön, die Ladys. Solche Prachtexemplare bediene ich doch gerne. Das schmückt die Hütte."

Blöder Spruch. Manu ist geschmeichelt.

„Ja, Sie sind aber ja auch ein schickes Kerlchen. Wenn ich gewusst hätte, dass es Sie hier gibt, wäre ich schon früher vorbeigekommen."

Der Surfer pariert: „Es ist nie zu spät."

Ina überhört den kurzen Flirt.

„Darf ich Sie mal was fragen?", wendet Ina sich an die Sternenfrau. „Ich habe Sie mit zwei Männern gesehen, Händchen haltend. Wer von denen ist denn Ihr Mann?"

Die Sternenfrau bleibt gelassen.

„Beide."

Ich staune: „Wie? Beide?"

„Das eine ist mein Ehemann und das andere ist mein Liebhaber, sie sind beide mein Mann und sie sind beide mitgekommen. Mein Mann wohnt im Hotel und mein Liebhaber hat seinen Wohnwagen in der Straße vor der Klinik aufgestellt und wohnt dort."

Manu nickt anerkennend.

„Holla, die Waldfee. Und wie machen Sie es, dass Ihr Ehemann nichts davon mitbekommt?"

Die Sternenfrau ist tiefenentspannt.

„Er kann es mitbekommen. Er weiß es. Sie wissen beide voneinander."

Dazu fällt selbst Manu nichts mehr ein.

Die Sternenfrau nimmt einen Schluck Bier und erklärt sich dann.

„Ich liebe beide. Und ich will mich nicht entscheiden müssen. Ich weiß nicht, wie lange ich noch habe, und ich möchte auf keinen von beiden verzichten. Sie haben zugestimmt. Sie legen keinen gesteigerten Wert darauf, einander zu begegnen, aber sie tolerieren, dass ich meine Zeit ein Mal mit dem einen und ein anderes Mal mit dem anderen verbringe."

Manu sieht sich bestätigt: „Man darf alles tun, was man möchte, man muss nur die Konsequenzen dafür tragen."

„Und haben Sie kein schlechtes Gewissen?", frage ich.

„Nein, wir haben das besprochen. Die Alternative wäre ja gewesen, dass ich mich für einen von beiden hätte entscheiden müssen und den anderen verlasse. Und meine beiden Männer möchten ja auch nicht auf mich verzichten."

Manu hebt ihr Glas: „Hoch die Tassen, darauf einen Tusch", hat es auch schon ausgetrunken und bestellt den nächsten Drink.

Ina nuckelt an ihrem Wein. Die ernsthaften Gespräche sind vorbei. Die Sternenfrau erzählt von ihren Blumen. Und ich betrachte ihre geschminkten traurigen Augen und muss die ganze Zeit daran denken, dass sie jeden Abend weint, wenn sie sich abschminkt. Wir tauschen uns über die Kur aus, welche Kurse wir gut finden und welche nicht, wir lästern über die Gymnastiktrainer, über die Ärzte und die Orthokangs, aber wir sprechen nicht darüber, dass die Sternenfrau austherapiert ist, dass sie mit Riesenschritten auf den Tod zugeht. Wir lassen uns in die Oberflächlichkeit des Banalen fallen.

Und wir trinken, vor allem Manu trinkt. Ein paar Mal hat sie sich schon an die Bar gestellt und mit dem Barkeeper geflirtet und ihm deutliche Avancen gemacht. Um Viertel vor elf bestellt die Sternenfrau die Rechnung. Sie will gehen, weil um 23 Uhr die Kliniktür abgeschlossen wird. Und sie geht. Nur Manu will nicht gehen.

Ina und ich reden auf sie ein. Sie hat deutlich einen im Tee, hängt jetzt auf einem Barhocker an der Theke.

„Ihr könnt mich doch nicht von diesem schönen Mann wegreißen."

„Manu, wir müssen gehen, wir kommen sonst nicht mehr rein."

„Dooo-ooooch", grinst Manu, „ich habe das Fenster im Tischtennisraum angelehnt, da können wir reinschlupfen."

„Du denkst wirklich an alles", bringt Ina zweifelhafte Bewunderung zum Ausdruck und versucht Manu von der Theke wegzuziehen.

Der Surfer schaltet sich ein: „Mädels, seid doch nicht solche Spaßbremsen. Man lebt doch nur einmal."

Er kommt um die Theke gelaufen, nimmt uns beide in die Arme, drückt uns: „Na, kommt, was wollt ihr trinken?"

„Ich nichts mehr", sage ich.

„Und du?", drängelt der Surfer.

Ina lässt sich erweichen.

„Dann nehme ich noch einen Wein."

Dann nehme ich eben auch noch etwas.

„Na, also", freut sich der Surfer, klatscht mit den Händen über dem Kopf und geht die Getränke holen. Manu stellt er noch eine Cola mit Cognac hin.

„Das nimmt kein gutes Ende, Ina", fürchte ich.

Aber wir können uns nicht durchsetzen, also setzen wir uns wieder an den Stammtisch und warten ab.

Um zwei Uhr morgens hat Manu es geschafft. Wir sind die letzten Gäste. Manu hockt eng umschlungen mit dem Barkeeper auf einer Bank in einer Ecke und knutscht rum. Ich finde das widerwärtig.

„Hat Manu nicht einen Freund?", frage ich Ina.

„Ich weiß es nicht. Aber nach dem, was sie von der Sternenfrau gehört hat, würde sie das vermutlich jetzt auch nicht mehr kratzen."

„Was machen wir jetzt?"

„Wir warten. Irgendwann werden wir sie schon nach Hause bekommen – hoffentlich."

Es dauert noch eine halbe Stunde, dann wird Manu laut. Offenbar ist sie sich mit dem Surfer über den weiteren Verlauf dieser Nacht nicht mehr einig. Manu löst sich aus der Umklammerung, springt auf und schreit den Surfer an: „Nein, und wenn ich Nein sage, dann heißt das Nein. Spinnst du? Ich will das nicht!"

Der Surfer bettelt: „Ach komm, sei doch nicht so, es hat doch so gut angefangen."

„Nein! Ich will nicht. Wie kann ein Ort des Schreckens ein Ort der Freude sein?“

Der Surfer versteht nur Bahnhof und versucht Manu, an sich zu ziehen. Aber Manu schubst ihn weg und wendet sich ab. Sie kommt zu uns rüber, schnappt ihre Handtasche: „Los, wir gehen!“

Bezahlt haben wir nicht.

Manu stapft trotzig voran. Sie geht erstaunlich geradlinig dafür, dass sie so viel Alkohol intus hat. Wir kommen kaum mit ihrem Tempo mit.

„Was hat sie denn bloß?“, frage ich Ina.

„Ist mir egal, Hauptsache, wir gehen endlich zurück.“

An der Klinik zeigt Manu uns das Fenster, das sie angelehnt hat: „Da könnt ihr rein.“

Ina klettert als Erste ins Souterrain.

„Ich bleibe noch ein bisschen hier draußen“, sagt Manu.

„Darf ich bei dir bleiben?“, frage ich vorsichtig.

„Wenn du meinst.“

„Ich geh ins Bett“, ruft Ina aus dem Keller.

Manu setzt sich auf die Krebsfrauenstammbank, die bunte Holzkette in der rechten Hand. An der spielt sie herum. Ich setze mich zu ihr.

„Was hast du damit gemeint: Wie kann ein Ort des Schreckens ein Ort der Freude sein?“

„So wie ich es gesagt habe. Ich habe einen Alien in mir, dort, wo meine Gebärmutter war. Das ist der Ort des Schreckens. Schrecklich.“

Wir sitzen eine Weile schweigend nebeneinander.

„Aber du erlaubst dir doch auch sonst alles.“

„Aber das nicht.“

Was soll man dazu sagen?

„Willst du dein Leben lang allein bleiben?“

Manus Blick ist in die Ferne gerichtet.

„Vielleicht. Ich kann alles machen, was ich will, ich muss nur…“

„…die Konsequenzen dafür tragen“, vervollständige ich Manus Satz. „Hör doch mal auf damit. Es gibt noch mehr als diesen einen Satz. Du beißt dich fest.“

„Aber es ist so, ich finde, ich habe jetzt alles Recht der Welt, alles zu machen, was ich will. Krebs nullt dein ganzes Leben. Es ist ein Neustart. Im Moment deiner Diagnose wird alles infrage gestellt. Du, dein Leben, das, was du getan hast, und das, was du noch tun wolltest. Und mit dieser Diagnose hast du alles Recht der Welt, einen Freibrief. Du darfst dir alles erlauben. Du hast die Erlaubnis für alles.“

„Das finde ich nicht. Ich finde nicht, dass alles, was ich getan habe, nichts mehr wert ist und jetzt nicht mehr richtig sein soll. Und ich finde auch nicht, dass ich jetzt alles darf.“

„Also hat sich in deinem Leben nichts geändert? Du machst einfach so weiter wie vorher?“

„Nein, ich mache jetzt im Supermarkt verbotenerweise Käseverpackungen auf und schaue dort schon, wie weit der Camembert gereift ist.“

„Das ist doch lächerlich.“

„Nein, ist es nicht. Ich erlaube mir mehr, aber ich achte darauf, dass ich bei den Erlaubnissen, die ich mir gebe, anderen nicht schade. Wenn du die Schmuckfrau beklaust, dann hast du ihr geschadet. Und das finde ich nicht in Ordnung.“

Manu schweigt, deshalb rede ich weiter.

„Und Krebs gibt dir keinen Freifahrtschein, Regeln einfach zu brechen, ohne Rücksicht auf Verluste. Krebs ist nicht das Ende. Und Krebs ist auch nicht das Schlimmste, das dir passieren kann. Es gibt Menschen, die haben noch viel Schlimmeres erlebt und die benehmen sich auch nicht wie die Axt im Walde. Manu, jeder hat sein Päckchen zu tragen, jeder hat seine Geschichte. Aber nicht jeder spricht darüber und nicht jeder trägt seine Geschichte, sein Leid, demonstrativ vor sich her."

Manu widerspricht: „Doch, Krebs ist das Schlimmste, zumindest das Schlimmste, was mir jemals passiert ist."

„Aber du hast es überstanden, du bist hier, du lebst."

Manu ist das nicht genug.

„Aber wie geht es weiter? Vielleicht erwischt es mich nächstes Jahr wieder oder übernächstes Jahr oder in zehn Jahren …"

Ich verstehe Manus Angst.

„Manu, früher oder später wird es dich erwischen, wie du es nennst, es wird uns alle erwischen. Wir werden sterben, an Krebs oder an etwas anderem oder einfach nur, weil wir alt sind und es so weit ist. Ich habe das noch nie so nachdrücklich ausgedrückt gesehen wie von dir heute Mittag. Das war erschreckend."

„Ich will nicht sterben. Ich will auf keinen Fall sterben. Das ist das Allerallerschlimmste. Ich will nicht weg sein, auf keinen Fall. Ich will nicht nicht sein. Wenn ich weg bin und nicht einmal mehr weiß, dass ich war, welchen Sinn hat das dann hier alles?"

„Das Sein ist der Sinn. Es ist wie eine große Party. Manche sind gekommen, um zu tanzen, manche, um zuzusehen, wie die anderen tanzen, manche, um mit den anderen zu sprechen. Ich bin gekommen, um einfach nur da zu sein."

Manu vervollständigt das Bild für sich: „Siehst du, und ich bin gekommen, um zu bleiben."

„Ja, das wäre schön. Aber irgendwann wird die Party rum sein, dann werden alle gegangen sein, die Teller werden leer gegessen sein, die Champagnerflaschen ausgetrunken, die Musik aus sein, und du wirst allein dastehen, wenn das Licht ausgeht. Aber wenn du dir während der Party die ganze Zeit Gedanken machst, dass die Party irgendwann vorüber sein wird, dann wirst du dir die ganze Party verderben. Genieß sie, und dann geht es weiter."

Manu wirkt verzweifelt.

„Das ist ein schönes Bild, es hat nur einen Haken: Nach dieser Party hier, nach dem Leben, wird es nicht weitergehen."

„Wer sagt das?"

„Das ist so. Dann bist du einfach tot. Dann ist es einfach schwarz und du weißt nicht einmal, dass es dich mal gab."

„Wenn es so ist, dann kannst du ja beruhigt sein."

Manu schaut auf: „Warum?"

„Weil du dann auch nicht wissen wirst, dass du nicht weißt, dass du nicht bist."

„Ja, den Gedanken habe ich schon mal irgendwo gehört: Dort, wo du bist, ist der Tod nicht, und dort, wo der Tod ist, bist du nicht. Aber das beruhigt mich auch nicht, mir zu denken, dass es ja nicht schlimm ist, weil ich gar nicht weiß, dass ich nicht mehr bin."

„Weißt du es? Vielleicht kommt danach etwas ganz anderes, eine Art spirituelles Dasein, vielleicht werden wir als unfassbare Wolken unsichtbar für die Lebenden durch den Orbit wabern und herabblicken und uns wundern, warum die Lebenden sich so viele Sorgen machen. Vielleicht werden wir im Himmel sein und dort ein noch viel größeres Fest feiern."

Manu schüttelt vehement den Kopf.

„Warum sollte das so sein? Dem Weltall sind wir scheißegal."

„Vielleicht sind wir dem Weltall scheißegal. Aber du bist mir nicht egal und den anderen auch nicht. Und wenn es einen Gott gibt, dann wirst du ihm sicherlich auch nicht egal sein, sonst wärest du nicht hier."

„Gott, wer soll das sein …?"

„Manu, ich habe dieses Gespräch schon einmal ganz ähnlich geführt – nur dass ich da eher deine Position eingenommen habe. Eines habe ich aus diesem Gespräch damals mitgenommen: Ich kann an den Schöpfer, an Gott oder wie immer du es nennen magst, glauben, oder ich kann es lassen. Wenn es ihn gibt, dann wird er da sein, auch wenn wir nicht an ihn glauben. Ich kann mir die Party versauen, indem ich die ganze Zeit voller Angst auf ihr Ende schaue, oder ich kann sie genießen. Du wirst dein Leben verpassen, wenn du es nicht lebst. Hör auf zu kämpfen und lebe endlich – mit all deinen Stärken und Schwächen, tu es für dich … und für mich."

Manu lacht: „Mach ich doch, ich habe mir heute ein paar Ohrringe besorgt, mich betrunken und mit einem fremden Deppen herumgeknutscht."

„Aber das ist doch nicht leben. Das ist Trotz."

Manu baut sich vor mir auf.

„Ja, ich bin trotzig. Ich trotze dem Krebs. Er soll sehen, dass er mich nicht unterkriegt."

„Das hat er längst gesehen. Aber er wird dich unterkriegen, deine Angst wird dich unterkriegen, wenn du so weitermachst. Du musst nichts mehr beweisen. Du bist stark, du hast es geschafft. Überleg dir, was du wirklich willst, und tue nicht das, wovon du denkst, dass es die anderen und deinen Alien beeindruckt. Biete deinem Alien die Stirn, aber verurteile nicht die ganze Welt für dein Schicksal. Die Welt kann nichts dafür. Hör auf zu hadern. Das ist verschwendete Energie. Akzeptiere und sieh, wie gut es dir geht. Und frag dich, was du wirklich willst."

Manu klingt immer noch trotzig: „Ich will singen, ich will auf die Bühne. Eigentlich will ich einfach nur meine Ruhe haben. Und ich will keine Angst mehr haben."

„Manu, ich habe auch Angst, wir haben alle Angst. Das ist normal, das gehört dazu."

„Aber ich will keine Angst mehr haben."

Ich überlege, wie ich ihr helfen kann.

„Kennst du die Indianergeschichte?"

Manu wendet sich ab.

„Jetzt kommt noch eine abgedroschene Plattitüde …"

„So abgedroschen ist sie gar nicht. Ich habe sie aus irgendeinem Film: Ein Indianer sitzt mit seinem kleinen Sohn am Lagerfeuer. Da erhebt er seine Stimme: ‚In meinem Inneren kämpfen zwei Wölfe.'

Der Junge wird neugierig.

Der Indianer spricht weiter: ‚Der eine ist der Wolf der Angst und der Dunkelheit, der andere ist der der Liebe, der Lebensfreude und des Lichtes.‘

‚Und wer von den beiden gewinnt?‘, will der Sohn wissen.

Der Vater sieht ihn an und lächelt: ‚Der, den ich füttere.‘“

Manu setzt sich und schweigt. Sie rollt die Holzperle der Kette zwischen ihren Fingern.

Dann schaut sie auf.

„Dann geh jetzt mal dein Bett füttern, indem du dich hineinlegst. Ich bleibe noch hier. Und nimm die Holzperlenkette mit!“

Sie streckt mir die Kette entgegen: „Behalt sie, Anna will sie nicht! Sie passt farblich zu Irinas Topflappen.“

14

Manu hat am nächsten Morgen einen dicken Schädel. Am Frühstücksbüfett sucht sie nach Salzgurken.

„Die sollen gegen Kater helfen."

Anna sagt kein Wort mehr zum Vorfall im Schmuckladen und wir erzählen auch nicht, was wir noch gemacht haben. Es soll unser Geheimnis sein, vor allem mein Gespräch mit Manu auf der Bank. Alles scheint wie immer, außer an Irinas Tisch. Dort, wo sie gesessen hat, hockt jetzt eine pummelige Frau mit mürrischem Gesicht und stochert in ihrem Müsli herum.

„Wer ist das? Ein Orthokang?", frage ich meine Tischdamen.

„Nein, es muss eine von uns sein. Das ist eine Perücke", stellt Ina fest.

Ich nörgele: „Wie können sie die dahin setzen? Das ist doch eigentlich Irinas Platz. Den hätte man doch schon noch ein paar Tage frei lassen können. Ich finde das pietätlos."

Ina korrigiert mich: „Pietätlos? Das kannst du sagen, wenn jemand gestorben ist. Aber Irina ist nicht gestorben, sie hat nur ein Rezidiv. Vermutlich springt sie in ein paar Wochen schon wieder fröhlich durch die Gegend."

„Aber wir werden es nicht erfahren", räumt Manu ein.

Anna ist froh: „Das Gute ist, dass wir auch nicht erfahren werden, wenn sie es nicht schafft."

„Da ist auch was Wahres dran", nicke ich. Dann kann ich mir einfach vorstellen, dass Irina weiter fröhlich herumhüpft, bis in alle Ewigkeit.

Die Perücke scheint das Einzige zu sein, was der Neuankömmling mit Irina gemein hat. Ansonsten wirkt sie wie das glatte Gegenteil von ihr: missmutig, abweisend, negativ, beleidigt.

Anna betrachtet sie.

„Da kann man nur hoffen, dass von Irinas Lebensfreude ein wenig am Stuhl haften geblieben ist und jetzt auf sie abfärbt."

Ina kichert: „Vielleicht hat sie auch zu viele Zucchini gegessen, zu viele Sorgenzucchini."

Die Neue heißt Ulrike, das finden wir in der Wassergymnastik heraus, als die Turnlehrerin sie auffordert, die braune Pagenschnitt-Perücke abzusetzen, bevor sie ins Wasser geht.

„Ich gehe nicht mit Glatze", sagt Ulrike.

„Dann können Sie nicht mitmachen", entgegnet die Turnlehrerin und Ulrike geht.

„Du kannst ihr ja den Topflappen geben", schlägt Manu vor.

Für mich kommt das nicht infrage, es ist Irinas Topflappen, den bekommt keine andere.

„Dann leih ihn ihr."

Ich weiß gar nicht, wie Manu auf so eine Idee kommt.

„Nein, es ist ein Abschiedsgeschenk, das will ich in Ehren halten."

Beim Walken lässt Ulrike sich immer weiter zurückfallen. Irgendwann schlendert sie mit großem Abstand hinter der Gruppe her. Den Aufforderungen der Turnlehrerin, sich doch ein wenig zu beeilen, kommt sie nicht nach. Und irgendwann wird es der Turnlehrerin zu blöd und sie walkt mit der Gruppe weiter, egal ob Ulrike nachkommt oder nicht.

In der Venengymnastik macht Ulrike erst gar nicht mit. Sie habe Rückenschmerzen und deshalb könne sie sich nicht hinlegen und ihre Beine auf einen großen Gymnastikball packen.

„Das wird Ihnen doch gerade guttun", sagt die Turnlehrerin.

Aber Ulrike meint, eher nicht, sie kenne ihren Rücken und es würde eher schlimmer werden.

Innerhalb von wenigen Tagen schafft Ulrike es, sich aus fast allen Kursen auszuklinken. Sie will nicht mitmachen, nicht beim Joggen, nicht beim Schwimmen, nicht beim Basteln, nicht bei den Filmabenden, nirgends. Wir sehen sie nur noch bei den Pflichtvorträgen in der letzten Reihe teilnahmslos an ihren Fingernägeln herumkauen und beim Essen. Wobei sie kaum isst. Die meiste Zeit schiebt sie die Wurst und den Käse mit der Gabel auf dem Teller hin und her.

Manu hat eine Erklärung dafür: „Vielleicht spielt sie Mühle oder Backgammon."

„Auf jeden Fall spricht sie auch mit niemandem", ist mir aufgefallen.

„Und sie läuft immer noch mit dem Haarhelm herum, bei der Hitze", stöhnt Anna.

Manu fasst zusammen: „Es ist ihre Art, mit der Krankheit umzugehen. Sie verweigert sich einfach komplett gegenüber allem, gegenüber der Krankheit, den Leuten hier, der Kur, dem Essen, dem Leben …"

Diese Erkenntnis von Manu? Da kann ich den Mund nicht halten.

„Verweigerung hat viele Gesichter, nicht wahr, Manu?"

„Wieso schaust du mich so an?"

Ich zucke nur mit den Schultern.

Ich fühle mich gegenüber Ulrike hilflos. Es tut mir leid, sie so zu sehen. Wer weiß, wann sie zum letzten Mal gelacht hat.

„Wollen wir uns nicht ein wenig um sie kümmern? Sie scheint doch etwa unser Alter zu sein. Und nachdem wir uns schon nicht um Irina gekümmert haben …", schlage ich vor.

„Du hast ein schlechtes Gewissen", ertappt mich Manu.

„Nein! Doch, ja."

Manu bohrt weiter: „Du kannst an Ulrike nicht wiedergutmachen, was du bei Irina versäumt zu haben glaubst."

„Aber ich kann versuchen, den gleichen Fehler nicht noch einmal zu machen, indem ich sie ausgrenze."

Manu verneint: „Aber dann machst du einen anderen Fehler. Irina wollte bei uns sein, die da aber nicht."

„Wer weiß?", wäge ich ab.

Ina bremst mich nicht: „Du willst schon wieder die Welt retten. Dann geh hin."

☀

Nach dem Mittagessen gehe ich hinter Ulrike her und passe sie im Park ab.

„Wer bist du denn?"

„Wer will das wissen?"

„Na, ich."

„Was willst du?"

„Plaudern!"

Ulrike ist abweisend: „Lass mich in Ruhe."

Ich merke, dass ich keine Chance bekomme.

„Okay!"

Erster Kontakt gescheitert. Ich trolle mich.

☀

Die anderen haben meinen kläglichen Versuch der Kontaktaufnahme von ihrer Bank aus beobachtet.

Manu amüsiert sich: „Scheint ja ein intensives Gespräch gewesen zu ein. Klär uns auf. Woher kommt sie? Was macht sie? Was hat sie? Was sind ihre Hobbys?"

„Hahaha, sehr witzig, Manu. Fahren wir an den Strand?"

„Aber nur, wenn wir während der Fahrt meine Musik hören", fordert Manu.

„Was für Musik?“

„Marylin Manson zum Beispiel.“

„Nee, hör mir auf…“, lehne ich ab.

„Was ist das für Musik?“, fragt die ahnungslose Anna.

„Das willst du nicht hören“, klärt Ina sie auf.

Zwanzig Minuten später sitzen wir im Auto. Wir haben die Karnevalsfrau gebeten, uns für das Mittag- und das Abendessen auszutragen. Heute wollen wir freihaben.

Manu legt eine CD ein.

„Hoffentlich nicht diese Marylin?“, fragt Anna.

Manu klärt sie auf: „Marylin Manson ist ein Mann. Das hier ist etwas anderes.“

Manu dreht die Lautstärke hoch: Eine E-Gitarre spielt eine eingängige Melodie. Es erinnert ein wenig an „Nothing else matters“ von Metallica. Nach vier Takten beginnt eine Frau zu singen, mit einer klaren, starken Stimme, ein Sopran, würde ich sagen. Sie singt Koloraturen über E-Gitarre und Basslauf, eine Rock-Arie. Die Stimme fängt mich ein. Der Gesang schwebt über den Instrumenten. Wir hören der Frauenstimme zu. Bis zum Ende des Songs, der in einem kurzen Schlagzeugsolo gipfelt. Ich habe Gänsehaut.

„Was ist das für eine Band?“, fragte ich.

Manu spricht leise. „Das ist meine Band.“

Ich bin begeistert: „Was? Singst du da?“

„Ja.“

„Das ist ja großartig. Ihr könntet in riesigen Hallen spielen.“

„Machen wir ja“, strahlt Manu.

„Macht ihr? Echt, das ist ja ein Hammer. Du bist ja ein Star. Warum seid ihr nicht im Fernsehen?“, ist Anna überwältigt.

„Sind wir manchmal.“

Ina lobt: „Warum habe ich das noch nie gesehen? Warum kannst du so gut singen? Das klingt total gut.“

„Sechs Jahre Gesangsunterricht.“

„Unglaublich. So schön!“, bin ich fasziniert. „Darf ich die CD behalten?“

„Klaro.“

Ina und Anna verspricht Manu auch CDs.

„Wenn das hier rum ist und wir wieder auftreten, müsst ihr mal zu einem Konzert kommen“, lädt Manu uns ein.

„Das machen wir“, da sind wir uns einig.

„Dürfen wir dann auch hinter die Bühne kommen?“, fragt Ina.

„Klaro, meine Freunde dürfen immer backstage.“

„Oh, super! Dann haben wir ja den Anlass für ein Wiedersehen.“

Der Gedanke, dass wir uns wiedersehen werden, beflügelt mich. Das wäre doch toll, Freundschaft fürs Leben. Ich male mir aus, wie Manu in einem langen schwarzen Kleid inmitten von Hardrockjungs steht, angeleuchtet von einem einzigen Scheinwerfer und angeschaut von Hunderten von Fans, die nur darauf warten, dass sie ihre Stimme erhebt, und die dann losjubeln und applaudieren, wenn sie die ersten Takte singt. Das ist Manu. Das will ich erleben, denke ich auf dem Fußweg zum Strand.

Wir haben uns daran gewöhnt, dass Manu die Strandkörbe abklappert, bis sie einen findet, den sie ohne finanzielle Gegenleistung kapern kann. Das ist auch Manu. Dass ich noch mal zum Surfer gehen werde, um unsere offene Rechnung zu begleichen, werde ich ihr nicht sagen. Aber ich will nicht, dass er irgendwann bei der Klinikverwaltung anklopft und sich darüber beschwert, dass Kurgäste die Zeche prellen. Und ich will auch nicht, dass Manu noch mal dorthin geht und auf dumme Gedanken kommt.

Dieses Mal finden wir sogar zwei offene Strandkörbe. Manu wuchtet den mit der Nummer 352 zu dem mit der Nummer 356, wir stellen sie gegenüber auf, kuscheln uns hinein und verbringen einen unspektakulären Nachmittag, ohne Diebstähle, verantwortungslosen Alkoholkonsum und gefährliche Liebschaften.

Die Plüschmöwen, die kreischen, wenn man ihren Bauch drückt, bezahlen wir in dem Andenken-Laden ordnungsgemäß, statt Cola-Cognac genehmigt sich Manu eine Rhabarbersaftschorle, die sie auch bezahlt, und statt eines Flirts mit einem Surfer gibt sie sich der Krabbenbrötchenfütterung mit einer Lachmöwe hin – die ähnlich Geistreiches zu sagen hat wie der Kneipensurfer. Und die Rieseneisbecher mit den zwölf Kugeln für zwei, von denen jede von uns ganz allein einen verputzt, die müssen auch sein. Und es geht uns so gut damit.

Anna wechselt zwischen Strand und Wasser ab. Sie geht schwimmen, bis ihre Lippen blau sind, paniert ihre nassen Beine im Sand, ruht im Strandkorb, bis sie sich wieder aufgewärmt hat, rubbelt den Sand von ihren Beinen und flitzt wieder ins Wasser. Ina und Manu streifen immer mal wieder an der Strandpromenade entlang. Und ich döse entspannt, das Plätschern der Wellen im Hintergrund, die Sonnenwärme im Gesicht und mit dem Gefühl, der Wind streichle meine Haut. Das ist das Beste an der Kur. Das und die Mädels. Meine Freundinnen.

Als wir am Abend zurück sind, gehe ich in die Bibliothek, um das Dali-Buch zurückzustellen. Und wer sitzt da? Ulrike, am Tisch, mit einer Frauenzeitschrift vor sich, eines dieser Klatschblätter. Sie wirkt ganz deprimiert, klein, grau, einsam. Ein kleines trauriges Wesen, um das sich niemand kümmert.

Wie schrecklich. Wenn es mir so ginge, wäre ich froh, wenn sich jemand um mich kümmern würde. Niemand muss allein sein. Eigentlich will ich direkt wieder in mein Zimmer gehen, aber jetzt will ich mich kümmern.

Ich ziehe ein x-beliebiges Buch aus dem Schrank, setze mich aufs Sofa und beginne, darin zu lesen, in der Hoffnung, mit ihr ins Gespräch zu kommen. Eigentlich lese ich nicht. Das in meinen Händen ist auch nichts, was man wirklich lesen könnte, wie ich erst auf den zweiten Blick feststelle. Es ist ein Wanderkartenverzeichnis.

Worüber könnte ich mit ihr ins Gespräch kommen? Klatsch?

„Hast du das von Madonna gehört?", werfe ich einen Köder hin.

„Was denn?", Ulrike klingt mürrisch.

„Sie soll was mit diesem Dings haben, na, wie heißt der noch …?" Ich habe keine Ahnung, wovon ich rede, ich interessiere mich nicht für Madonna und ich wüsste auch nicht, mit wem sie etwas haben sollte und wer dieser Dings sein könnte.

„Seal?", fragt Ulrike.

„Ja, genau, der", sage ich, ohne zu wissen, wer das sein soll, und warte, ob Ulrike weiterspricht.

„Nee, das glaube ich nicht, der soll doch mit Steffi Graf angebändelt haben."

„Ja, stimmt", behaupte ich ahnungslos. Ich frage mich, wann der rechte Zeitpunkt wäre, Ulrike etwas Persönliches zu fragen, und erinnere mich an die Irina-Taktik: „Deine Perücke sieht gut aus."

„Hab ich machen lassen."

„Trägst du sie immer?"

„Ja."

„Auch im Bett?"

„Nein, da natürlich nicht."

„Ah, da bin ich beruhigt."

„Wieso?"

„Naja, ist ja schon ganz schön warm da drunter."

„Ich habe Krebs."

„Dachte ich mir."

„Ja, und jetzt bin ich hier."

„Ja, hier haben fast alle Krebs, bis auf die Orthokangs."

„Du auch?"

„Ja, ich auch."

„Wirklich? Du siehst gar nicht so aus."

„Wie sieht man denn aus, wenn man Krebs hat?"

„Man hat keine Haare mehr."

„Wenn man Chemotherapie hatte, von der die Haare ausgefallen sind. Ich hatte Glück, ich hatte keine Chemotherapie. Die Ärzte waren zwar der Meinung, dass das eine gute Idee für mich sei. Aber ich war dieser Meinung nicht, ich habe mich für biologische Krebsabwehr entschieden, Misteltherapie und Bromelain und so ein Zeug. Das hat bei mir gereicht. Mich hat es nicht so schwer erwischt."

Ulrike hat kaum zugehört. Sie beginnt Antworten zu geben, bevor ich gefragt habe.

„Brustkrebs. Ich wollte nicht hierher."

„Ich wollte auch nicht hierher. Niemand wollte hierher. Aber jetzt bin ich froh, hier zu sein."

„Warum?"

„Ich erlebe hier so ziemlich den besten Sommer meines Lebens."

„Glückwunsch."

„Wir fahren mittags ganz oft an den Strand. Komm doch mal mit uns."

„Nein, danke."

„Warst du schon einmal an der Ostsee?"

„Nein."

„Dann solltest du mal mit an den Strand fahren."

„Brauche ich nicht."

Die lässt sich aber auch hängen …

„Was brauchst du dann?"

„Ein Wunder", wirft mir Ulrike hin.

Ich tue so, als hätte ich nichts anderes erwartet.

„Ach so, wenn es weiter nichts ist… Kleinigkeit, kann ich besorgen."

Ulrike lacht nicht.

„Was für ein Wunder?", hake ich nach.

„Keine Ahnung, irgendein Wunder, das Wunder, dass ich nicht krank bin und dass ich wieder Haare habe, dass sich die Zeit zurückdrehen kann, am liebsten bis in meine Kindheit."

Das kann ich nachvollziehen.

„Ja, nach der Kindheit sehnen wir uns alle früher oder später. Eigentlich sehnen wir uns nach der Sorglosigkeit und der Unbeschwertheit."

Endlich sieht Ulrike mich an: „Ich sehne mich nach Zuhause, nach unserem Hof und den Tieren."

„Du kannst doch nach der Kur wieder dorthin fahren."

Da schaut sie wieder auf ihre Zeitung: „Kann ich nicht."

Und schon hat sich der kleine Hoffnungsschimmer wieder verzogen.

„Warum?"

„Gibt es nicht mehr. Meine Eltern haben es vor zehn Jahren verkauft, mit allen Tieren. Dann ist es abgebrannt."

Oje, was soll ich denn dazu sagen?

„Das tut mir leid. Warum ist es abgebrannt?"

Ulrike wird wieder einsilbiger: „Keine Ahnung."

„Das klingt schlimm. Hast du Tiere?"

„Nein, die Wohnung ist zu klein."

„Und was für Tiere hattet ihr?"

„Alles. Kaninchen, Hühner, einen wild gewordenen Hahn, Katzen, Schweine, ein paar Ziegen und ein altes Pferd. Ich habe sie geliebt. Meine Mutter hat immer gesagt, in der Nacht vor Heiligabend können alle Tiere sprechen."

„Und? Haben sie?"

„Nein. Die Tiere haben mir nie geantwortet, vor Heiligabend nicht und auch sonst nicht."

„Vielleicht hast du sie nicht gehört?"

Ulrike schüttelt den Kopf und zieht einen Schmollmund.

„Nein, sie haben mir ja nicht einmal zugehört."

„Warum bist du dir da so sicher?"

„Sie haben nicht auf mich gehört, sie haben nie gemacht, was ich gesagt habe, als sei ich Luft."

„Das ist enttäuschend."

„Macht nichts."

„Doch, macht schon was, sonst würdest du es mir ja nicht erzählen."

Ulrike macht dicht: „Nee, ist egal."

Zwischendurch dachte ich, sie würde ein wenig zugänglicher werden. Aber nichts. Wer weiß, wann sie überhaupt jemals mit irgendjemandem über das gesprochen hat, was sie bewegt. Sie tippt es an und wischt es sofort weg. Ganz schöner Panzer, den sie sich da übergezogen hat, denke ich. Ob man den knacken kann?

„Also, ich werde nach einem Wunder Ausschau halten und dich sofort hinbringen, wenn ich eins gefunden habe. Könnte aber sein, dass du dann mit an den Strand kommen musst."

„Jaja", brabbelt Ulrike vor sich hin, als wolle sie sagen: Red du nur.

„Ich geh jetzt mal."

Ulrike schaut nicht auf und gibt nur noch ein sehr kurzes, zackiges „Ja" von sich.

Ich lasse sie in der Bücherei zurück. Mir geht die Puste aus. Ein Wunder also.

15

Es dauert noch ein paar Tage und drei Spaziergänge am See entlang, bis mir die Chance für ein kleines Wunder gewissermaßen zufällt. Der Zweck wäre, Ulrike aus ihrem Tief herauszuholen. Das Mittel wäre ein kleiner Trick. Frau Leu hat gesagt, der Zweck heiligt die Mittel. Ich will es versuchen.

Ich finde Ulrike erwartungsgemäß in der Bibliothek, dorthin zieht sie sich jeden Abend zurück, mit beliebigem Lesestoff und immer noch mit ihrer Perücke auf dem Kopf.

„Hallo“, begrüße ich sie. „Wie geht es dir?“

„Wie immer.“

Ich freue mich für sie: „Das ist gut.“

Aber sie widerspricht: „Was ist daran gut?“

„Es ist wenigstens nicht schlechter geworden.“

Ulrike sagt nichts. Vielleicht geht es ihr sogar ein bisschen besser, aber sie würde es nicht zugeben.

„Ich habe ein Wunder für dich.“

Ulrike scheint nicht zu verstehen: „Was?“

„Ein Wunder. Du hast doch gesagt, du bräuchtest ein Wunder, wenn es dir besser gehen soll. Erinnerst du dich?“

Ulrike wehrt ab und heftet ihren Blick auf das Magazin auf dem Tisch.

„Unsinn!“

„Nein, gar nicht.“

„Und? Was soll das für ein Wunder sein?“

„Wunder kann man nicht erzählen, dann sind sie nur eine Geschichte, die man glauben kann oder nicht. Man muss sie erleben.“

„Soso, ein Wunder also.“

„Ja, ein Wunder, dein Wunder. Morgen früh. Ich hole dich morgen früh um sechs hier ab.“

Ulrike schaut zum ersten Mal von ihrem Klatschblatt auf, mit leerem Blick, ausdruckslos, gelangweilt.

„Wirst du hier sein?“

Ulrike senkt ihren Blick zurück auf die Geschichten über Madonna und sonst wen.

„Wirst du hier sein?“, frage ich noch einmal mit etwas mehr Nachdruck. „Ich werde nicht deinetwegen extra früh aufstehen, wenn du nicht kommst. Ich brauche das nicht. Ich kenne das Wunder schon. Also?“

„Meinetwegen“, grummelt Ulrike.

„Gut, dann bis morgen früh. Sechs Uhr, pünktlich!“, mahne ich noch einmal und verziehe mich.

Wenn ich mich da mal nicht zu weit aus dem Fenster gehängt habe. Was, wenn es nicht klappt? Wenn es nicht funktioniert, könnte ich ihr gestehen, was ich vorgehabt habe, aber sie würde wahrscheinlich kaum darüber lachen und sie würde auch nicht anerkennen, dass ich es wenigstens versucht habe. Es muss also klappen.

Andererseits, falls es misslingt: Viel griesgrämiger kann Ulrike kaum werden. Es ist also den Versuch wert.

Mir wird klar, dass ich ganz schön viel versprochen habe. Ein Wunder! Mehr kann man eigentlich nicht versprechen. Wunder ist ein großes Wort. Naja, dann ist es wohl eher ein Wünderchen.

Um 5.45 Uhr klingelt mein Wecker. Ich streife mir eine Jogginghose, ein T-Shirt und einen Sweater über, schnappe mir meine

Sporttasche. Ich schließe die Tür ab, werfe den Schlüssel in die Tasche und gehe in Richtung Bibliothek. Was, wenn Ulrike nicht da ist? Dann gehe ich wieder ins Bett. Aber es wäre schade, ich freue mich diebisch auf ihr Gesicht, wenn es funktioniert – falls es funktioniert.

Ulrike sitzt in der Bibliothek auf dem Platz, an dem sie gestern Abend gesessen hat, als wäre sie gar nicht weg gewesen.

„Guten Morgen, schön, dass du da bist", begrüße ich sie. „Bist du bereit für ein Wunder?"

„Morgen", entgegnet Ulrike erwartungsgemäß mürrisch und drückt sich aus ihrem Stuhl hoch.

„Los geht's. Wir müssen ein paar Schritte laufen", ermuntere ich sie. Ulrike stapft hinter mir her, etwas unwillig: „Ist es weit?"

„Runter an den See."

Wir gehen über den Schotterweg durch den leeren Park. Um diese Zeit ist hier sonst niemand. Aus der Küche hört man das Klappern von Tellern. „Hörst du, da wird schon das Frühstück vorbereitet. Bis dahin werden wir zurück sein", beschwichtige ich Ulrike.

Es ist schon hell. Der Beginn eines klaren Sommertages. Ein Sommertag, der mit einem Wunder beginnen wird, für Ulrike. Ulrikes Wunder.

„Wo war euer Hof?", taste ich mich langsam vor.

„In Vaake."

„Wo ist das?"

„Nordhessen."

„Habt ihr dort lange gewohnt?"

„Ja."

„War es das Haus deiner Eltern?"

„Meiner Großeltern."

„Also war es lange im Besitz eurer Familie?"

„Ja."

Ulrike ist genauso mürrisch wie die Tage zuvor. Doch sie trottet weiter hinter mir her.

„Und die Tiere haben dir nicht geantwortet?“

„Nein.“

„Aber die haben dich sicher verstanden.“

„Glaube ich nicht.“

„Woher willst du das wissen?“

„Weil sie nicht geantwortet haben.“

„Vielleicht haben sie geantwortet, aber du hast sie nicht verstanden.“

„Glaube ich nicht.“

„Warum?“

„Weil sie nichts gesagt haben. Und sie haben auch nicht gemacht, was ich ihnen gesagt habe. Ich war ihnen egal.“ Na, das ist ja eine ergiebige Unterhaltung, denke ich mir, doch ich gebe nicht auf.

„Ich bin mir sicher, dass sie dich verstanden haben.“

„Haben sie nicht, aber ist ja jetzt auch egal.“

Ich bleibe stehen und versuche mit einem neuen Thema, die Atmosphäre ein wenig aufzulockern.

„Weißt du, wie wir diesen Weg hier nennen?“

„Nein.“

„Urinpfad.“

Ich erwarte ein Lächeln, aber es kommt nichts von Ulrike.

„Wir nennen ihn Urinpfad, weil wir alle hier mit unseren Urinproben langlaufen. Du musst doch bestimmt auch Proben abgeben …?“

„Aha“, sagt Ulrike. Ein gelangweiltes, gleichgültiges Aha. Ein „Aha“, das sagt, dass es ihr egal ist, dass sie will, dass es ihr egal ist. Es ist das Aha der Ablehnung, ein ultimative Es-ist-mir-alles-egal-Aha.

Das wird ein hartes Stück Arbeit. Wenn sie auf mein Wunder mit „Aha“ reagiert, dann ist ihr wirklich nicht mehr zu helfen. Ich muss aufpassen, dass mich nicht der Mut verlässt.

„Es ist nicht egal, ob sie dich verstanden haben“, nehme ich den Faden wieder auf. „Sie haben dich verstanden. Alle Tiere verstehen uns. Du wirst sehen.“

„Wenn du meinst.“

Wir sind am See angekommen. „Komm mit. Stell dich hierhin."

Ulrike folgt widerwillig. Und am liebsten würde ich ihr sagen, dass es mir jetzt langsam reicht, dass ich extra ihretwegen so früh aufgestanden bin, dass ich mir alle Mühe gebe und sie doch wenigstens so tun könnte, als sei sie gespannt darauf, zu sehen, was ich vorhabe. Aber das wäre dem Wunder nicht zuträglich.

Wir stehen uns gegenüber.

„Jetzt sei ganz leise, rühr dich nicht und pass gut auf."

Insgeheim bete ich, dass mein Plan funktionieren wird. Wenn nicht, dann wird Ulrike der Überzeugung sein, dass die Tiere nicht sprechen und nicht verstehen und dass es keine Wunder gibt. Dann hätte ich noch die Möglichkeit, zu behaupten, dass ich ihr nur die Schönheit des beginnenden Tages und des unberührten Morgenhimmels vor Augen führen wollte – sie weiß ja nicht, was ich vorhabe. Aber junger Tag und blauer Morgenhimmel – das wäre in der Tat für ein Wunder ganz schön dünn. Vielleicht hätte ich das Wunder vorher einmal ausprobieren sollen, überlege ich, aber jetzt ist es zu spät.

Es muss einfach klappen. Ich schaue zum Himmel, strecke mich ein wenig. Richte die rechte Hand nach oben, öffne die Faust und rufe ein lang gezogenes tiefes: „Kooooom!"

Ich warte. Ulrike auch.

Noch einmal. „Koooom!"

Ich halte meine Hand gen Himmel und flehe in Gedanken inständig, dass es funktionieren möge. Bitte, bitte, komm. Ich wiederhole mein Rufen: „Koooom! Kooooooooom!"

Die Zeit zieht sich, Sekunde um Sekunde, eine Ewigkeit. Nichts.

Noch einmal: „Koooom!"

Wie komme ich aus dieser Nummer raus, wenn das jetzt nicht klappt? Sage ich ihr, was ich vorhatte?

Aber dann sehe ich ihn, in einem Baum.

„Koooom!“, rufe ich noch einmal, halte die Hand hoch über meinen Kopf. Der Rabe hat uns gesehen. Er wendet den Kopf nach links und rechts, beäugt mich neugierig. Los jetzt, heb ab!, denke ich. Und als habe er meine Gedanken gelesen, breitet er seine Flügel aus, stößt sich vom Ast ab und fliegt in meine Richtung.

Ich bekomme einen kleinen Schreck, bleibe aber mutig stehen. Ein paar Flügelschläge: Der Rabe ist über mir, richtet seine Krallen wie ein Fahrwerk in Richtung meiner Hand aus, schiebt die Füße nach vorne, den Körper nach hinten, peilt meine Hand an und landet auf ihr. Ich bleibe tapfer stehen. Ganz schön schwer, der Vogel.

Ulrike starrt ungläubig. Der Rabe pickt Katzenfutter aus meiner Handfläche. Langsam senke ich die Hand. Der Rabe pickt ein ums andere Katzenfutterkörnchen auf, schluckt zwischendurch und betrachtet währenddessen mich und dann Ulrike.

„Das gibt es ja nicht“, entschlüpft es Ulrike, „der hört ja auf dich. Wer bist du denn?“

Der Rabe gibt einen kleinen Krächzer von sich und frisst weiter. Ulrike hebt ihre rechte Hand, streckt vorsichtig den Zeigefinger aus und berührt sachte das Brustgefieder des Vogels.

„Ja, hallo, du“, begrüßt Ulrike das Wunder.

„Halt ihm deine Hand hin“, flüstere ich Ulrike zu. Ulrike klappt langsam die Finger aus und hält sie dem Raben vor den Bauch. Der springt auf Ulrikes Hand, und ich bin so unendlich erleichtert.

„Ja, das gibt es ja nicht. Da hast du uns gehört und bist gekommen“, haucht Ulrike.

Ganz langsam greife ich in meine Jogginghosentasche, nestle noch ein paar Katzenfutterbröckchen raus und halte sie Ulrike hin.

„Gib ihm das.“

Ulrike öffnet ihre linke Hand, ich schütte ihr das Katzenfutter hinein. Der Rabe hat es sofort erkannt und springt sogar auf die andere Hand. Ulrike lässt den Raben nicht aus den Augen.

„Ja, du", sagt sie leise. „Du bist ja ein schöner Kerl."

Wenn der Rabe wüsste, welch unglaublich großen Gefallen er mir gerade tut. Ich bin erleichtert und glücklich. Ulrikes Gesichtszüge sind ganz weich geworden. Ihre Augen glänzen.

„Ja, du … mein Freund."

Tränen sammeln sich in ihren Augen und da kullert auch schon die erste rechts neben ihrer Nase herunter. Ich habe keine Taschentücher dabei.

Ulrike lässt sie laufen, ihre Tränen, und spricht mit dem Raben: „Bist du schön! So schön!"

Ich trete einen Schritt zurück und genieße den Anblick. Ulrike in ihrer Jeans und dem grauen Sweatshirt, auf dem linken Unterarm den Vogel, weinend. Mit der rechten Hand streicht sie dem Raben über die Flügel. Er lässt sie gewähren. Eine Szene wie aus einem Märchen. Ich bin selbst ganz gerührt.

Der Rabe hat die Hand leer gepickt. Er hüpft zwei Mal auf der Stelle. Schaut Ulrike prüfend an, kratzt sich mit der linken Kralle am Hals, wiegt zwei, drei Mal den Kopf, krächzt ein Mal in Ulrikes Richtung, als wolle er sich bedanken, stößt sich dann wieder ab und fliegt zurück auf seinen Baum. Ulrike schaut ihm nach.

Und jetzt öffnen sich bei Ulrike alle Schleusen. Die Tränen fließen ihr übers Gesicht. Ich muss mich zusammenreißen, damit ich nicht auch zu weinen beginne.

Lange steht Ulrike da, Auge in Auge mit dem Raben. Dann sieht sie mich an, ich lächle. Wir sagen nichts. Ulrike ist überwältigt. Sie weint und lächelt zugleich. Ich lasse sie bei ihrem Raben. Es ist Frühstückszeit.

16

Beim Frühstück erwähne ich nichts vom Wunder des zutraulichen Raben und der gerührten Ulrike. Ich habe überhaupt nicht vor, jemals jemandem davon zu erzählen und davon, wie es dazu gekommen ist. Ich schäme mich ein wenig, weil ich zu unlauteren Mitteln gegriffen habe, um ein Wunder geschehen zu lassen. Das Wunder, Ulrike zu erweichen, ihr ein Lächeln abzuringen, sie zu öffnen für das Schöne der Welt und ihr dabei zu helfen, wieder Hoffnung zu schöpfen. Da mein Wunder eine gute Tat war, ist es aber doch legitim, zu etwas zweifelhaften Mitteln zu greifen – wenn ich Frau Leu richtig verstanden habe.

Auf die Idee dieses Wunders bin ich gekommen, als ich am See spazieren war. Dort gibt es ein romantisches Plätzchen zwischen zwei Bäumen, hinter einem großen Busch, an dem man nicht gesehen wird, wenn man im Gras sitzt. Von dort aus habe ich auch die Kindergruppe und den Förster mit dem Safarihut auf dem Kopf gesehen. Die Erzieherinnen schoben die Kinder um den Förster zusammen.

„Das ist eine Buche“, erklärte der Förster, „und woran kann man das erkennen?“

„An den Blättern“, krähte ein kleiner Junge und der Förster zupfte ein Blatt ab und hielt es den Kindern hin.

„Stimmt. Seht ihr, die Blätter sind mandelförmig. So hat der liebe Gott jedem Baum eine eigene Blattform gegeben, an der ihr die Bäume erkennen könnt.“

„Füttern wir die Buche jetzt?“, fragte ein Mädchen.

„Nein, wir können sie nicht füttern, aber wir füttern etwas anderes."

„Ich habe noch einen Muffin, den können wir der Buche geben", schlug das Mädchen vor und die Kindergärtnerin ermahnte es zur Ruhe.

„Jetzt schaut mal ganz hoch, oben in den Baum. Seht ihr, was da sitzt?", fragte der Förster.

„Ein Rabe", rief ein Kind.

„Genau genommen eine Krähe", korrigierte der Förster, „aber du hast recht, sie gehören in die Familie der Rabenvögel."

„Raben sind böse, sie picken einem die Augen aus", behauptete ein Junge und die Mädchen kreischten auf.

„Nein, die picken niemandem die Augen aus. Ihr habt wohl zu viele Krimis gesehen", parierte der Förster. „Im Gegenteil: Der Rabe steht für Weisheit. Für Ureinwohner in Südamerika ist der Rabe ein Krafttier, ein Tier, das einen lebenslang beschützt. Er steht für das Geheimnis des Lebens und der Schöpfung und er steht für persönliche Veränderung. Der Rabe ist ein mystisches Tier, der Hüter der Weisheit und der Bewahrer uralter Geheimnisse."

„Was ist mystisch?", fragte ein Kind dazwischen und die Erzieherin zischte es mit einem „Pssst!" an.

Ein kleines Mädchen brüstete sich: „Wir haben auch einen Raben, aber der ist grau und hat eine rote Schwanzfeder."

Daraufhin rissen fast alle Kinder die Arme hoch und setzten an, zu erzählen, welche Tiere sie zu Hause haben.

„Wir haben eine Katze!"

„Wir hatten mal einen Hund, aber der ist überfahren worden."

„Wir …"

Ein Junge widersprach dem Mädchen: „Du hast überhaupt keinen Raben."

„Haben wir wohl!", sprang das Mädchen empört auf: „Er heißt Lore."

Die Betreuerin ging dazwischen: „Ihr habt gar keinen Raben, ihr habt einen Graupapagei. Und jetzt setz dich wieder hin. Das sind alles Vögel."

Der Förster hatte inzwischen eine Feder aus der Tasche geholt: „Das ist eine Rabenfeder. Sie ist ganz schwarz und schillert grünblau, ich lasse sie mal rumgehen, dann könnt ihr sie euch ansehen."

„Kann ich die haben?", fragte ein Mädchen vorlaut.

„Nein, kannst du nicht", maßregelte die Erzieherin, „gib die Feder weiter."

Die Kinder reichten die Feder herum und der Förster lenkte die Aufmerksamkeit wieder in den Baumwipfel.

„Jetzt passt gut auf. Ihr müsst ganz leise sein."

Der Förster griff etwas aus der Hosentasche, reckte den Arm in die Luft und rief mit tiefer Stimme ein langgezogenes „Koooom!" Der Rabe oben im Baum legte den Kopf schief, sprang vom Ast und flog direkt auf die Hand des Försters. Die Kinder erschraken und quiekten.

„Ihr müsst keine Angst haben, der ist ganz zahm", erklärte der Förster, während der Rabe aus seiner Hand fraß. Gemächlich senkte er die Hand fast bis auf den Boden und die Kinder betrachteten fasziniert den großen Vogel. Auch die Erzieherinnen standen staunend da.

„Was frisst der?", fragte ein Dreikäsehoch.

„Katzenfutter."

„Iiieh, Katzenfutter", ekelte sich ein Mädchen.

„Ihm schmeckt das", versicherte der Förster.

„Wie kommt es, dass der Rabe so zahm ist?", wollte die Erzieherin wissen.

Der Förster hatte offenbar nur auf die Frage gewartet.

„Ich habe ihn mit der Hand großgezogen. Er war aus dem Nest gefallen. Als er groß genug war, habe ich ihn ausgewildert, aber wir sind Freunde geblieben."

„Wohnt der bei dir zu Hause?", fragte ein kleiner Junge.

„Nein, der wohnt hier im Wald. Aber manchmal besuche ich ihn, bringe ihm Katzenfutter mit und zeige ihn den Kindern, die ich herumführe, so wie euch."

„Kann ich auch einen Raben haben?", hörte ich eine Mädchenstimme.

Die Erzieherin wirkte leicht genervt: „Nein, ihr könnt nicht immer alles haben. Das ist ein wildes Tier, das braucht seine Freiheit, außerdem hast du ja schon einen Graupapagei."

Ich war aufgestanden und hatte mich zu der Kindergruppe gestellt, um das Spektakel aus der Nähe sehen zu können. Wie schön, dass der Förster sich um den Raben gekümmert hat.

„Kann der auch sprechen?"

„In seiner Sprache schon, dann krächzt er", antwortete der Förster.

„Unser Graupapagei kann sprechen, er sagt Mama", gab das Mädchen an.

Und da hatte ich die Idee. Einen sprechenden Graupapagei würde ich kaum finden. Aber ich hatte einen Raben, der offensichtlich scharf auf Katzenfutter war …

17

Wir haben alle keine Verlängerung mehr bekommen. Zwischendurch hatte ich ganz vergessen, dass die Zeit hier in der Klinik irgendwann auch mal vorbei sein wird. Jetzt beginnen wir, uns gedanklich mit dem Abschied zu beschäftigen, und mir ist dabei unbehaglich zumute.

„Was wirst du machen, wenn du wieder zu Hause bist?", fragt Anna mich beim Frühstück.

„Ich weiß noch nicht. Frau Leu meinte, ich solle nicht wieder arbeiten gehen, das tue mir nicht gut, aber von irgendwas muss ich ja leben. Und du?"

„Ich gehe gerne zurück zu meinen Kindern. Einige sind jetzt nicht mehr da, sie wechseln in die Schule. Aber es kommen neue und auf die freue ich mich."

Ina wird wieder in ihrem Labor arbeiten. Und Manu?

„Wir wollen im Herbst mit der Band wieder auftreten. Die Band hat meinetwegen pausiert, ich hatte ihnen gesagt, dass sie sich noch eine Sängerin suchen sollen, die für mich einspringen kann."

„Geht das denn so einfach?", will ich wissen.

„Es geht schon, aber die Probenarbeit ist sehr intensiv und die Songs bekommen auch eine andere Note. Und man muss bei den Konzerten natürlich erklären, warum es nicht ich bin, die singt."

„Und? Haben sie jetzt noch eine andere Sängerin?", frage ich nach.

„Nein, sie haben gesagt, sie wollen nur mit mir arbeiten."

Ich nicke: „Das ist doch sehr schön. Das zeigt, wie sehr sie dich schätzen."

„Wir müssen unbedingt mal zu einem deiner Konzerte kommen. Ich finde, wir müssen uns überhaupt wiedersehen", schlägt Anna vor.

Manu gibt sich locker: „Hey, Mädels, wer redet denn jetzt schon von Wiedersehen? Jetzt sind wir ja noch hier und diese Woche lassen wir es uns noch einmal richtig gut gehen."

Ina winkt ab: „Ich gehe mit dir aber nicht noch einmal in die Kneipe."

Manu witzelt: „Nein? Warum nicht?"

Ina findet es nicht lustig.

„Nein, Manu, und du wirst auch nicht noch einmal was klauen. In dem Laden können wir uns nie wieder blicken lassen."

„Es gibt noch mehr Schmuckläden auf der Welt", kommentiert Manu. „Also, was wollen wir machen?"

Ich denke laut nach: „Naja, so viel Spielraum ist ja nicht mehr. Wir haben noch unsere Abschlussgespräche bei Frau Leu und mit den Ärzten. Unsere letzten Kurse. Ich muss noch einen Pflichtvortrag nachholen. Aber wir sollten auf jeden Fall noch mal an den Strand fahren."

„Vielleicht sollten wir noch ein Abschiedsgeschenk für Frau Leu besorgen?", schlägt Anna vor.

Manu verzieht das Gesicht: „Für diese alte Schachtel?"

Ich blicke sie mahnend an.

Manu nimmt sich sofort zurück.

„Hey, ihr wisst doch, wie ich es meine. Wie wäre es mit einer goldenen Sorgenzucchini?"

Wir kichern.

„Nein, ich weiß etwas", sage ich.

„Was denn", will Ina wissen.

„Lasst euch überraschen."

Am Nachmittag gehe ich in die Stadt. Ich kaufe für Frau Leu einen schwarzen Nagellack, einen pechschwarzen Schal und ein rosafarbenes Kopftuch, weil es keine schwarzen Totenkopfkopftücher gibt. Aber im Schreibwarenladen finde ich einen kleinen glitzernden Totenkopfanhänger. Den werde ich an das Kopftuch annähen. Dann kann Frau Leu sich passend zu ihren farblich weichgespülten Kleidern das Tuch umwickeln, hat wieder einen kleinen Totenkopf dabei und kann so an ihre Punkerzeit anknüpfen. Ich kann mir immer noch nicht vorstellen, dass sie mal eine Punkerin gewesen sein soll. Im Schreibwarenladen finde ich außerdem noch eine Postkarte für sie: ein Bild von unzähligen bunten Luftballons vor blauem Himmel. Das passt doch. Dazu einen Bogen rosafarbenes Geschenkpapier mit schwarzen Punkten und schwarzes Geschenkband. Wenn das mal nicht stylisch wird!

Auf dem Rückweg durch den Park finde ich noch eine Rabenfeder. Die passt auch sehr zum Geschenk, als Dekoration auf dem Geschenkpapier. Während ich die Feder zwischen meinen Fingern drehe und betrachte, denke ich, dass ich auch gerne eine hätte: die Feder eines Raben, der auf mich aufpasst. Ich nehme mir vor, die Augen aufzuhalten und noch ein paar Federn zu sammeln. Vielleicht bekomme ich sogar eine Feder vom „Wunderraben"?

Ich könnte Ulrike fragen. Sie ist jetzt jeden Tag beim Raben, hat Katzenfutter dabei und füttert ihn. Ich habe sie gesehen, sie hat mir zugelächelt. Sie hat kein Wort mehr zu mir gesagt, aber ich weiß, dass ich sie erreicht habe.

Beim Abendessen präsentiere ich den Mädchen das Geschenk.

„Das ist doch das Unpassendste, was ich je gesehen habe. Schwarz für Frau Leu, das trägt sie nie, schon gar nicht schwarzen Nagellack", beschwert sich Ina.

„Sie wird ihn vielleicht nicht tragen, aber sie wird sich darüber freuen", erkläre ich. Und dann erzähle ich den Mädchen Frau Leus Geschichte, dass sie selbst Krebs hatte und dass sie bis dahin eine Punkerin war und der Welt getrotzt hatte und dass der Krebs sie und ihr Leben verändert hat. Die Mädels glauben mir das nicht.

Manu glaubt mir am wenigsten.

„Das kannst du jemandem erzählen, der die Hose mit der Kneifzange zumacht. Wenn Frau Leu eine Punkerin war, dann werde ich ein guter Mensch."

„Zu spät, Manu, das bist du ja schon", lache ich.

„Wie meinst du das denn?"

„Du bist ein guter Mensch, sehen wir mal von deinen Fehltritten in der besagten Kneipennacht, von deinen zynischen Bemerkungen und deinen kleinen Frechheiten gegenüber den Orthokangs ab. Aber tief in dir drin hast du einen guten Kern."

Manu verschränkt die Arme vorm Körper. „Das will ich aber nicht. Ich will kein guter Mensch sein."

„Eben", sage ich knapp, und Anna kommt mir zu Hilfe: „Liebe Manu, da muss ich dich leider enttäuschen. Du bist leider ein guter Mensch, ein sehr guter sogar. Du hast uns allen die Kur gerettet. Ohne dich wäre es hier stinklangweilig gewesen. Durch dich sind wir Freundinnen geworden."

Manu grummelt: „Na gut, wenn es sein muss. Dann lädt der gute Mensch euch jetzt mal auf sein Zimmer ein zu einem ziemlich guten Tropfen."

„Was? Hast du immer noch Wein auf deinem Zimmer?"

„Klaro, schon die ganze Zeit. Und die Gläser, die wir haben mitgehen lassen, habe ich auch noch."

„Manu, du bist doch ein Aas", empört sich Ina künstlich.

„Sag ich doch, und ihr meint, ich wäre ein guter Mensch …"

Die Abende der letzten Woche verbringen wir damit, die Bestände zu leeren. Es ist die letzte Nacht, in der wir zusammensitzen, und es wird spät. Manu hat aus ihrem Kleiderschank einen Sechserkarton Wein gezogen. Sie schwenkt den Wein im Wasserglas und betrachtet im Schein der Nachttischlampe sein tiefes Rot. Wir sitzen in ihrem Zimmer auf dem Boden um den kleinen Wohnzimmertisch herum. Lagerfeueratmosphäre. Im Hintergrund läuft der Fernseher.

„Mach doch die Glotze aus", fordert Ina Manu auf, aber die nimmt die Fernbedienung und macht den Ton lauter.

„Nein, das müsst ihr euch ansehen, das ist interessant."

Auf dem Fernsehbildschirm ist eine dicke Frau zu sehen, die sich als Wahrsagerin ausgibt.

„Die Leitungen sind freigeschaltet. Rufen Sie an. Werfen Sie einen Blick in Ihre Zukunft. Die Karten sind gemischt. Rufen Sie an und ich lege Ihnen die Karten. Die Leitungen sind freigeschaltet …"

Während die dicke Wahrsagerin mit gelangweilter Stimme immer und immer wieder monoton den gleichen Text sagt, mischt sie einen Stapel Tarotkarten ungelenk in ihren dicken Patschehändchen. Ihr Wuschelhaar ist rot gefärbt. Am Ansatz wächst es grau nach. Um die Stirn trägt sie ein Band mit billigen Blechmünzen daran. Sie hat sich einen bunten Poncho übergeworfen. Auf ihrem Tisch stehen ein falscher Totenkopf und ein Glas Wasser. „Rufen Sie an, die Leitungen sind freigeschaltet, werfen Sie einen Blick in Ihre unverrückbare Zukunft. Stellen Sie mir eine Frage, und die Karten werden sie beantworten."

„Manu, diesen Mist schaust du doch nicht wirklich?", erbost sich Ina.

„Doch, warum nicht? Ich habe die halbe Kur damit verbracht, immer wenn ich nicht schlafen konnte, habe ich das eingeschaltet."

Ina schimpft: „Das ist doch Bauernfängerei. Die machen damit eine Riesenkohle."

Anna winkt ab: „Wie kann jemand behaupten, dass er in die Zukunft sehen kann, das ist Frevel. Ich glaube auch nicht, dass da echte Menschen anrufen. Die meisten Anrufe sind doch getürkt."

Ich pflichte ihr bei: „Ein normal denkender Mensch ruft doch da nicht an. Ich wüsste nicht, wer da anrufen sollte?"

„Aber ich", wirft Manu ein.

Wir schauen Manu an.

„Du hast doch nicht wirklich da angerufen?"

Für einen Moment ist es still, nur die dicke Wahrsagefrau brabbelt in den Raum: „Rufen Sie an, die Leitungen sind freigeschaltet …"

Manu windet sich ein wenig, dann gesteht sie: „Doch, ich habe da angerufen."

Wir sind entsetzt.

„Was hätte ich denn tun sollen, mitten in der Nacht?"

„Du hättest doch bei mir klopfen können", betone ich.

Manu verzieht die Mundwinkel: „… und dann bei dir schlaflos sein? Ich konnte einfach nicht schlafen, mir war langweilig, und ich kann dich doch nicht einfach wecken."

„Dann hättest du ein Buch lesen können", schlägt Ina vor.

„Ja, aber es war so still hier. Und irgendwann dachte ich, vielleicht kann sie ja doch in die Zukunft sehen und hat eine Erklärung für alles, und die hat sie ja dann auch irgendwie gehabt."

Ina fasst nach: „Willst du damit sagen, dass du durchgekommen bist?"

Manu nickt zerknirscht.

„Ich habe so oft angerufen, bis ich durchgekommen bin."

„Na, auf die Telefonrechnung bin ich mal gespannt", macht Ina große Augen.

Ich schaue sprachlos auf den Bildschirm. Manu hat also lieber mit dieser dicken fremden Geldmacherfrau in den billigen Faschingsklamotten gesprochen als mit uns. Das Fernsehorakel sieht aus wie eine enttäuschte Hausfrau nach den Wechseljahren, die aus ihrem

Teilzeitjob im Drogeriemarkt um die Ecke rausgeflogen ist und danach eine Weile Torten in sich hineingestopft hat, bevor sie eine zweifelhafte Fernsehkarriere begonnen hat. Eine selbst ernannte Heilsbringerin, die die Nöte und Ängste, die Hoffnungen und die Einsamkeit fremder Menschen ausnutzt, um sich unter Behauptung angeblicher seherischer Fähigkeiten am Leid anderer zu bereichern. Eine mediale Blutsaugerin ohne Moral und Anstand, die ganz offensichtlich nicht einmal über einen Funken schauspielerische Fähigkeit verfügt. Da sitzt sie einfach da, fett und feist, an ihrem Baumarkttisch mit ihrem Totenkopfpappkameraden, kann nicht einmal ordentlich Karten mischen und leiert nächtelang tonbandartig und emotionslos die Anrufaufforderung herunter.

Ich bin ein bisschen sauer.

„Ich dachte, wir wären Freundinnen …"

Manu windet sich: „Sind wir ja auch, ist ja nichts gegen euch, Mädels."

Jetzt bin ich aber gespannt, was sie Manu gesagt hat.

„Ich hoffe, die Anrufe haben sich gelohnt. Kann sie noch mehr sagen als diese vier, fünf Sätze?"

Manu sitzt da wie ein kleines Kind, das zugeben muss, dass es die Kristallglasschale fallen gelassen hat.

„Ja, kann sie."

„Manu, das ist jetzt nicht dein Ernst", gerät Ina aus der Fassung.

„Wie kannst du nur? Wahrsagerei ist Teufelswerk, das ist nicht gut …", ist Anna entsetzt.

„Jetzt lass sie doch erzählen", unterbreche ich Annas beginnende Standpauke.

„Okay, was hast du sie gefragt?", will Ina von Manu wissen.

„Ich habe sie gefragt, was mich gerade beschäftigt hat."

„Wie? Du rufst da an, stellst eine Frage und sie beantwortet sie tatsächlich? Unglaublich, was für eine Anmaßung. Ich lehne das komplett ab", bezieht Anna Stellung.

„Ja, du rufst an, dann sagt eine Stimme entweder: ‚Leider sind alle Leitungen besetzt' oder es erklingt ein Harfenton und eine Frauenstimme sagt: ‚Sie werden gleich zu Tara, dem Medium, durchgeschaltet. Bitte halten Sie sich mit Ihrer Frage bereit.' Dann wartest du eine Weile, und dann ist Tara direkt dran."

„Und in der Zeit purzelt schon das Geld in Frau Taras Tasche", ergänzt Ina.

„Und du bist auf Sendung, und die ganze Republik hört zu, hört, wie du das Schicksal herausforderst?", will Anna wissen, wie es weitergeht.

„Ja, aber du musst ja nicht deinen Namen sagen. Du sagst einfach einen anderen."

Ich will es jetzt wissen: „Was hast du gefragt?"

„Beim ersten Mal habe ich gefragt, wie es mit mir weitergeht."

„Beim ersten Mal? Das heißt, du hast mehrfach mit ihr gesprochen?"

Wir fassen es nicht.

Manu gesteht: „Fünfmal."

„Das ist doch nicht zu glauben", schimpft Ina.

Ich lasse nicht locker: „Was hat sie geantwortet?"

„Sie hat die Karten gemischt, auf den Tisch gelegt, und sie hat gesagt, es gibt eine Frau, die auf mich aufpasst, ob ich wüsste, welche Frau das sein könnte? Und die würde darauf achten, dass es gut mit mir weitergeht."

„Frau Leu", freut sich Anna, eine Antwort parat zu haben.

Ina echauffiert sich: „Ich bitte dich, Anna. Das kannst du doch nicht ernst meinen."

Anna wirkt enttäuscht.

„Warum nicht? Ich halte zwar nichts davon, aber es passt dennoch."

Ina herrscht sie an: „Weil das Quatsch ist."

Und Anna bleibt dabei: „Aber Frau Leu hat doch auf sie aufgepasst, auf uns alle."

Ina widerspricht: „Ja, aber wenn es nicht Frau Leu gewesen wäre, dann hätte eine andere Frau auf Manu aufgepasst, und wenn es eine Kassiererin im Supermarkt gewesen wäre, die aufgepasst hätte, dass Manu ihr Brot nicht vergisst. Das sind ganz billige Verbrechermethoden. Die Tante wirft dir was hin, stellt dir eine Frage, bekommt eine Antwort und leitet davon ab, wie sie weitermachen muss, und du denkst, sie wisse etwas über dich und dein Leben. Wenn ich jemandem sage, es gibt eine Frau, die auf dich aufpasst, dann fällt jedem immer irgendjemand ein, der es sein könnte."

Anna widerspricht nicht.

„Natürlich. Sie antwortet so, dass es immer passt. Da würde jedem jemand einfallen."

Manu schüttelt den Kopf. „Aber mir ist niemand eingefallen."

Jetzt wird es interessant, finde ich.

„Und was hat die Hellseherin gesagt, als du ihr keinen Namen nennen konntest?"

„Sie hat gesagt, dass diese Frau schon in mein Leben getreten ist, ich sie aber noch nicht erkannt habe."

„Das passt auch."

Ina wirft sich lachend zurück.

„Das darf doch nicht wahr sein. Die Tussi kann sagen, was sie will, es scheint immer zu passen, wenn du nur daran glauben willst. Das ist Schmarrn."

„Ich glaube ja gar nicht daran, ich fand es nur amüsant, wenngleich es ja schön wäre, wenn es jemanden gäbe, der auf mich aufpasst", klärt uns Manu auf.

„Na, ein Glück, dass du wenigstens weißt, dass das Unsinn ist. Ich dachte schon, du glaubst an so etwas", sage ich.

Ina bleibt dabei: „Teurer Unsinn."

Anna entrüstet sich weiter: „An so etwas darf man nicht glauben. Das hat mit Glauben nichts zu tun. Das sind einfach nur Lügen, sie ist eine Lügnerin."

Ich bleibe dran: „Und beim zweiten Mal?"

Manu klingt ernst: „Ich habe sie gefragt, ob ich gesund bleiben werde. Und sie hat die Karten auf den Tisch gelegt und gesagt, dass ich es in der Hand habe, ob ich gesund sein werde oder nicht. Dass sie Schatten sieht, die ich aber überwinden kann."

Für Ina eine ganz klare Sache: „Allgemeingültiges Gequatsche."

Und ich finde es sogar noch schlimmer: „Das ist verantwortungslos. Ich finde nicht, dass sie auf so eine Frage antworten sollte. Das geht zu weit."

Anna wirkt nachdenklich.

„Was hättest du getan, wenn sie gesagt hätte, dass du bald stirbst?"

„Anna!", versuche ich sie mit einem Zwischenruf aufzuhalten.

Ina weiß, dass die Wahrsagefrau so etwas nie sagen würde.

„Die wollen ja, dass du wieder anrufst."

Manu will auf Annas Frage noch antworten: „Wenn sie mir gesagt hätte, dass ich bald sterbe, hätte ich ihr gesagt, dass sie eine dumme Schnalle ist und sich einen anderen Beruf suchen soll."

Wir lachen erleichtert.

Es bleibt spannend, finde ich: „Und beim dritten Mal?"

Manu zögert ein wenig: „Beim dritten Mal habe ich sie gefragt, wie es mit euch weitergehen wird."

Ich schlucke, und die anderen werden auch ganz still.

„Blöde Frage!", platzt es aus mir heraus. Ich glaube nicht dran, und doch fürchte ich die Antwort.

„Na los, sag es schon."

Manu schaut in ihr Weinglas.

„Sie hat gesagt, dass ihr ganz miese Schabracken seid, denen man nicht trauen kann und die alles glauben."

Wir lachen. Ina lehnt sich zurück.

„Also hast du uns einen Bären aufgebunden?"

„Nein. Ich habe tatsächlich angerufen. Aber das ist es nicht, was sie auf diese Frage geantwortet hat."

„Sondern?“, bin ich gespannt.

„Sie hat gesagt: ‚Die Pflanze der Freundschaft ist eine zarte, sie muss gepflegt werden, damit sie nicht verkümmert.‘“

In diesem Moment misstraue ich Manu: „Ich glaube nicht, dass es das ist, was sie gesagt hat.“

Verschweigt Manu etwas?

„Es ist egal, was sie gesagt hat, es ist Blödsinn, und das hätte ich dir auch sagen können“, versichert Ina.

Manu kontert: „Ich weiß, aber dich habe ich nicht gefragt.“

Anna bleibt ernst: „Manu, das ist es. Du willst Antworten, aber du fragst an der falschen Stelle, lass dir das gesagt sein.“

Ich nehme den Faden wieder auf, obwohl ich vermute, dass ich nicht die echten Antworten zu hören bekomme.

„Und beim vierten Mal?“

„Da habe ich sie gefragt, was ich tun kann, damit mein Leben lange andauert, und sie hat gesagt, dass ich mich gesund ernähren soll, dass ich auf meine innere Stimme hören soll und dass dann alles gut wird. Und da war ich beruhigt.“

Anna sieht sich in gewisser Weise bestätigt.

„Das ist ja das, was man uns hier erzählt hat. Von wegen hellsehen.“

„Dafür musst du kein Wahrsager sein“, ergänzt Ina.

„Und beim fünften Mal?“

Manu macht es spannend: „Beim fünften Mal habe ich sie gefragt, was sie glaubt, warum ich Krebs bekommen habe. Und sie hat die Karten auf den Tisch gelegt, sie angesehen und gestöhnt. Dann hat sie gesagt, dass es ein Zeichen ist, dass ich etwas in meinem Leben ändern muss und dass ich auf dieses Zeichen hören soll.“

„Und das hast du geglaubt …“, resigniert Ina.

„Ist ja auch nicht falsch“, findet Manu.

„Das sind Binsenweisheiten“, sage ich.

Manu verteidigt sich: „Aber es ist nicht falsch. Ich denke, in dieser Kur hat sich doch für uns alle etwas verändert.“

„Ja, gewiss, und ich finde es gut, Manu, wenn du dein Leben ändern willst, aber dafür muss man doch nicht bei einer Fernsehwahrsagerin im Nachtprogramm anrufen", halte ich dagegen.

Ina springt auf: „So, jetzt reicht es aber, jetzt rufe ich da an."

Sie kramt ihr Handy aus der Tasche, läuft zum Fernseher, um die kostenpflichtige Telefonnummer abzulesen, und tippt sie in ihr Handy.

„Hör doch auf, du wirst eh nicht durchkommen", will ich sie stoppen.

Ina ist nicht zu bremsen: „Doch, ich rufe da jetzt so lange an, bis ich durchkomme, und dann kann die was erleben."

„Was willst du sagen?", fragt Anna.

„Weiß ich noch nicht."

Manu schenkt Wein nach. Die Wahrsagerin brabbelt weiter: „Rufen Sie an …"

Ina hat das Handy am Ohr: „Ich bin drin."

„Was?"

„Ja, ich bin drin!"

Ina schaltet den Lautsprecher an, wir hören Harfenklänge und eine Frauenstimme: „… zu Tara, dem Medium, durchgeschaltet. Bitte halten Sie sich mit Ihrer Frage bereit. Willkommen bei der Telefonleitung zur Erkenntnis, gleich werden Sie zu Tara, dem Medium, durchgeschaltet. Willkommen …"

Wir rutschen näher an Ina ran.

„Was willst du sagen?", tuschele ich.

Es klickt in der Leitung: „Hallo, hier ist Tara, das Medium, wer ist da? Welche Fragen haben Sie? Die Karten liegen bereit. Die Karten lügen nicht. Stellen Sie jetzt Ihre Frage."

Ina räuspert sich und spricht mit betont tiefer Stimme: „Hallo, hier ist Zara, die Hellseherin, und ich habe eine Nachricht für Sie."

Das dicke Medium ist perplex. Man kann Inas Stimme in der Sendung hören und Taras Reaktion auf der Mattscheibe sehen. Die Wahrsagefrau sitzt versteinert an ihrem Tisch, die Hände sind mitten im Mischvorgang erstarrt, die Finger umklammern die Karten.

Ina spricht mit erhabenem Unterton weiter: „Hier kommt eine Botschaft für Sie aus dem All: Sie werden bald platzen, wenn Sie weiter so viele Torten fressen …"

Wir lassen uns brüllend vor Lachen auf den Boden fallen. Ina drückt das Telefonat weg und japst nach Luft. Die Hellseherin ist für einige Sekunden regungslos. Sie schaut ausdruckslos in die Kamera, dann mit offenem Mund erst lange an sich herunter und danach fragend zur Seite. Da muss jemand stehen, wahrscheinlich von der Regie, der etwas sagt. Tara hört offenbar hin, klappt den Mund wieder zu, dreht dann ihren Kopf zurück in die Kamera, beginnt zu mischen und nimmt ihren Faden wieder auf: „Rufen Sie an, die Karten sind gemischt …"

„Mann, so viel Spaß hatte ich schon lange nicht mehr!"

Manu ist atemlos. Wir müssen immer noch lachen. Ich nehme einen Schluck von meinem Wein, um mich zu beruhigen.

„Ja, so einen Spaß hatte ich schon lange nicht mehr. Das war so ziemlich die beste Zeit meines Lebens."

Mein Lächeln zieht sich über die ganze Breite meines Gesichts, meine Mundwinkel beginnen zu zittern. Ich habe Tränen in den Augen vor Lachen und jetzt schießen Tränen nach, Tränen des Abschieds.

„Mann, Mädels, ich werde euch …" – und „vermissen" bekomme ich schon nicht mehr heraus. Mann, ich will jetzt nicht heulen.

Manu wischt sich über das Gesicht.

„So, jetzt haben wir den Salat. Jetzt sitzen wir alle hier und heulen."

Ina unterbricht die Stille als Erste: „Ja, wir hatten eine wirklich gute Zeit."

Wir fallen uns über den Tisch hinweg in die Arme und halten einander einen Moment umschlungen. Manu löst die Situation auf.

„Aber, meine Damen, jetzt aber mal gesittet, Gefühlsausbrüche sind im Kurplan nicht vorgesehen."

Der Fernseher läuft immer noch: „Die Karten sind gemischt, rufen Sie …"

„Jetzt mach doch mal den Kasten aus", fordert Ina.

Manu drückt die Fernbedienung. Es ist ganz still.

„Wir müssen uns wiedersehen", sage ich in die Stille.

„Indianerehrenwort", sagt Manu.

„Lasst uns etwas vereinbaren. Sonst wird das nie was", schlage ich vor.

„Wir sollten auf jeden Fall Kontakt halten", stimmt Anna zu.

Ich beharre auf meinem Wunsch: „Ja, aber wir sollten auch ein Wiedersehen haben. Lasst uns einen Termin machen."

Ich hole meinen Kalender aus der Tasche und blättere darin.

„Wie wäre es gleich in vier Wochen? Wir fahren übermorgen, am Montag, ab. Dann lasst uns doch am Wochenende in vier Wochen wieder treffen."

„An dem Samstag kann ich nicht, da hat mein Freund Geburtstag", wehrt Anna ab.

Ich will Nägel mit Köpfen. „Dann am Sonntag."

Der passt bei allen.

„Wo?"

Kurze Ratlosigkeit. Ich würde überall hinfahren.

„Vielleicht hier oben im Norden. Die meisten wohnen hier. Ich bin mit Frankfurt die Südlichste. Wie wäre Hamburg? Da wohnt Ina. Ich kann gerne da hinkommen. Ihr beide …", ich wende mich an Manu und Anna, „könntet gemeinsam aus Berlin nach Hamburg fahren."

Die anderen nicken. Ich bin erleichtert.

„Abgemacht, in vier Wochen in Hamburg. Da freue ich mich drauf. Bin gespannt, was ihr dann zu erzählen habt."

18

Am nächsten Morgen habe ich mein Abschlussgespräch mit Frau Leu. Ich nehme in dem Rattansessel unter der Riesenmohnblume Platz, das Geschenk auf den Knien, in der Schleife die Rabenfeder.

„Ich habe Ihnen etwas mitgebracht. Es ist von uns allen."

Manu, Anna, Ina und ich haben einfach nur auf der Rückseite der Karte unterschrieben.

„Ich darf eigentlich nichts annehmen", erklärt Frau Leu.

„Dann lasse ich es hier liegen und Sie finden es nachher", ermuntere ich sie, es doch zu nehmen.

Frau Leu lächelt. Ich lege ihr das Punktepäckchen auf den Tisch.

„Wie geht es Ihnen?", eröffnet sie das Gespräch.

Ich strahle: „Gut."

Frau Leu nickt zufrieden.

„Ich glaube, es ist mir noch nie so gut gegangen. Ich hatte hier die beste Zeit meines Lebens. Manu, Anna und Ina, der Strand, das herrliche Wetter, wir hatten so viel Spaß, es war alles so sorglos, ich musste mich um nichts kümmern, ich sprühe vor Energie, ich könnte Bäume ausreißen. Ich habe das Gefühl, dass ich zu mir gekommen bin. Ich hatte noch nie so gute Freundinnen. Ich habe noch nie so viel gelacht. Ich habe mich gefühlt wie in den Ferien im Landschulheim, wie ein Kind, dass nicht nach vorne und nicht nach hinten blicken muss, vollkommen im Hier und Jetzt."

„Können Sie sich daran erinnern, wie es war, als Sie hier angekommen sind?"

Ungern, daran habe ich die ganze Zeit nicht gedacht. Aber ja, natürlich, daran kann ich mich erinnern, auch wenn es sich fremd anfühlt. Es kommt mir vor, als sei es in einem anderen Leben gewesen, als sei ich ein anderer Mensch gewesen. Und als sei es eine Ewigkeit her. Als ich in meinem ersten Einzelgespräch bei Frau Leu saß, war ich am Ende. Gar nicht mal so sehr wegen des Krebses. Ich war müde, des Lebens überdrüssig.

„Ich kann nicht mehr", das waren die ersten Worte, die ich damals zu ihr gesagt habe.

Und ich konnte nicht mehr. Schon vor der Krebsdiagnose. Seit Wochen. Wenn ich morgens aufwachte, war mein erster Gedanke: „Oh nein, schon wieder ein Tag." Und ich habe mich gefragt, wie ich diesen Tag nur bewältigen soll.

Ich bin in die Redaktion gefahren, saß vor der leeren Zeitungsseite und habe mich gefragt, wie um Himmels willen ich nur diese Seite füllen soll. Und ich habe mich selbst nicht verstanden. 13 Jahre lang hatte ich als Lokalredakteurin jeden Tag eine Zeitungsseite und mehr gefüllt, das meiste habe ich selbst geschrieben, über Lokalpolitik, Vereine, Chöre, Theatervorstellungen und Bebauungspläne und alles, was im Alltag eines kleinen Ortes im Speckmantel von Frankfurt eine Rolle spielt: über goldene Hochzeiten und runde Geburtstage, Kindergartenfeste und entlaufene Hunde, Verkehrsunfälle und Flohmärkte. Und jahrelang hatte ich eher das Problem, dass ich zu viel Stoff hatte und doppelt so viele Zeitungsseiten hätte füllen können. Aber dann saß ich vor einer einzigen Seite und sie wirkte wie ein unüberwindbarer Berg. Ich quälte mich durch die Redaktionspost und stapelte die Haufen um. Hatte ich mich ein wenig gesammelt, dann warf mich jede kleine Unterbrechung, jeder Anruf, jede Ansprache aus der Bahn, stahl mir die Konzentration.

Das Weiß der Zeitungsseite schien mich anzubrüllen: „Füll mich, na los, mach schon!", und ich saß ratlos davor, fand keinen Anfang, keine Themen, keinen Einstieg. Minutenlang saß ich vor meiner Tastatur und bekam kein Wort getippt. In meinem Kopf formten sich keine Sätze und keine Ideen. Notizen von Pressekonferenzen, die ich las, konnte ich mir keine zehn Sekunden merken, ich blätterte und grübelte. Ich schleppte mich durch den Tag.

Irgendwie bekam ich die Seite voll, ein zäher Prozess, wissend, dass mich am nächsten Tag wieder diese riesige, weiße Fläche vor mir erwarten würde, die beschrieben sein wollte, und dass der Redaktionsleiter dastehen und von mir wissen wollen würde, welche Themen ich denn für den nächsten Tag vorgesehen hätte, und ich hatte keine. Dabei hatte ich mich doch für diesen Beruf einmal begeistert.

O nein, schon wieder ein Tag, mit diesem Gedanken begann jeder Morgen. Damals wünschte ich jeden Morgen, ich wäre nicht aufgewacht, um dem neuen Tag nicht entgegensehen zu müssen. Ich wünschte, ich könnte mich unter der Decke verkriechen und warten, bis alle meine Tage vorübergezogen wären, ohne irgendwelche Anforderungen an mich zu stellen.

Und dann kam die Krebsdiagnose. Und ich kam in eine ganz absurde Situation. Einerseits erwachte ich jeden Morgen mit der Last eines neuen Tages vor Augen. Andererseits fürchtete ich um mein Leben. Zwei Welten in meinem Kopf.

„Sie haben einen Burn-out“, hat Frau Leu nach meiner Schilderung diagnostiziert. Burn-out? Für mich war Burn-out bis zu diesem Zeitpunkt die Ausrede der Arbeitsscheuen, eine Schutzbehauptung derer, die faul waren und nicht arbeiten wollten. Ich hielt es für eine Modeerscheinung. Jeder hatte Burn-out, die Banker in den Bürotürmen, die Lehrer in den Grundschulen und die Redakteure in den Zeitungsredaktionen. Burn-out war für mich das Synonym für ‚Ich habe keine Lust, mich anzustrengen‘. Ich war gnadenlos gegenüber allen, die von sich behaupteten, sie hätten Burn-out. Ich erwartete, dass sie sich doch wenigstens anstrengen sollten. In meinen Augen waren Burnoutler Luschen, Weicheier. Und nun sollte ich Burn-out haben?

„Das ist ein Burn-out“, erklärte mir Frau Leu, „und je mehr Sie sich unter Druck setzen, desto schlimmer wird es werden.“

Sie erklärte mir, dass ein Burn-out schleichend kommt, dass man selbst Dinge, die man lange und gerne gemacht hat, dann nicht mehr tun kann und dass man deshalb keineswegs eine Lusche ist. Sondern dass es nur bedeutet, dass man nicht gut auf sich aufgepasst hat, dass man zu lange über die eigenen Grenzen und über die eigenen Kräfte gegangen ist.

„Es geht darum, die Balance zwischen Spannung und Entspannung zu halten. Sie waren vermutlich über einen langen Zeitraum nicht im Gleichgewicht, Sie haben Raubbau betrieben an Ihrem Körper und mit Ihren Kräften. Und jetzt haben Sie die Quittung bekommen“, hat Frau Leu mir erklärt.

„Ist der Krebs auch die Quittung?“, habe ich Frau Leu gefragt.

Und Frau Leu hat abgewiegelt: „Der Krebs ist nicht die Quittung. Er ist eine Tatsache, der Sie sich stellen müssen. In Ihrem Fall könnte der Krebs Ihre Rettung werden.“

Ich habe nicht verstanden, was sie mir damit sagen wollte. Wie sollte eine lebensbedrohliche Krankheit die Rettung sein?

Jetzt weiß ich, was sie gemeint hat.

„Ich bin so froh, dass ich hier sein konnte“, sage ich zu Frau Leu.

„Das ist es, was ich meinte. Was denken Sie: Wo wären Sie jetzt, wenn Sie nicht erkrankt wären?“

„Ich weiß es nicht, vermutlich würde ich mich immer noch jeden Tag in die Redaktion schleppen und mich durch die Blattproduktion quälen …“

„… und das wäre sogar noch das, was bestenfalls passiert wäre“, spricht Frau Leu weiter.

Ja, das kann sein. Vielleicht wäre ich auch gar nicht mehr in der Redaktion, weil ich hingeschmissen hätte oder weil ich rausgeworfen worden wäre. Vielleicht hätte ich kapituliert, die Waffen gestreckt und mich nie wieder einem Tag gestellt.

„So weit darf es nicht noch einmal kommen", mahnt Frau Leu. „Sie müssen gut auf sich aufpassen. Ihre Akkus sind nun geladen, aber sie werden schnell wieder leer sein. Ihre Akkukapazität ist geschwunden. Ihre Akkus brauchen länger, um ein wenig Energie nachladen zu können, und sie werden schneller wieder leer sein.

Ein Burn-out ist nicht damit verschwunden, dass man einmal aus diesem Tief raus ist. Das Risiko eines neuen Burn-outs wird Sie genauso begleiten wie der Krebs. Burn-out schleicht um Sie herum, und er schleicht sich wieder in Ihr Leben, wenn Sie nicht sehr gut aufpassen. Sie müssen künftig die Notbremse ziehen, bevor Sie sich erschöpft fühlen. Sie müssen spätestens dann innehalten, wenn Sie auch nur eine Ahnung bekommen, dass es bald so weit sein könnte, dass Sie erschöpft sind. Dann müssen Sie Energie tanken, einen Ausgleich finden", erklärt Frau Leu.

Klingt gut, denke ich. Aber: „Wie soll das in der Praxis aussehen?"

Frau Leu beschreibt ihre Empfehlung wie ein Kochrezept.

„Schaffen Sie sich Ruheinseln. Strukturieren Sie Ihre Tage klar durch. Machen Sie sich klar, dass Zeiten der Entspannung, Spaziergänge, Sport, Treffen mit Freunden, Bücher lesen und in der Badewanne sitzen genauso wichtige Termine sind wie die, die Ihnen Ihr Beruf vorgibt. Sie dürfen die privaten Termine Ihrer Freizeit genauso wenig verpassen wie die Ihrer beruflichen Tätigkeit. Nur so werden Sie die Balance zwischen Spannung und Entspannung halten können."

Die ist gut. „Das sagen Sie so. Wenn ich erst zurück bin im Büro, werde ich das nur schwer umsetzen können", fürchte ich.

Frau Leu spricht mit Nachdruck: „Ich halte nichts davon, dass Sie zurück in Ihre Redaktion gehen. Ich gebe Ihnen den guten Rat: Hören Sie dort auf. Lassen Sie sich direkt krankschreiben, Sie haben eine 50-prozentige Schwerbehinderung, da ist das kein Problem.

Und kehren Sie nicht dorthin zurück. Das tut Ihnen nicht gut. Ich befürchte, dass Sie in kürzester Zeit alles verlieren werden, was Sie hier gewonnen haben, Ihre Energie, Ihre Tatkraft, Ihre Selbstbestimmtheit, Ihren Lebensmut, Ihre Freude, Ihr Lachen."

Das klingt schrecklich, ich will nicht verlieren, was ich hier an Zuversicht gewonnen habe.

„Aber ich liebe meinen Beruf."

„Vielleicht können Sie ihn woanders ausüben, an einem Ort, an dem Sie besser auf sich aufpassen können, an dem Sie nicht absorbiert werden."

„Wo soll das denn sein?"

„Vielleicht in einer Pressestelle?"

Sie hat doch keine Ahnung. „Das ist nichts für mich, und wenn Sie da erst mal waren, dann sind Sie aus dem unabhängigen Journalismus raus."

„Schreiben Sie Bücher."

„Davon kann man nicht leben."

„Es gibt sicher noch mehr Möglichkeiten. Ich kenne mich in Ihrem Metier nicht aus. Lassen Sie sich beraten. Wie gesagt, ich rate Ihnen, lassen Sie sich krankschreiben, und dann orientieren Sie sich erst einmal."

„Jetzt etwas anderes machen? Das kann ich mir nicht vorstellen. Außerdem: Dann habe ich vielleicht einen Beruf, der mir nicht so viel abverlangt, aber ich werde nicht glücklich sein, weil es nicht das ist, was ich gerne mache", argumentiere ich.

Aber von Frau Leu bekomme ich keine Zustimmung. Klar, aus ihrer Sicht muss sie es so sehen, Sie kennt mich ja nur im Burn-out, total erledigt. Aber das wird schon alles nicht so schlimm werden. Wenn ich zurückkomme, werde ich wieder die Alte sein. Und ich kämpfe immer noch darum, dass sie mich bei meinen Plänen unterstützt.

„Ich freue mich ja auf die Redaktion und auf die Kollegen. Ich habe jetzt schon Ideen für Reportagen. Ich glaube, es wird mich beflügeln, wenn ich morgens die Zeitung aufschlage und meine Geschichten darin lesen kann."

Warum glaubt sie mir nicht, dass ich es schaffen kann?

„Sie haben meinen Rat gehört. Ich wünsche es Ihnen, dass Sie es schaffen. Aber ich fürchte, Sie nehmen sich zu viel vor. Ich kann Ihnen gerne einen Kontakt zu einem Kollegen in Frankfurt herstellen, der Sie übernimmt und der Sie auch krankschreiben kann."

Ich lehne das ab: „Erst mal nicht."

Frau Leu schaut sorgenvoll drein: „Nun gut."

Sie wirkt enttäuscht. Sie wird schon sehen, dass es klappt.

„Darf ich Ihnen schreiben?", frage ich sie.

„Das dürfen Sie. Und wenn Sie Unterstützung brauchen, kann ich Ihnen, wie gesagt, Adressen geben. Ich würde mich auch freuen, zu erfahren, wie es Ihnen ergangen ist. Aber bitte haben Sie Verständnis, dass ich nicht auf jeden Brief antworten werde, Sie können sich vorstellen, wie viel ich dann zu schreiben hätte …"

„Ja, natürlich."

Das war es dann wohl. Frau Leu ist aufgestanden. Ich folge ihr zur Tür und suche nach Worten des Dankes.

Sie will es kurz machen: „Machen Sie es gut. Und passen Sie auf sich auf."

„Danke", ich spreche hastig, „ich weiß gar nicht, wie ich Ihnen danken soll. Sie haben so viel für uns getan, für Manu und Irina. Sie waren da, als wir Sie brauchten. Sie sind ein Engel."

Am liebsten würde ich Frau Leu zum Abschied umarmen. Aber das wäre vermutlich nicht professionell, deshalb belasse ich es bei einem unbeholfenen „Tschüss". Ich werde ihr schreiben.

19

Es ist der letzte Abend vor dem letzten Morgen in der Kurklinik. Ich habe in einem Anfall von Gefühlsduselei hektisch nach etwas gesucht, was ich den anderen schenken könnte, am liebsten etwas, das uns miteinander verbindet.

Ich bin noch einmal in die Stadt gegangen, weil ich dachte, Armbänder wären eine gute Idee. Aber im Schreibwarenladen hatten sie nichts Passendes und in den Schmuckladen habe ich mich nicht mehr hineingewagt. Dann ist mir die bunte Holzperlenkette eingefallen, die Manu geklaut hat und die Anna nicht haben wollte. Ich habe schwarze Lederbänder gekauft. Dann bin ich um den See gestiefelt und habe Rabenfedern gesucht – und gefunden. Vielleicht waren auch ein paar Taubenfedern dabei, aber sie sind dunkel genug, dass man sie für Rabenfedern halten kann. Zurück im Zimmer habe ich die Holzperlenkette aufgeschnitten und die Perlen gezählt. 28 Perlen, für jede von uns sieben. Sieben ist eine gute Zahl. Jeweils sieben habe ich auf ein schwarzes Lederband gefädelt, in Orange, Gelb, Grün und Rot. In der Mitte jedes Armbandes habe ich die Spitze einer Rabenfeder befestigt und die Bänder so zugeknotet, dass man sie am Arm festziehen kann.

Beim Abendessen hole ich die Armbänder aus der Tasche.

„Die sind für uns, damit wir uns erinnern."

„Die sehen ja aus wie die Kette …", stellt Manu fest.

Ich grinse.

Manu schlussfolgert: „Du hast sie zerschnitten?"

„Ja, hab ich. Ich wollte das Diebesgut schließlich nicht allein behalten. So trägt jede von uns ein wenig davon mit sich herum. Damit sind wir Komplizinnen."

Damit scheint Anna leben zu können. Sie streift das Armband über und betrachtet es: „Und was ist das in der Mitte?"

„Ein Stück von einer Rabenfeder."

Die Mädels schauen fragend.

„Der Rabe ist ein Krafttier, das einen lebenslang beschützt", erkläre ich stolz.

„Was ist das denn wieder für ein esoterisches Zeug?", höhnt Manu, zieht aber das Armband an. Dann nimmt sie sich die Balsamico-Essig-Flasche, schenkt sich ein Glas voll, setzt es an die Lippen und trinkt es aus. Wir sind verblüfft.

„Igitt, hast du den Essig getrunken?"

„Klaro, der muss ja leer werden, bevor wir fahren", begründet Manu.

Ich schüttele mich. „Ach was, ist doch egal. Lass ihn doch einfach stehen. Du kannst ihn doch nicht trinken!"

Ina schnappt sich die Flasche, schraubt den Deckel ab, hält die Nase an die Öffnung und kichert: „Maaanuuuu!!!"

Ina reicht mir die Flasche weiter, ich schnuppere daran und gebe sie Anna. Es riecht nach Rotwein.

„Du hast den Inhalt ausgetauscht", stelle ich scharfsinnig fest.

Manu grinst: „Das hätte ich gleich machen sollen, dann hätte ich nicht dauernd mit einem offenen Urin-Weinbecher in der Tasche herumlaufen müssen."

Die Orthokangs am Nachbartisch glotzen zu uns rüber. Sie haben gesehen, dass Manu vermeintlich Essig schlabbert.

Manu wendet sich an sie: „Muss ja leer werden."

Die Orthokangs schauen betreten weg.

Nach dem Essen gehen wir noch an ein paar Tische und verabschieden uns: „Wir fahren morgen."

Der ungeduldige Orthokang, der mich in den ersten Tagen für Personal gehalten hat, hat es immer noch nicht begriffen: „Wie? Sie fahren? Haben Sie Urlaub?"

„Nein, unsere Kur ist zu Ende", erkläre ich.

Der Orthokang zeigt sich überrascht. „Ach, Sie waren hier zur Kur? Ich dachte, Sie wären hier die Animateurin."

Manu schüttelt lachend den Kopf und schlägt mir vor: „Du solltest eine Umschulung erwägen."

Viel Zeit haben wir nicht mehr miteinander. Wir müssen packen. Die Zimmer müssen morgen früh vor dem Frühstück geräumt sein. Ich sammele meine Siebensachen zusammen, räume das Badezimmer leer und die kleine Anrichte an der Wand, stapele alles in dem großen roten Rollkoffer und lege zwei Rabenfedern und Irinas Topflappen obendrauf. Der Wasserkocher passt nicht mehr rein. Den könnte ich in den Jutesack stopfen.

Wo ist er denn? Der Beutel liegt zerknäult in der Ecke neben dem Schrank. Und die Sorgenzucchini ist noch drin, zermatscht und gammelig. Das hat also so gemüffelt. Die hatte ich ganz vergessen. Ich pelle über der Toilettenschüssel die schimmelige grüne Matsche aus dem Beutel, spüle den Brei hinunter, kehre den Jutebeutel auf links, wasche ihn aus und hänge ihn über den Handtuchhalter. Bis morgen früh wird er trocken sein.

Schlafen kann ich noch nicht. Ich widerstehe dem Impuls, den Fernseher einzuschalten. Vielleicht etwas lesen? Ich mache mich in die Bibliothek auf. Da sitzt Ulrike.

„Na?" Mehr fällt mir nicht ein. Ulrike schaut auf.

„Ich fahre morgen."

„Schade", sagt Ulrike.

„Wie lange hast du noch?"

„Mindestens zwei Wochen."

„Und hast du dich hier eingelebt?"

Ulrike nickt.

„Ich werde das hier vermissen."

„Ich auch", gesteht Ulrike, „vor allen Dingen den Raben."

„Ja, den auch."

Wir schauen uns einen langen Moment an. Ich habe das Gefühl, dass Ulrike noch etwas sagen will. Sie muss sich nicht bedanken. Vielleicht will sie noch etwas erzählen? Der Moment wird zu lang.

Ich beende die Stille: „Dann mach es gut, pass gut auf dich auf."

„Du auch", antwortet sie.

Am letzten Morgen geht alles ganz schnell. Manu, Ina und Anna wollen keinen langen Abschied. Ich habe meinen Koffer schon ins Auto gewuchtet, meine Unterlagen an der Rezeption abgeholt und den Schlüssel abgegeben. Es hätte mich nicht gewundert, wenn die dicke Frau in Weiß, die mich bei meiner Ankunft mit Verboten überschüttet hat, mir jetzt noch eine Liste mitgegeben hätte, was ich künftig in meinem Leben zu tun und zu lassen habe: „Rauchen Sie nicht, und wenn, dann nur auf dem Balkon, gehen Sie früh ins Bett, ernähren Sie sich gesund, nehmen Sie regelmäßig die Kontrolltermine beim Arzt wahr …"

Aber sie macht nur einen Haken an meine Akte, klappt den Ordner zu und beschränkt ihre Abschiedsworte auf „Gute Heimreise". Was soll sie auch sonst sagen?

Dann stehen wir im Foyer, wir, die vier Frauen, die dicke Freundinnen geworden sind, die zusammen gelacht und geweint haben, die sich alles sagen konnten, die miteinander so vertraut sind, als hätten sie ihr ganzes Leben miteinander verbracht, und von denen jetzt jede wieder ihren eigenen Weg gehen muss.

„So, Leute, macht jetzt hier keinen großen Tanz“, gibt Manu vor, nimmt jeden von uns flüchtig in den Arm, schnappt ihre Reisetasche, wirft uns ein „See you“ hin und geht.

Anne schließt sich ihr an: „Ich mache mich auch los. Wir fahren im selben Zug.“

Sie umarmt mich und Ina, winkt und verschwindet hinter Manu durch die Tür.

„Also dann, bis in vier Wochen in Hamburg“, stellt Ina in Aussicht.

„Ja, das wird toll“, sage ich. „Bis dann.“ Und ich drücke Ina.

Jetzt sind sie weg. Ich stehe verloren im Gang zwischen der Tafel mit den Kursangeboten und dem Rezeptionstresen.

„Ist noch was?“, kräht die Frau dahinter zu mir rüber.

„Nein, nichts, alles gut, tschüss.“ Ich muss hier raus.

Ich beschließe, noch einmal um den See zu gehen, an der Bank vorbei, an der die blaue Luftballontraube im Wind schwebte, über den Urinpfad, vorbei an dem Platz, auf dem unser Zelt stand, und an dem Feld, das beinahe in Flammen aufgegangen wäre, nachdem die Sorgenzucchini in den Grill gekracht war. Am Ufer des Sees watschelt der große weiße Schwan gerade ins Wasser. Am Ende des Weges hinter den Gymnastikräumen sehe ich die Walkinggruppe laufen mit der ewig antreibenden Gymnastiklehrerin als Schlusslicht – und mit Ulrike. Sie ist nicht bei den Ersten, aber sie ist dabei, sie läuft mit. Im Außenbecken des Thermalbades lassen sich zwei Frauen ohne Haare treiben. Auf der Terrasse des angrenzenden Restaurants schimpft eine Bedienung: „Hau ab, du!“, und fuchtelt mit einer weißen Stoffserviette herum. Ein Rabe stößt sich vom Tisch ab, mit einer Scheibe Toastbrot im Schnabel, die er einem Gast stibitzt hat. Das ist er bestimmt, der zahme Rabe.

Die ersten Neuen kommen in der Kurklinik an und werden von den Silberrücken auf den Bänken am Eingang beäugt. Jetzt bekommen sie gleich ihre Schlüssel und ihre Verhaltensmaßregeln, ihren Mittagessenplan und ihre Anwendungskladde. Eine von ihnen wird gleich mein Zimmer beziehen, auf meinem Platz an Tisch Nummer 5 sitzen und sie wird von allem, was in den vergangenen sechs Wochen hier passiert ist, und von uns nichts wissen. Hier geht einfach alles weiter, alles geht seinen Gang. Hier werden neue Geschichten erzählt, es werden sich neue Freundschaften entwickeln und neue Dramen. Aber so ein Quartett wie unseres wird es hier nie wieder geben. Ich bin raus. Ich würde so gerne bleiben.

Auf dem Weg zu meinem Auto sehe ich am Rande des Parks einen Mann auf einer Bank stehen und mit einem Stock in einem Baum angeln. Es ist der Meckermann und er meckert: „Das gibt es doch nicht, der ganze Park wird verdreckt. Was wollen die Leute denn noch alles in die Landschaft werfen?"

„Passen Sie auf, dass Sie nicht herunterfallen", rufe ich ihm zu, während ich mich der Bank nähere.

Er schaut zu mir herüber: „Ich werde mir doch von Ihnen nicht sagen lassen, was ich zu tun habe."

„Oh, ich will mich auch gar nicht einmischen", sage ich, als ich bei ihm stehen bleibe, und dann mische ich mich doch ein: „Was machen Sie da?"

Von einem Ast baumelt eine lange, dünne Schnur. Der Meckermann bekommt sie mit dem Stock zu fassen und zerrt sie herunter: „Alles verdreckt, alles verdreckt. Diese Kurgäste sind die Pest."

„Was ist das?", frage ich.

„Irgendein Dreck."

„Geben Sie her, ich werfe es weg."

Der Meckermann reicht mir die Schnur. Ich nehme sie ihm ab, und er klettert von der Bank. Am Ende der Schnur hängen blaue

Gummifetzen. Das könnte einer unserer Sorgenluftballons sein, denke ich. Dann müsste doch am anderen Ende ein Sorgenpapierchen hängen. Stimmt, da hängt ein Fetzen Papier, ein wenig verkrumpelt und verwittert. Ich öffne den Zettel, die Schrift ist noch lesbar. Der Zettel ist dicht beschrieben und schon nach den ersten Worten wird es mir klar. Das muss Annas Ballon sein:

Brief an mein ungeborenes Kind

Mein liebes Kind, das du noch nicht geboren bist. Ich wünsche mir so sehr, dass du auf diese wunderbare Welt kommen mögest. Ich habe Sorge, dass wir uns nie kennenlernen werden auf dieser Welt. Ich würde dir so gerne ein Leben schenken – und dich mir. Ich würde dich so gerne aufwachsen sehen und selbst an dir wachsen wollen. Ich würde dich so gerne in meinen Armen halten. Ich bin bei dir und du bist bei mir. Es liegt in Gottes Hand, ob wir auf dieser Welt zueinanderkommen werden. Du bist ein Kind der Liebe, hier oder dort. Ich bete zu Gott, dass er dich mir schenken wird. Du bist mein größter Wunsch.

Der Meckermann spricht mich von hinten an und deutet nach rechts: „Da ist ein Mülleimer."

„Ich weiß", sage ich.

„Werfen Sie es weg!", fordert mich der Meckermann auf.

„Nein", antworte ich ihm und wickele das Band auf.

„Werfen Sie es weg! Nicht, dass Sie es in den Park werfen", befiehlt der Meckermann.

„Das würde ich nie machen. Immerhin ist es eine Botschaft."

Das interessiert den Meckermann: „Was für eine Botschaft?"

„Eine Botschaft für Sie, aus dem All", lüge ich.

Der Meckermann zieht die Augenbrauen hoch: „Für mich. Aus dem All? Unsinn!"

„Doch", ich falte das Papierchen wieder auf, hefte meine Augen auf die Schrift und gebe vor abzulesen: „Hier steht: Wenn Sie sich weiter so aufregen, werden Sie platzen."

Ich habe Mühe, nicht zu lachen. Atmen! Atmen! Wenn das die Mädels gehört hätten, die würden sich wegschmeißen.

Der Meckermann lacht nicht – klar.

„Unverschämtheit. So eine Unverschämtheit, so etwas ist mir ja noch nie untergekommen."

Ich grinse ihn an, stecke die Ballonreste in meine Jackentasche und gehe weiter.

Tschüss, Meckermann.

Tschüss, Kur.

Tschüss, schönster Sommer meines Lebens.

20

Nach acht Stunden Autofahrt bin ich wieder im Frankfurter Westen. Es ist alles wie immer. Der Hausmeister schließt gerade die Tür des Schulhofes ab. Am Zaun lungern ein paar Jugendliche herum. Auf dem Bürgersteig gegenüber liegen ein alter Fernseher mit zerschlagenem Bildschirm, Teile eines Küchenunterschranks, ein zerhacktes Bettgestell und eine fleckige Matratze. Ich schließe die schlecht gestrichene Haustür zum Altbau auf, wuchte den Koffer in den Gang. Die Tür fällt laut krachend hinter mir zu. Der Türbremser ist also noch immer nicht repariert. Das Licht im Treppenhaus flackert. Vertrautes Daheim.

Die zerborstene Fensterscheibe an der Tür von Herrn Reimers, unserem Haus-Opa, ist immer noch notdürftig mit Panzertape geklebt. Bei meiner Abreise hatte der alte Herr in seinem fleckigen Feinripphemd und langer Unterhose in der Tür gestanden und mir in seiner unvergleichlichen Art ein „Tschüssi" hinterhergerufen und dazu gewinkt wie ein Kind. Er ist ledig, über 80, wohnt seit 40 Jahren hier und hat bestimmt seit zehn Jahren den Plastikweihnachtsbaum mit den erblindeten Glanzkugeln und dem gelblichen Lametta daran nicht abgebaut. Das Krippenhaus mit den abgegriffenen Tieren und dem klebrigen Jesuskind in einer Streichholzschachtelkrippe ist bedeckt vom Staub der Jahrzehnte.

„Weihnachten ist das schönste Fest“, hat er zu mir gesagt. Und weil er nicht wisse, wie lange er noch zu leben habe, feiere er es ständig und immer. Er spielt sich auch das ganze Jahr die Kassette mit Weihnachtsliedern von Karel Gott und Peter Alexander vor. „O Tannenbaum“ und „Ihr Kinderlein kommet“. Jetzt ist es still.

Gegenüber ist vor einigen Wochen eine Krankenschwester eingezogen. Betzi, eigentlich Beate, sie ist ein paar Jahre älter als ich und immer guter Dinge. Ich mag sie. Wir treffen uns manchmal im Hof beim Rauchen. In der Kur habe ich nicht geraucht.

Vor meiner Wohnungstür liegt ein Stapel Tageszeitungen, meine Zeitung, die, bei der ich arbeite. Ich habe sie während meiner Abwesenheit meiner Nachbarin überlassen. Jetzt bin ich wieder da. Ich bin wieder in meinem kleinen Flur in meiner 75-Quadratmeter-Wohnung, schaue mich um und fühle mich fremd.

War der Flur immer so dunkel? Die Wände könnten mal wieder gestrichen werden. Die Küche hatte ich größer in Erinnerung. In den Balkonkästen sind die Ranunkeln vertrocknet. Neben dem Computer auf dem Schreibtisch im Wohnzimmer liegt ein Stapel beschriebener Stenoblöcke. Im Schlafzimmer ist das Bett gemacht, die Badezimmertür steht offen und das Gästezimmer ist aufgeräumt. Es war dort noch nie so ordentlich.

Als ich meine Diagnose bekommen hatte, habe ich erst einmal aufgeräumt. Wenigstens das. Ich dachte, wenn ich um mich herum Ordnung schaffe, dann würde sich mein Inneres auch ordnen.

„Willkommen zurück. Bussi, Betzi", steht auf einem Zettel an einem Strauß Gerbera auf meinem Esstisch.

Das ist aber süß. Ich schaue in den Kühlschrank. Betzi hat für mich eingekauft: Butter, Salami, ein paar Joghurts und Camembert. Hoffentlich ist er noch nicht zu reif.

Weil ich mich künftig gesünder ernähren möchte, fahre ich zum Supermarkt und kaufe Himbeeren, Brokkoli, Spinat und Vollkornbrot – lauter Dinge, die Krebszellen angeblich nicht mögen. Für Betzi nehme ich eine Schachtel Pralinen mit als Dankeschön fürs Housekeeping. Dann klingele ich bei ihr, vielleicht ist sie da, wenn sie keinen Nachtdienst hat. Sie ist da und ich bin froh.

Betzi ist guter Dinge, wie immer: „Mensch, bist ja wieder da, wie schön. Wie war's? Komm rein! Oder warte, ich gehe mir nur schnell meine Zigaretten holen, dann können wir uns in den Hof setzen."

Betzi huscht wieder in die Wohnung und redet dabei weiter: „Du, ich bin noch gar nicht geduscht, ich hatte jetzt vier Dienste hintereinander und hab heute nur geschlafen. Gut siehst du aus."

„Du auch. Hier, das ist für dich. Danke, dass du dich um die Pflanzen und den Briefkasten gekümmert hast." Ich reiche ihr die Schachtel.

„Mach ich doch gern."

Im Hof bietet Betzi mir eine Zigarette an.

„Nee, du, lass mal, ich habe jetzt die ganze Zeit nicht geraucht und will versuchen, es auch weiterhin zu lassen."

„Hast recht, eigentlich sollte ich auch aufhören." Und sie zündet sich eine Kippe an. „Jetzt erzähl schon, wie war's?"

„Sehr schön. Ich habe drei nette Frauen kennengelernt. Wir waren ganz oft am Strand und haben nur Blödsinn gemacht. Wir hatten richtig viel Spaß. Das war ein toller Sommer. In vier Wochen wollen wir uns wieder treffen, in Hamburg."

„Ach, das ist ja schön. Ja, toll, klingt super. Du siehst auch wirklich erholt aus. Wann musst du wieder arbeiten?"

„Übermorgen."

„Na, dann hast du ja wenigstens noch einen Tag zum Ankommen."

„Wollen wir morgen etwas zusammen machen?", frage ich.

„Nee du, morgen ist schlecht. Da habe ich wieder Frühdienst, lass uns doch die nächsten Wochen mal schauen, dass wir auf ein Weinchen gehen."

Betzi ist wirklich ein Herzchen. Sie erinnert mich ein wenig an Manu, nicht so frech, aber genauso energiegeladen. Sie erzählt mir noch vom Stress im Krankenhaus, dass sie mehrfach beim Vermieter angerufen hat wegen der krachenden Tür und davon, wie sie wieder mal Herrn Reimers in seine Wohnung geholfen hat. Herrn Reimers passiert es immer wieder, dass er seine Wohnung verlässt und die Tür zuzieht, obwohl der Schlüssel innen im Schloss steckt. Manchmal auch morgens um sieben, am zweiten Weihnachtsfeiertag. Dann klingelt er bei uns Nachbarn, einer von uns klettert über die Mülltonne durch das stets sperrangelweit aufstehende Fenster seines Wintergartens und macht ihm von innen die Tür auf. Herr Reimers hat niemanden, wir kümmern uns ein wenig um ihn.

„Und zum Geburtstag habe ich ihm wieder einen Presskopf vom Metzger an der Zeil geschenkt, auch in deinem Namen", erzählt Betzi.

„Das ist lieb von dir, Betzi. Soll ich dir das Geld geben?"

„Ach lass", winkt sie ab und drückt die dritte Zigarette im Aschenbecher aus. „Du, ich muss jetzt wieder rein. Die Bude sieht aus wie bei Hempels unterm Sofa."

„Okay, dann mach's gut. Bis die Tage."

☀

Ich bin zurück in meiner Wohnung. Vor drei Wochen um diese Zeit habe ich mit Ina im Zelt gelegen. Jetzt lege ich mich ins Bett, zappe einmal durch das Fernsehprogramm, auch an der Wahrsagefrau vorbei, die immer noch Karten mischt und weiter den ewig selben Text brabbelt.

Ich gehe gedanklich die bevorstehenden Tage durch. Einerseits freue ich mich auf die Redaktion und die Kollegen, andererseits ist mir ein wenig mulmig zumute. Da kommt doch eine ganze Menge Arbeit auf mich zu und ich bin gerade so schön entspannt und könnte am liebsten weiterhin nur noch Urlaub machen.

Am nächsten Morgen setze ich einen meiner guten Vorsätze um: morgens Sport machen. Ich walke allein durch den Park am Main, danach setze ich mich im Flur auf einen Hocker vor meinen Spiegel und mache Nackengymnastik.

Dann zum Arzt. Ich werde ihm gestehen müssen, dass ich die Misteltherapie nicht durchgehalten habe.

„Ich schaffe das einfach nicht, mir eine Spritze in den Bauch zu stecken."

Der Arzt ist verständnisvoll: „Dann werden wir das noch eine Weile hier bei uns in der Praxis machen – und Sie werden das üben müssen", sagt der Arzt. „Sie kommen jetzt jeden Tag hierher. Meine Mitarbeiterin hilft Ihnen. Sie kriegen das schon hin. Manche bekommen es sofort hin, andere brauchen ein paar Wochen. Aber Sie werden sehen, Sie werden sich daran gewöhnen."

„Aber ich arbeite ab morgen wieder."

„Wann fangen Sie an?"

„Um elf."

„Dann kommen Sie um neun Uhr."

Am nächsten Morgen um kurz nach neun sitze ich im Sprechzimmer, in der linken Hand eine Orange, in der rechten eine Spritze mit einer etwa drei Zentimeter langen Nadel an der Spitze.

Die Sprechstundenhilfe redet auf mich ein: „Und jetzt schieben Sie die Spritze langsam in die Orange."

Das finde ich schon schrecklich. Aber ich tue brav, was sie gesagt hat.

„Sehen Sie, geht doch. Nehmen Sie die Orange und die Spritze mit und üben Sie zu Hause. Morgen machen wir weiter, heute gebe ich Ihnen Ihre Spritze."

Ich hebe mein T-Shirt an. Die Sprechstundenhilfe kneift eine lächerliche Speckrolle an meinem Bauch zwischen Zeigefinger und Daumen, haut die Spritze rein und zieht die Spritze ein bisschen auf.

„Sie müssen erst ein wenig aufziehen und schauen, ob Blut kommt. Wenn ja, dann müssen Sie wieder raus und eine neue Stelle nehmen. Sonst spritzen Sie direkt in die Ader. Das ist nicht gut und außerdem bekommen Sie dann einen blauen Fleck."

Zum Glück kommt kein Blut. Sie drückt die Flüssigkeit in mich rein, zieht die Nadel raus und presst ein Stück Mull auf die Einstichstelle. „So, das war's schon."

Ich weiß, wie es geht, sie hat es mir schon mehrfach erklärt, aber es gruselt mich. Ich werde die Spritze, wenn sie endlich in meinem Bauch stecken wird, ganz bestimmt nicht aufziehen, um herauszufinden, ob ich eine Ader getroffen habe, und ich werde die Spritze in diesem Fall auch ganz sicher nicht wieder rausziehen und ein weiteres Mal in mich reinstechen. Ich bin froh, wenn das Ding drin ist, dann geht es eben in die Ader und ich bekomme eben einen blauen Fleck, denke ich. Es schüttelt mich.

Danach fahre ich zum ersten Mal seit sechs Wochen wieder zur Arbeit.

Die Sekretärin schaut kaum auf, als ich das Büro betrete.

„Bin wieder dahaa", singe ich in den Raum.

Ein Kollege vom Sport winkt mir zu, während er telefoniert. Das Telefon am verwaisten Freie-Mitarbeiter-Tisch bimmelt. Der Chef spricht mit einer Kollegin im Glaskasten. Der Redaktionsbote packt die Papierkisten zusammen. Ein Monteur schraubt am zerlegten Fotokopierer herum. Ein Fotograf lädt an der Fotostation Bilder hoch und begrüßt mich mit einem knappen „Hey“, als wäre ich gar nicht weg gewesen.

Ich stelle die Handtasche auf den Tisch und ziehe den Bürostuhl zurück: „Was ist das denn?“

Aus der Tastatur meines Computers wachsen hellgrüne Halme.

„Das kommt davon, wenn man zu lange weg ist“, grinst mein Schreibtischnachbar Tim, „da hat deine Tastatur schon Moos angesetzt.“

Ein Streich! Lustig. „Warst du das?“

„Ja, mein Begrüßungsgeschenk.“

Den Gag kenne ich. Man besorgt sich eine alte Tastatur, schüttet Kressesamen hinein und gießt sie und nach wenigen Tagen ist die Tastatur bewachsen.

Netter Empfang. Tim macht öfter so einen Quatsch. Zu meinem dreißigsten Geburtstag hatte er mir dreißig Gläser Nutella geschenkt, obwohl beziehungsweise gerade weil er wusste, dass ich Nutella wie Joghurt löffele und meine Wohnung deshalb Nutella-freie Zone ist. Wenn ich es nicht essen wolle, könne ich mich ja reinsetzen, hatte er vorgeschlagen. Die Gläser standen dann lange in der Redaktion, bis ich alle verschenkt hatte.

Jetzt muss ich mir dank Tim eine neue Tastatur suchen und freue mich, dass er an mich gedacht hat.

„In deiner Schublade“, deutet Tim auf meinen Schreibtisch, „da ist deine Tastatur. Und? Wie geht’s dir?“

„Gut.“ Ich will gerade anfangen zu erzählen, da unterbricht Tim mich. „Warte mal. Der Chef erwartet dich.“

„Fängt ja toll an.“

Tim schiebt sich die Brille auf die Nase: „Ja, hier hat sich nichts geändert."

Na, dann gehe ich eben mal zum Chef.

„Na, da ist ja unsere Urlauberin", empfängt er mich in seinem Glaskastenbüro, aus dem er den Überblick über alle Schreibtische der Redaktion hat.

Ich korrigiere ihn: „Ich war nicht im Urlaub, ich war in der Kur."

Der Chef grinst: „Naja, das ist doch dasselbe. Hauptsache, Sie haben sich gut erholt und können jetzt wieder richtig einsteigen. Ihr Kollege ist im Urlaub, Sie machen also in den kommenden zwei Wochen das Gebiet mit."

Das heißt: zwei Seiten jeden Tag.

Der Chef redet weiter: „Diese Woche sind Sie auch mit der Sonderseite *Unser Verein* dran."

Also einmal sogar drei Seiten.

Und dem Chef fällt noch etwas ein: „Ach, und könnten Sie bitte am Freitag den Spätdienst übernehmen?"

Ich wage nicht zu widersprechen, obwohl ich dachte, dass man mich vielleicht langsam ankommen lässt und ein wenig Rücksicht nimmt. Aber das ist ja jetzt die volle Wucht.

Stattdessen frage ich: „Okay, wann erscheint die Sonderseite?"

„Freitag, Sie müssen sie also morgen Abend fertig haben. Wenn Sie Infos brauchen, kommen Sie zu mir. Dann ran ans Werk." Und da greift er schon nach dem Telefonhörer.

„Eins noch", bremse ich ihn. „Ich muss jetzt jeden Morgen zum Arzt. Der Termin ist immer um neun Uhr, aber es kann trotzdem sein, dass ich mal zu spät komme, wenn er viel zu tun hat."

Der Chef schaut mich fragend an: „Jeden Morgen zum Arzt? Warum das denn?"

Und ich verstehe nicht, warum er so verwundert ist. Ich hatte ihm doch direkt nach der Diagnose gesagt, was mit mir los ist. Das ist der Grund, weshalb ich Knall auf Fall ins Krankenhaus musste, weshalb ich anschließend eine Weile nicht da war und jetzt in der Kur. Also wiederhole ich die Diagnose jetzt noch einmal mit einem großen hörbaren Fragezeichen am Ende: „Unterleibskrebs?"

Der Chef macht ein Gesicht, als wolle er sagen: „Esse ich nicht", aber er sagt: „Ja, aber wenn das operiert ist, ist das doch erledigt."

Ich bin perplex. Wenn das operiert ist, ist das erledigt? Einen Moment denke ich, ich hätte mich verhört.

Aha. Soso. Erledigt also. Da kennt der Herr Chef sich also aus.

Für mich ist hier gar nichts erledigt. Wenn es erledigt wäre, dann wäre ich wohl kaum in der Kur gewesen. Krebs erledigt sich nicht. Er bleibt, fünf Jahre in der Krankenakte und im Behindertenausweis, 25 Jahre in den Beckenknochen und lebenslang im Kopf.

Ja, ich habe Glück gehabt, ich hatte keine sooo schlimme Erkrankung, es ist früh genug erkannt worden. Ich hatte auch keine Chemotherapie und mir sind auch die Haare nicht ausgefallen. Entschuldigung. Aber nur weil man mir nichts ansieht, ist das doch nicht erledigt. Ich spüre, wie ich schon wieder ärgerlich werde.

Ich spreche nichts von alledem aus und gehe einfach … mit einem schlechten Gewissen. Ich bin keine halbe Stunde hier und fühle mich schlecht. Denkt er, ich will mich auf der Krankheit ausruhen? Jetzt könnte ich direkt rausgehen und eine rauchen. O Mann. Wenn ich das den Mädels erzähle …

Ich erzähle es abends Betzi.

„Ach, Schatzi, das ist aber auch ein Trottel. Ich weiß gar nicht, wie der dazu kommt, so etwas zu dir zu sagen. Du hättest ihm auch gar nicht sagen müssen, welche Krankheit du hast", tröstet sie mich.

„Aber ich habe es gesagt, damit er Verständnis hat und mich nicht für einen Drückeberger hält."

„Ach, du bist doch kein Drückeberger, Schatzi. Aber die Leute können mit Krebs schwer umgehen. Wenn man einem nichts ansieht, dann ist es für die anderen schwer, eine Krankheit zu akzeptieren. Und dir sieht man nichts an. Wir kennen das von den Schmerzpatienten, die jammern und klagen, aber du siehst ihnen nichts an. Wenn du einen Gips hast, ist das was anderes, den sehen alle und fragen, wie es passiert ist, und entwickeln Mitgefühl."

„Ich kann mir ja einen Gips um den Bauch wickeln", schlage ich vor. Betzi lacht.

Ich rege mich auf: „Ich kann es mir ja schlecht auf die Stirn tätowieren. Ich will auch nicht die ganze Zeit darauf herumreiten. Aber wenn man es einmal sagt, dann kann man das doch hören und ein wenig im Hinterkopf behalten."

Betzi versucht mich zu trösten: „Ja, aber die anderen merken sich nicht, ob du krank bist, ob es dir gut oder schlecht geht. Du musst selbst auf dich aufpassen. Und wenn du ehrlich bist: Bevor du selbst betroffen warst, hast du doch vielleicht ganz ähnlich gedacht wie dein Chef, oder?"

„Ja, vielleicht ...", gebe ich ungern zu, aber ich bin trotzdem verletzt und wütend.

Das ist doch eine bekloppte, herzlose Welt. Ist es den Menschen wirklich so gleichgültig, wie es den anderen um sie herum geht? Dann braucht man es ja auch niemandem zu sagen, wenn eh niemand zuhört. Dann braucht man ja gar nicht mehr miteinander zu sprechen. Dann macht jeder, was er will, ich mache auch, was ich will, und ich passe auch gleich noch auf mich auf. Dann ist es besser, man sagt nicht, wenn es einem schlecht geht, dann ist man auch nicht enttäuscht, wenn niemand Rücksicht nimmt. Künftig sage ich dem Chef gar nichts mehr. Es interessiert ihn ja sowieso nicht.

Am nächsten Tag stehe ich um sechs Uhr auf, gehe walken, lasse die Nackengymnastik aber schon ausfallen, weil ich es sonst nicht schaffe, beim Arzt unter Anleitung noch ein paar Orangen abzustechen, und heize dann in die Redaktion. Der Tag ist proppenvoll, ich baue meine tagesaktuellen Seiten, schustere die Vereinssonderseite zusammen, fresse mich durch die Post und komme abends um zehn nach Hause.

Am dritten Tag gehe ich auch nicht mehr walken. Kann ich ja am Wochenende machen, denke ich. Der Brokkoli und der Spinat vergammeln im Kühlschrank. Keine Zeit zum Kochen. Nur die Himbeeren esse ich. Ich bleibe am Samstag und Sonntag im Bett, schaue wahllos Fernsehen und schlafe viel. Trotzdem bin ich am Montag nicht ausgeruht. Nachmittags um zwei bin ich so müde, dass mir hinter meinem Monitor die Augen zufallen und ich Mühe habe, die Worte klar zu artikulieren.

Mir ist zum Heulen zumute.

Frau Leu hatte recht. Ich schaffe das nicht. Ich bin fast genauso weit wie vor der Kur. Ich will hier weiterarbeiten, aber ich schaffe es nicht mehr. Nicht eine volle Woche.

Betzi meint, dass Teilzeit eine gute Idee wäre.

Und der Chef meint, dass er das mit der Teilzeit nicht machen will, weil das nicht klappe, und dass ich mir von den Kollegen helfen lassen soll. Aber die haben selbst zu tun.

Betzi meint, ich soll es beim Chef noch mal versuchen.

„Ich kann nicht mehr die ganze Woche und den Sonntag arbeiten. Das schaffe ich nicht“, erkläre ich dem Chef noch einmal.

Aber er bleibt dabei. Keine Teilzeit. Damit habe er schlechte Erfahrungen gemacht. Ich sage, dass ich dann vielleicht kündigen muss. Der Chef sagt nichts.

Betzi sagt, dass ich mit meiner Krebsgeschichte Anspruch auf Teilzeit habe.

„Und, Schatzi, wenn es gar nicht geht, dann lass dich eben krankschreiben. Dann arbeitest du ein paar Tage und dann bist du eben krank, bis du weitermachen kannst. Mit 50 Prozent Schwerbehinderung bist du unkündbar.“

Aber ich würde das nicht machen. „Das wird ja auf dem Rücken der Kollegen ausgetragen, die meine Arbeit dann mitmachen müssen“, halte ich dagegen.

Und Betzi sagt: „Ach, Schatzi“, und streicht mir über den Rücken.

Manu hätte keine Bedenken. Manu würde auch in ihrem ganzen Leben keinen Gammel-Camembert kaufen. Aber ich habe jetzt wieder welchen gekauft, weil ich mich doch geschämt habe, im Laden die Verpackung aufzufriemeln.

Ich schleppe mich durch die Arbeitstage. Es kommt mir vor, als liege mein Leben hinter mir. Außer Arbeiten und Im-Bett-Rumliegen gibt es eigentlich nichts mehr. Die Balance zwischen Spannung und Entspannung halten – das sagt sich so leicht, liebe Frau Leu. Bis zu dem Wochenende des Wiedersehens mit Manu, Ina und Anna habe ich das Gefühl von Erholung verloren. Ich freue mich darauf, die Mädels wiederzusehen, aber ich bin so unendlich erschöpft, dass ich am liebsten im Bett bleiben würde.

Betzi redet mir zu, unbedingt zu fahren, während wir im Hof sitzen und rauchen.

„Komm, du hast dich doch so darauf gefreut und die würden dich doch auch bestimmt vermissen. Du musst da hin. Das wird dir guttun."

„Überredet."

21

Wir sind am Hamburger Hauptbahnhof verabredet, um zwölf Uhr. Ich habe mir ein paar Unterlagen aus der Stadtverordnetenversammlung mitgenommen, weil ich im Zug nach Hamburg einen Artikel für die Zeitung schreiben will. Aber ich kann nicht. Ich schlafe die meiste Zeit. Jetzt habe ich erst mal frei, denke ich. Durchatmen, abschalten, auftanken.

Manu und Anna sind schon da.

„Hey, altes Haus", ruft Manu, läuft auf mich zu und knufft mich in die Seite.

Anna schließt mich in die Arme und mir kommen die Tränen. Ich schlucke sie hinunter.

„Du siehst blass aus", stellt Anna fest.

„Viel Arbeit", begründe ich und lenke ab: „Wo ist Ina?"

Manu deutet auf den Ausgang: „Sie wartet in der Mönckebergstraße auf uns. Das ist gleich da vorne."

Mist, ich habe Annas Sorgenballon vergessen. Den wollte ich ihr eigentlich mitbringen. Naja, vielleicht ist es auch besser, wenn sie nicht weiß, dass ich den Brief an ihr ungeborenes Kind gelesen habe. Und unser Armband trage ich auch nicht. Aber die anderen tragen ihre.

„Klaro", strahlt Manu, hält mir ihr Handgelenk mit dem Perlenarmband unter die Nase und stellt fest: „Aber du nicht."

„Ja, ich wollte es heute Morgen noch anziehen und dann musste ich schnell zum Zug und hab es im Bad liegen lassen“, flunkere ich, während wir rausgehen.

Aber eigentlich hatte ich gar nicht mehr daran gedacht.

Ina hat einen Mann dabei: „Das ist Mark. Wir sind seit vier Monaten zusammen.“

„Ich wusste ja gar nicht, dass du einen Freund hast“, bin ich überrascht. Ich dachte, dass sie seit ihrer geplatzten Hochzeit mutterseelenallein gelebt hätte und nach dieser Enttäuschung nie wieder einem Mann vertrauen würde. Aber, klar, nee, hat sie ja überhaupt nie gesagt.

„Wir wissen so vieles nicht voneinander“, bemerkt Ina. Obwohl wir ganze sechs Wochen Lebenszeit miteinander verbracht haben. Was wissen wir überhaupt voneinander? Stimmt, aus unserem Leben haben wir uns wenig erzählt. Und trotzdem sind wir uns so vertraut. Trotzdem sind dies meine Freundinnen.

Ina schaut ihren Freund an und spricht in der dritten Person von ihm: „Aber Mark geht jetzt und macht sich einen schönen Mark-Tag und wir machen uns einen schönen Mädelstag.“

Mark gibt Ina einen Abschiedskuss. „Schön, dass ich euch mal gesehen habe“, sagt er. „Ina hat viel von euch erzählt. Habt Spaß. Wann soll ich dich abholen, Ina?“

Ina überlegt: „Wann gehen denn eure Züge?“

Anna erklärt: „Manu und ich fahren um kurz vor halb neun.“

Ich ergänze: „Ich gegen acht, mit dem letzten Zug.“

„Dann so um halb neun, hier“, sagt Ina zu ihrem Freund.

Das ist doch ätzend. Wir sind kaum angekommen, da sprechen wir schon über das Ende. Früher konnten wir einfach Spaß haben, ohne zu planen, was wir danach machen.

„It's party time", jubelt Manu. „Mann, bin ich froh, euch wiederzusehen. Ist eine ganze Menge passiert in der letzten Zeit. Was wollen wir machen?"

„Kaffee trinken", schlage ich vor.

In einem kleinen Café in der Einkaufsstraße finden wir einen runden Tisch, an dem wir alle Platz und nach ein paar Minuten auch etwas zu trinken haben.

Manu beginnt: „Los, erzählt! Also bei mir war so viel los. Wir machen eine neue CD und haben auch schon einen Plattenvertrag."

Sie überschlägt sich fast. Das sei eine Riesenchance.

„Wir gehen schon nächste Woche ins Studio. Phil, unser Gitarrist, hat total coole Songs geschrieben. Wenn alles klappt, dann ist die CD Anfang nächsten Jahres draußen und dann gehen wir auf Tour und dann klingelt es in der Kasse und wir werden richtig berühmt."

„Das ist ja super", freue ich mich für Manu, „kommt ihr auch nach Frankfurt? Vielleicht kann ich die Kollegen vom Feuilleton bitten, etwas über euch zu schreiben."

„Weiß ich noch nicht, der Tourplan wird erst noch gemacht. Aber ihr wolltet ja sowieso mal zu einem Konzert kommen, und dann machen wir Paaartyyy!"

„Ja, das müssen wir machen", sagt Anna.

Manu schaut in die Runde: „Und ihr so?"

Ina zuckt mit den Schultern. „Nichts Besonderes. Ich bin wieder im Labor. Mark hat eine neue Stelle in einer IT-Firma."

„Was macht er denn?", will Anna wissen.

„Er hat Informatik studiert und programmiert da jetzt irgendwas, genau weiß ich es auch nicht."

„Wohnt ihr schon zusammen?", fragt Manu.

„Ja, klar, seit vier Monaten, wir wollen eine größere Wohnung, aber das kann man sich hier in Hamburg kaum leisten."

Das ging aber schnell, denke ich. Dann war die Trennung wohl doch nicht so schlimm.

Anna fragt weiter: „Wie viele Zimmer habt ihr denn?"

„Zwei."

„Wir haben auch nur zwei", erzählt Anna, „aber wir können jetzt vielleicht innerhalb des Hauses in eine größere Wohnung umziehen mit drei Zimmern. Dann hätte mein Freund ein Arbeitszimmer und falls wir doch noch Kinder bekommen, könnten wir daraus ein Kinderzimmer machen."

Kinderzimmer. Ach, liebe Anna, ich wünsche dir so sehr, dass dein Kinderwunsch in Erfüllung geht.

Anna wendet sich an mich: „Und du?"

„Der übliche Redaktionswahnsinn."

Manu lacht: „Ja, der Alltag hat uns wieder, Mädels."

Aber mir ist gar nicht zum Lachen. Es ist schön, die Mädels zu sehen, aber ich habe Sorge, dass unsere Gespräche ersterben werden. Mark, IT-Firma, Wohnung …

Dann ist es für meinen Geschmack einen Moment zu lang still. Wir sprudeln nicht mehr. Wir überlegen, worüber wir als Nächstes sprechen können. Ich weiß nichts aus den vergangenen vier Wochen, das ich erzählen will. Ich will heute nichts damit zu tun haben. Aber worüber werden wir dann reden? Ich will zurück in die Kur.

Ich greife den alten Faden wieder auf: „Wisst ihr, wen ich vor meiner Abreise noch getroffen habe?"

Manu schaut auf: „Nein. Erzähl!"

„Den Meckermann!"

Die Mädels lassen sich an ihre Stuhllehnen fallen und stöhnen auf. „Der …"

„Wie der geschimpft hat, als du die Zucchini nach ihm geworfen hast …", erinnere ich.

„Und der hat ja auch unser Zelt geklaut", erzählt Ina nach.

„Ja, und als ich am letzten Tag noch einmal durch den Park gelaufen bin, da stand er auf einer Bank und hat wieder rumgemeckert, dass der ganze Park voller Müll ist und dass die Kurgäste die Pest sind."

Manu empört sich. „Was? Die Pest? Unverschämtheit. Der ist die Pest. Wenn ich ihn noch mal sehen würde, dann würde ich ihm die Zucchini überbraten."

„Braten oder überbraten, das ist hier die Frage …", albere ich.

Und jetzt fühlt es sich wieder etwas mehr an wie in der Kur. Und die ganzen alten Geschichten kommen wieder hoch, und wir sprechen über das, was wir gemeinsam erlebt haben, und lachen wieder, fast so wie zu dem Zeitpunkt, als wir es erlebt haben. Und ich bin so froh. Ich fürchtete schon, wir hätten uns verloren.

„Hast du noch mal bei der Wahrsagerin angerufen?", will Ina von Manu wissen.

Ich werfe Manu einen prüfenden Blick zu. „Ich glaube kaum, dass sie es zugeben würde."

„Natürlich, jede Nacht, bis ich sie dranhatte, und dann habe ich ihr gesagt, dass sie sich einen anderen Job suchen soll, weil wir sonst kommen und sie verprügeln … Nee, Quatsch … Aber ich hab mir überlegt, wenn es mit der Musik doch nichts wird, dann könnte ich ja so was machen."

„Mystisch genug siehst du ja aus mit deinen schwarzen Haaren", ermutigt Ina Manu.

„Warte erst mal ab, wenn die wieder gewachsen sind", erwidert Manu, fasst sich ins Haar und zieht eine Strähne lang. „Langsam wird es. Nur noch fünf Jahre und ich bin wieder ganz die Alte."

Ina unkt: „Fünf Jahre? Pappenstiel."

Anna mag immer noch keine Wahrsagerinnen. „Wenn du das machst, spreche ich mit dir kein Wort mehr."

Manu ist verdutzt über die Vehemenz ihrer Aussage und lenkt ab. „Hier, Mädels, aber wollen wir uns nicht schick machen lassen? Die Straße runter gibt es eine Parfümerie, da kann man sich schminken lassen, hab ich schon mal gemacht, als ich bei einem Gig hier in Hamburg meine Make-up-Tasche vergessen hatte."

Wir sind skeptisch.

„Als wir das letzte Mal mit dir in einem Geschäft waren, hat das böse geendet", gibt Ina zu Bedenken.

Manu winkt ab: „Aber damals war damals und heute ist heute. Also los, kommt!"

Ja, damals war damals und heute ist heute. Meinetwegen könnte Manu ruhig wieder klauen, wenn wir nur zurückkönnten in die Zeit in der Klinik.

Wir zahlen und laufen durch einen Regenguss zur Parfümerie.

Dann stehen wir ziemlich durchnässt im Tempel der Verschönerung. Es duftet nach dem besten Parfüm der Welt, es ist der Duft, der sich aus allen Parfümen mischt, die ausprobiert werden. Ein Duft, den ich irgendwie mein Leben lang gesucht habe, aber den es nicht gibt. Kauft man ein Parfüm, dann kauft man immer nur einen kleinen Teil dieses einzigen perfekten Duftgemischs. Man müsste alle kaufen und ineinanderschütten, um genau diese Note hinzubekommen.

Manu wetzt direkt zu einem Promotionstand und lässt sich ein Wässerchen auf das Handgelenk sprühen. Sie schnuppert.

„Es heißt ‚Königin der Nacht'", erklärt die Verkäuferin und wedelt mit den Teststreifen.

„‚Königin der Nacht' ist super. Heute sind wir alle Königinnen der Nacht und des Tages", proklamiert Manu und winkt uns zu den Lidschatten. Sie deutet auf ein Döschen mit dunkelgrünem, fast schwarzem Puder darin: „Hier, den solltest du mal ausprobieren. Der würde dir gut stehen."

Das schimmert wie eine Rabenfeder, denke ich. Vielleicht kann ich mir meinen Raben-Schutz auf die Augen schmieren, wenn ich schon das Armband nicht trage.

„Probier ihn aus!", drängelt Manu.

Sie bugsiert mich auf einen Barhocker an einer Schminkbar, winkt eine Parfümerieverkäuferin herbei, reicht ihr den Rabenlidschatten und bringt sie dazu, in meinem Gesicht herumzumalen.

Anna hat auch ein Schminkplätzchen gefunden.

„Darf ich Ihre Augenbrauen ein wenig zupfen", fragt die Parfümeriefachverkäuferin.

„Wenn es sein muss", antworte ich überrascht.

Die Verkäuferin hat die Pinzette schon in der Hand: „Nur ein paar in der Mitte. Das lässt sie ein wenig klarer erscheinen."

Die Dame reißt mir etwa ein Dutzend Härchen aus, hält mir dann einen Handspiegel vors Gesicht, um mir stolz das Ergebnis zu präsentieren, aber ich sehe keinen Unterschied, abgesehen davon, dass die Haut jetzt gerötet ist.

„Sehr schön", sage ich.

Dann preist sie mir die Zupfpinzette an – und während der weiteren Verschönerungsaktion alles, was sie mir ins Gesicht schmiert: Make-up, Puder, Rouge, den passenden Pinsel dazu, den grünschwarzen Lidschatten, einen Lidstrich, Wimperntusche, Lippenkonturenstift, Lippenstift, Gloss – „… und diesen Puder könnte ich Ihnen auch noch empfehlen, der bringt Ihre Wangenknochen so schön zur Geltung."

Vielleicht hätte sie auch noch einen ganz neuen Körper für mich, der nicht erschöpft ist, und einen neuen Chef oder wenigstens eine Teilzeitstelle?

Anna sieht toll aus.

„Wie Schneewittchen, nur mit sehr kurzen Haaren", beschreibe ich es. „Schwarz wie Ebenholz, weiß wie Schnee und rot wie Blut."

Anna lächelt dankbar. Zu meinem Look aber sagt sie nichts, schaut mich nur ausdruckslos an.

Manu findet mich mit dem Lidschatten toll. Ich finde es übertrieben, am helllichten Tag mit riesigen dunklen Punkten auf den Augen durch die Stadt zu gehen.

„Ich sehe aus wie ein Pandabär", rutscht es mir heraus.

Und meine Parfümeriefachverkäuferin überdeckt ihre Enttäuschung über das Ausbleiben meiner Begeisterung mit gutem Zureden: „Aber das steht Ihnen doch sehr gut. Sie können das tragen."

Bla bla bla.

„Pandabären sind doch süß", sagt Anna.

Ich winke ab.

„Ja, nur dass die den ganzen Tag faul im Baum herumhängen dürfen und nichts tun müssen, außer auf Eukalyptusblättern herumzukauen."

Okay, das war jetzt weder geistreich noch besonders lustig. Und die anderen lachen auch nicht, sie schauen nur ein wenig ratlos.

„Hast du so viel um die Ohren?", fragt Ina.

„Nee, war nur ein blöder Spruch", antworte ich, „ich geh mal kurz zu den Haarspangen."

O Mann, was ist denn in mich gefahren? Ich verstehe mich selbst nicht. Klingt schon ein wenig negativ, was ich hier von mir gebe. In der Kur hätte ich hiermit mehr Spaß gehabt, aber jetzt komme ich mir vor wie ein Griesgram, die Meckerfrau in Person. Hör auf damit, rufe ich mich selbst zur Fröhlichkeit auf.

Als ich zur Schminkbar zurückkomme, sieht Manu aus, als wolle sie gleich auf die Bühne gehen. Ich bewundere sie: „Du lässt es aber krachen."

„Von nichts kommt nichts, Mädels", stellt Manu fest und kauft alles, was ihr die Parfümeriefrau aufgetragen hat.

Ich nehme nichts mit. Ina auch nicht, Anna lässt sich einen rosafarbenen Puder einpacken. Nach fast zwei Stunden sind wir aus der Parfümerie raus.

Manu schwenkt ihre Tüte. „Mensch, sehen wir gut aus, eigentlich müssten wir heute Abend noch auf die Rolle gehen."

Anna bremst ihre Pläne. „Aber unsere Züge gehen vor neun."

Schade, denke ich. Ich will gar nicht zurück nach Hause.

„Kommt, lasst uns wenigstens ein Foto machen", ich nestele mein Handy aus der Tasche und fordere die Mädels auf, sich ordentlich hinzustellen.

„Wir brauchen ein Bild zusammen mit dir", ruft Anna mir zu, „gib die Kamera doch jemandem. Hier, der Frau da vielleicht."

Anna deutet auf eine große Blonde, die einen Kinderwagen vor sich herschiebt. Während ich sie anspreche und frage, ob sie ein Bild von uns machen würde, ist Anna zum Kinderwagen gegangen und nutzt die Gelegenheit, einen Blick auf das Baby zu werfen. Mit der Mutter führt sie den üblichen Dialog: Ist es ein Mädchen oder ein Junge? Wie alt ist es? Und, schläft es schon durch? Ach, wie süß. Klingt nach Small-Talk-Geplänkel, aber für Anna ist es viel mehr als das.

„Komm, Anna, stell dich zu uns", ruft Manu sie herbei. Wir stecken die Köpfe zusammen, Manu stellt sich hinter uns und umschließt uns alle mit beiden Armen.

„Und jetzt bei drei: Ameisenscheiße. Eins, zwei, drei …"

„Das können wir Frau Leu schicken", schlägt Manu vor.

„Mach ich! Und euch schicke ich auch allen eins", verspreche ich.

Ja, an die liebe Frau Leu natürlich auch ein Bild. Dass ausgerechnet Manu an sie denken würde, hätte man doch zu Beginn der Kur nun wirklich nicht gedacht. Ich lächle ein wenig in mich hinein. Die gute Manu, so ein harter Brocken, aber doch mit einem weichen Kern, und Frau Leu hat ihn gefunden und angetippt. Gute Frau Leu.

Wir fahren an die Alster, gehen am Wasser spazieren, werfen den Möwen Brotkrumen zu und kehren zum Abschluss des Tages in ein Pavillonrestaurant an der Außenalster ein. Bevor wir hineingehen, schwingt sich jede von uns auf dem Spielplatz davor noch auf eines der Springfederschaukeltierchen im Sand.

Manu gibt ihrem roten Holzkameraden die Sporen und kräht dazu: „Lauf, Fury, lauf!“ Dann haut es sie vom Schaukelpferd und die perfekt geschminkte Frau mit den dunklen Locken in den schwarzen Nietenklamotten kugelt sich auf dem Boden und setzt an, uns mit Sand zu bewerfen. Kindisch, aber gut.

Ina hält die Hände schützend vor ihr Gesicht: „Hör auf damit, Manu. Das ist eine Riesensauerei. Du bist echt ein Kindskopf.“

Manu wischt sich an ihrer Hose den Sand von ihren Händen.

„Leute, wir leben nur einmal, da kann man gar nicht Kindskopf genug sein.“

Wir finden Platz auf einer Bank am Fenster, bestellen Saftschorlen und etwas zu essen und sehen der Sonne dabei zu, wie sie den Himmel rosa-orange färbt, bis er so dunkel ist, dass die ersten Sterne zu erahnen sind. Auch der Mond ist schon aufgegangen und ich schaue in die Ferne des Alls bis zu ihm hinauf.

Anne fragt: „Was denkst du?“

„Ach, gar nicht viel. Ich sehe den Mond und die Sterne und stelle fest, dass ich sie viel zu selten sehe, obwohl sie doch jeden Abend da sind.“

„Dann nimm dir doch vor, öfter mal hinzuschauen“, rät Anna mir.

Manu ergänzt: „Ja, kostet ja auch nichts“, und erinnert damit an Frau Leus Sterne-Blumen-Wolken-anschauen-Quiz. Stimmt, kostet nichts, außer ein wenig Zeit, ein paar Sekunden.

„Das war ein schöner Tag. Ich bin sehr froh, dass ich euch wiedergesehen habe“, spreche ich in die Stille.

Die Mädels nicken. Sogar Manu scheint ein wenig gerührt zu sein, denn diesmal spuckt sie keinen Spruch aus, der der Situation die Ernsthaftigkeit nimmt.

„Wann sehen wir uns wieder?“, frage ich.

„Alle paar Wochen wird das nicht gehen“, schränkt Ina ein. Ja, stimmt, alle vier Wochen wird das nicht gehen.

Anna ergreift die Initiative. „Lasst uns doch eine Art Pakt schließen. Lasst uns vereinbaren, dass wir uns heute in zehn Jahren wieder hier treffen. Es wird spannend sein, was bis dahin aus uns geworden ist.“

Ich bin enttäuscht: „In zehn Jahren erst?“

Und Manu scheint das auch zu wenig zu sein: „So lange halte ich es ohne euch aber nicht aus, dann bekomme ich Entzugserscheinungen.“

Anna versucht uns zu überzeugen: „Wir können ja unabhängig davon trotzdem Kontakt halten. Aber dann haben wir jetzt auf jeden Fall schon einmal einen festen Termin, bei dem wir jetzt schon wissen, dass wir alle wieder hier an diesem Tisch sitzen werden – wie beim Klassentreffen.“

Manu stimmt zu: „Ja, das ist gut. Also, heute in zehn Jahren, genau hier. Zwei Uhr nachmittags?“

Abgemacht.

Manu prostet in die Runde: „Und vorher kommt ihr noch mal zu einem meiner Konzerte. Lasst uns darauf anstoßen.“

Wir leeren die Gläser, zahlen und fahren mit einem Taxi zum Hauptbahnhof. Inas Freund Mark wartet schon am Eingang. Ina kommt gar nicht mehr mit rein. Verabschiedet sich von jeder von uns mit einer kurzen Umarmung, nimmt Marks Hand, winkt noch einmal und geht.

Ich muss zum Zug. „Ja, dann …“ Manu und Anna sehen die Tränen in meinen Augen.

„Mädel, musst doch nicht weinen …“, sagt Manu.

„Ja, tut mir leid“, winke ich ab und wische unter meinen Augen entlang.

„Wenn deine Schminke jetzt verläuft, siehst du aus wie Dracula“, warnt mich Manu.

„Pass auf, dass ich dich nicht beiße", mache ich einen bemühten Witz, ein lauter Schluchzer bricht aus mir heraus, ich falle Manu um den Hals, hole tief Luft und schlucke alles herunter, was in mir aufwallt. Es ist das Gefühl des Abschieds, jetzt werde ich wieder allein sein zwischen Arbeit und Erschöpfung. Jetzt ist sie endgültig und unwiederbringlich vorbei, die schöne Zeit mit den Mädels.

„Alles gut", sagt Manu.

Ich kann Anna nicht mehr in die Augen sehen, gebe ihr eine flüchtige Umarmung, sage leise: „Ich drehe mich jetzt nicht mehr um", blinzele mit einem verkniffenen Lächeln noch einmal durch meinen Tränenvorhang und laufe los.

„Tschüss, meine Süße", ruft Manu hinter mir her, „pass auf dich auf."

Ich hebe noch einmal kurz die rechte Hand, so wie ich es tue, wenn ich mich bei dem Autofahrer hinter mir bedanke, wenn er mich hat einscheren lassen, und konzentriere mich auf meine Schritte.

Als ich um Mitternacht in meiner Wohnung ankomme, habe ich nichts mehr vor. Ich ziehe die Kommodenschublade auf, nehme Irinas Topflappen heraus und streiche mit der Hand über das Gehäkelte. Darunter liegt mein Rabenarmband. Das nehme ich mit ins Badezimmer und lege es auf den Waschbeckenrand, Irinas Topflappen lege ich zurück und darauf eine Notiz: „In zehn Jahren, 14 Uhr, Pavillonrestaurant."

Aus dem Badezimmerspiegel schaut mich ein trauriger Pandabär mit verschmierten Augenkringeln an. Ich suche den Augen-Make-up-Entferner, träufele ein wenig davon auf ein Wattepad und streiche damit über mein geschlossenes, rechtes Augenlid, um den grün-schwarzen Lidschatten wegzuwischen – so wie es in der Therapiestunde bei Frau Leu die Sternenfrau beschrieben hat.

22

Fünf Jahre nach der Krebserkrankung gilt man aus Krankenkassensicht wieder als gesund. Dann enden die engmaschigen Kontrolltermine beim Arzt, der Schwerbehindertenpass verliert seine Gültigkeit, mit ihm verfallen die drei Sonderurlaubstage pro Jahr, die einem der Arbeitgeber gewähren muss, damit man sich mehr erholen kann oder mehr Zeit für die Arzttermine hat, und der Kündigungsschutz ist weg.

Die Frauenärztin scheint selbst ein wenig aufzuatmen: „Alles bestens, wenn Sie bis jetzt nichts mehr bekommen haben, dann können Sie davon ausgehen, dass das auch so bleibt. Ich gratuliere Ihnen, Sie haben es überstanden."

Ich weiß nicht, ob ich mich darüber freuen soll. Am Ende ist es auch nur eine Formalie. Ich denke, dass die Krankenkassen keine Lust haben, dauerhaft die Kosten für die häufigen Kontrollen zu übernehmen. Irgendwo habe ich mal gelesen, dass die Krebszellen mehr als 20 Jahre in den Beckenknochen bleiben.

Ich äußere meine Bedenken.

„Ach, papperlapapp", sagt die Frauenärztin, „machen Sie sich keine Gedanken. Wenn Sie ab jetzt einmal im Jahr kommen, dann reicht das."

„Und wenn ich zur Kontrolle komme und direkt danach entsteht ein neuer Tumor, dann hat er ein Jahr Zeit zu wachsen, und dann ist es im Jahr drauf bei der nächsten Kontrolle vielleicht schon zu spät", spreche ich meine Sorge aus.

Die Frauenärztin versucht mich erneut zu beruhigen: „Das ist sehr unwahrscheinlich. Und wenn Ihnen irgendetwas auffällt, dann können Sie ja jederzeit herkommen. Aber jetzt ist der Krebs weg."

Ja, in den Krankenakten ist er vielleicht weg. Aber er bleibt in meinem Kopf. Und er steckt mir in den Knochen. Ich bin seit Jahren erschöpft. Morgens stehe ich auf, habe Pläne, nehme mir vor, schwimmen zu gehen, vor dem Redaktionsdienst im Supermarkt Obst zu kaufen, zwei Berichte zu schreiben, mittags kurz in die Pause zu gehen, meine Arbeit bis 19 Uhr zu schaffen und abends noch etwas zu unternehmen, Freunde zu besuchen, ins Kino zu gehen, Aerobic …

Aber eine halbe Stunde nach dem Aufstehen könnte ich mich schon wieder hinlegen. Das Duschen strengt mich man. Das Haareföhnen raubt mir die Kraft, ich frühstücke nicht, weil es mir zu mühsam ist und ich vom Essen noch müder werde. Dann fahre ich direkt in die Redaktion, kaufe kein Obst, kaufe gar nichts zu essen und lasse mich hinter meinen Schreibtisch fallen.

Da sitze ich den ganzen Tag. Ich presse einen Text in die Tastatur und verwende anschließend noch einmal so viel Zeit darauf, mir eine Ausrede zu überlegen, warum ich den zweiten Text nicht auch noch geschrieben habe. Manchmal behaupte ich, dass es gar nicht gut wäre, den Text jetzt zu veröffentlichen, manchmal lüge ich, ich hätte das Interview noch gar nicht geführt, weil ich den Gesprächspartner nicht erreicht habe; dann ist angeblich mal der Stenoblock mit den Notizen verschwunden und die Redaktionsputzfrau wird vom Chef verdächtigt, den Block weggeworfen zu haben. Es wird immer schwieriger, Ausreden zu finden. Und es darf schon gar nicht sein, das andere wegen meiner Ausreden Probleme bekommen. Also gebe ich am nächsten Tag Entwarnung und präsentiere dem Chef den angeblich vermissten Stenoblock mit den Worten: „War zu Hause hinter die Heizung gerutscht."

Und dann muss ich den Artikel schreiben, sofort. Statt um 19 Uhr komme ich um 21 Uhr, 22 Uhr, manchmal sogar erst um Mitternacht nach Hause. Kino ist aus, der Aerobic-Kurs ist rum, die Freunde schlafen schon.

Nur Betzi sitzt noch im Hof und raucht. „Das sind doch gute Nachrichten von deiner Frauenärztin. Hättest du vor fünf Jahren gedacht, dass es dir jetzt wieder so gut gehen würde?"

Ja, hätte ich das vor fünf Jahren gedacht, dass es mir heute so gehen würde?

„Weißt du, Betzi, ich verstehe mich selbst nicht, es ist absurd, aber vor fünf Jahren ging es mir viel besser. Da hatte ich das Gefühl, dass ich lebe. Aber jetzt habe ich gar keine Zeit mehr zu leben. Ich fühle mich wie im Gefängnis. Und ich sage dir, manchmal denke ich, ich wäre viel lieber wirklich in einem Gefängnis. Da gibt es geregelte Tagesabläufe, und da passen Leute auf, dass du Freizeit hast. Dann kannst du in deiner Zelle sitzen und lesen, es gibt Sportkurse für die Gefangenen und du bekommst jeden Tag mindestens einmal ein warmes Essen."

Betzi sieht das anders. „Ach, jetzt hör aber auf. Niemand will im Gefängnis sein. Was meinst du, was da los ist. Außerdem kannst du, wenn du im Gefängnis bist, ja gar nichts machen. Da kannst du nicht eben mal ins Kino gehen, an die See oder in Urlaub fahren."

„Mache ich ja jetzt auch nicht."

Betzi versucht mich aufzubauen. „Wenn du im Gefängnis wärst, dann könnten wir zwei auch nicht mehr shoppen gehen. Lass uns doch mal wieder ins Einkaufszentrum fahren. Wenn ich mit dir unterwegs bin, finde ich immer total schöne Klamotten."

„Ja, können wir machen, aber ich weiß gar nicht, wann."

„Musst dich einfach mal aufraffen."

Betzi sagt das so.

„Das versuche ich ja, aber ich bin immer kaputt und müde. Mittags falle ich fast von meinem Stuhl. Ich fange schon an zu lallen vor lauter Müdigkeit."

Betzi überlegt: „Haste mal deinen Vitaminspiegel überprüfen lassen?"

„Ja, hab ich, körperlich ist alles in Ordnung."

„Vielleicht ist das so ein Fatigue-Syndrom", rätselt Betzi.

„Der Arzt meint, das sei alles psychisch, und hat mir eine Therapeutin empfohlen. Aber ich habe eh schon Mühe, den normalen Alltag zu schaffen, da will ich mich nicht noch ein, zwei Mal die Woche eine Stunde irgendwohin setzen und mit jemandem quatschen. Dann habe ich ja noch weniger Zeit. Und was soll das bringen, außer dass es mich zeitlich noch mehr in die Bredouille bringt? Immer wenn den Ärzten nichts mehr einfällt, kommen sie mit der Psyche. Ich hab nix mit der Psyche, ich bin müde, und Müdigkeit kann man nicht einfach wegquatschen."

„Du hast aber auch immer viel um die Ohren in deinem Job."

Ich winke ab: „Andere haben auch viel um die Ohren oder sogar noch mehr und sind trotzdem nicht so müde."

Betzi drückt die Zigarette im Aschenbecher aus und steckt sich sofort die nächste an: „Und wenn du doch Teilzeit machst?"

„Wollen die nicht."

„Und wenn du dir einen anderen Job suchst?"

„Was soll das sein? Wer soll mich nehmen? Da gibt es ganz andere, die sind besser ausgebildet, haben studiert und mehr Erfahrung. Die warten nicht auf mich. Außerdem will ich eigentlich sowieso keine Festanstellung mehr. Ich will frei sein. Weißt du, ich sitze mittags an meinem Schreibtisch, dann scheint die Sonne durch das Fenster und ich würde so gerne rausgehen, aber ich darf nicht. Das ist schrecklich. Jedes Mal denke ich: Ich will raus, ich will raus in die Sonne… und es geht nicht. Wer weiß, wie oft die Sonne noch scheinen wird, wenn ich gerade rausgehen kann. Irgendwann ist das Leben rum, und ich war nicht mehr in der Sonne."

Betzi kombiniert: „Vielleicht hast du Vitamin-D-Mangel?"

„Nein, hab ich nicht. Ich habe es einfach nur satt. Ich will nicht über Arbeitszeiten diskutieren, sondern über Inhalte. Ich will lieber morgens von sechs bis elf arbeiten und abends bis nachts, aber dafür tagsüber rausgehen können."

Betzi denkt weiter: „Und wenn du dich selbstständig machst?"

„Das traue ich mich nicht, am Ende reicht es womöglich nicht, und dann?"

„Ja, das verstehe ich. Schatzi, was machen wir denn dann mit dir?"

Ich zucke mit den Schultern.

Betzi fällt nichts mehr ein. „Na, ich würde sagen, du gehst jetzt mal ins Bett."

Betzi ist eine Liebe, sie ist warmherzig, sie hört zu, sie ist immer positiv und umsichtig und sie ist ganz oft da, wenn ich nach Hause komme.

„Ach, warte mal", ruft sie mir auf der Treppe hinterher und kommt ein paar Schritte auf mich zu, „der Herr Reimers hat morgen Geburtstag, wollen wir ihm wieder einen Presskopf schenken?"

Ich nicke: „Ja, und eine Brechstange, damit er sich seine Tür selbst aufmachen kann, wenn er sich wieder ausgeschlossen hat. Letzte Woche hat er um drei Uhr nachts bei mir geklingelt."

Betzi staunt: „Was, so spät? Du, da kannst du mich auch wecken, wenn ich da bin, dann klettere ich in die Wohnung."

„Nee, mach ich schon, ist nicht schlimm. Gute Nacht."

Wenn ich Betzi nicht hätte …

Sie ist so ziemlich die Einzige, mit der ich regelmäßig spreche, und das nicht nur, weil sie im Haus wohnt und man nichts organisieren muss, um sich zu sehen – aber die räumliche Nähe hilft. Andere Freunde sehe ich kaum noch, ich telefoniere manchmal mit ihnen. Meine Sozialkontakte tendieren gegen null. Ich sehe meine Friseurin öfter als jede andere Person, die in meiner Adressliste steht. Manchmal sitze ich mit der Adressliste auf den Knien im Wohnzimmer auf dem Boden und telefoniere sie von oben herunter ab. Und die wenigsten erreiche ich. Wenn ich Zeit zum Telefonieren habe, dann arbeiten sie oder schlafen schon. Sonntags arbeite ich.

Da will Anita mit mir frühstücken gehen, und das seit Wochen. Sie ist sauer. Sie sagt, es sei eine Frage der Prioritäten, die man setzt.

„Das ist keine Frage der Prioritäten“, habe ich gesagt, „das ist ganz einfach. Ich habe Dienst, du kannst ja auch nicht mitten in der Woche am Tag mit mir essen gehen, wenn ich frei habe, weil du dann arbeiten musst. So ist das.“

Ich habe mir oft vorgestellt, wie es wäre, wenn die Mädels hier wohnen würden. Dann hätten wir noch Kontakt. Aber so? Sie sind aus meinem Leben verschwunden. Ich habe ein paar Mal bei Ina angerufen. Einmal hatte ich sie dran, da war sie gerade im Supermarkt. Ich solle später noch mal anrufen. Und dann ist sie nicht mehr drangegangen.

Anna hat sich über meinen Anruf sehr gefreut. Wir haben zwei Mal telefoniert. „Weißt du, wie es den anderen geht?“, habe ich sie gefragt.

„Nein, ich habe mit niemandem mehr telefoniert“, hat sie mir gestanden.

„Und wie geht es dir?“

„Och, ganz gut“, hat Anna gesagt und dann nicht weitergesprochen.

„Und habt ihr denn die größere Wohnung bekommen?“

„Ja, wir sind umgezogen. Ist total schön.“

Ich zögere, die nächste Frage zu stellen: „Und wie sieht es mit Nachwuchs aus?“

Anna braucht einen Moment, bis sie antwortet: „Ehrlich gesagt, erst mal nicht. Weißt du, ich hatte ein kleines Rezidiv. Aber es ist alles in Ordnung und jetzt muss ich erst mal warten."

Erst mal warten? Heißt das, dass sie noch einmal eine Chemotherapie gemacht hat? Was heißt hier klein?

„Anna, oh nein!"

„Ist nicht schlimm. Ich war auch schon in Kur, dieses Mal im Osten, war schön."

Ich spürte, dass Anna es herunterspielte. Einerseits wollte ich ihr sagen, wie schrecklich ich das finde, andererseits wollte ich sie nicht aufregen, also spielte ich es auch herunter.

„Ja, dann ist ja gut, klingt ja, als wäre alles wieder in Ordnung. Du machst das ja auch gut. Du hast das erste Mal überstanden, dann schaffst du das ja auch locker. Um dich muss man sich keine Sorgen machen."

Und Anna sagt: „Genau" – ein Lass-uns-nicht-darüber-reden-wir-tun-so-als-wäre-nichts-Genau.

Wir hatten vereinbart, dass wir demnächst wieder telefonieren. Aber wir haben nie wieder miteinander gesprochen. Bei Manu habe ich erst gar nicht mehr angerufen.

Wir können keinen Kontakt halten. Sosehr wir es uns wünschen und es uns versprochen haben, aber es geht nicht. Die schlechte Nachricht der anderen ist auch die eigene schlechte Nachricht. Wenn eine von uns neu erkrankt, dann ist es, als wäre man selbst als Nächste dran. Je mehr von den Frauen aus der Kur sterben, desto näher rutscht man selbst an den Abgrund des Todes. Es ist, als stünden die anderen wie eine schützende Wand vor einem, wie die Lemminge auf einem Felsen. Wenn alle vor einem gesprungen sind, dann steht man selbst in erster Reihe. Und man kann sich nicht nach hinten umdrehen und weglaufen, denn da steht die Wand derer, die nach dir dran sind, und sie lassen dich nicht nach hinten durch.

Ich frage mich oft, wie es den anderen geht, aber ich wage nicht, anzurufen. Wenn ich abends nach der Arbeit zu Hause bin, stelle ich mir vor, sie wären bei mir und wir würden zusammen lachen, etwas machen. Aber ich mache gar nichts, außer arbeiten und schlafen, und wenn ich nicht schlafen kann, dann spaziere ich im Internet herum.

Manu hat eine Homepage mit ihrer Band, da stehen die Tourdaten drauf. Wir sind noch immer bei keinem ihrer Konzerte gewesen. Vor drei Jahren kam ein neues Foto von ihr mit ihrer Band auf die Seite. Ihre Haare sind gewachsen und wieder aalglatt. So sieht Manu sich gern. In den ersten zwei Jahren habe ich regelmäßig auf Facebook geschaut, wo sie sich herumtreibt. Zuletzt hatte ich sogar Bilder von einem Konzert in England gesehen. Das ist bestimmt zwei Jahre her. Dann habe ich nicht mehr geschaut. Aber jetzt will ich schauen.

Ich melde mich im Netzwerk an, gebe ihren Namen im Freunde-Suchfeld ein. Da ist sie. Es ist das alte Bild. Drunter hat jemand gepostet: „Liebe Manu, ich denke immer noch an die Schauer, die du mir über den Rücken geschickt hast, als du ‚Forever' gesungen hast. Deine Stimme ist unglaublich. Und ich vermisse sie… Alles Gute zum Geburtstag."

Geburtstag? Von wann ist denn der Eintrag, wann hat sie Geburtstag? 12. Mai. Hätte ich ja auch gratulieren können. Ich scrolle runter zum nächsten Eintrag: „Liebe Manu, du bist unvergessen. Alles Gute und Liebe an dich, wo immer du jetzt bist."

Ja, sie scheint viel unterwegs zu sein. In der Kur hat sie erzählt, dass sie, wenn sie auf Tour ist, manchmal gar nicht mehr weiß, in welcher Stadt sie sich gerade befindet.

Der nächste Eintrag. Er zeigt eine riesige Blumenwiese mit lilafarbenen und roten Blüten – Mohnblumen, Manus Blume. Drunter steht: „Liebe Manu, das würde dir bestimmt jetzt gefallen. Lavendel und Mohn, deine Lieblingsfarben. Ich sende dir einen Kuss nach oben in den Himmel von deinem Bruderherzen."

Einen Kuss in den Himmel …

Ich lese den Text noch mal. Himmel? Wieso Himmel? Ich scrolle weiter, komme auf ein Foto von zwei Händen, die eine brennende Kerze halten.

„Liebes Schwesterherz, zwei Jahre bist du jetzt schon nicht mehr unter uns. Und es ist mir, als wärest du gestern erst gegangen …"

Ich erstarre. Meine Augen fressen sich auf dem Text fest, lesen ihn noch mal und noch mal. Das kann nicht sein. Ich scrolle hin und her, suche Manu.

„Rest in Peace."

„Unvergessen."

„Happy Birthday in den Himmel."

„Kleiner B-day-Gruß in den Himmel."

„Ich denke an dich, wo immer du bist."

„In Gedenken an meine Schwester."

„Und jeder einzelne Stern am Himmel erinnert uns an die Zeit, als du noch da warst …"

„Neeeeiiiin!"

Mir entfährt ein lautes „Nein". Ich springe vom Stuhl auf, gehe ein paar schnelle Schritte in Richtung Küche, drehe um, mein Herz schnürt sich zu, ich schlage die Hände vors Gesicht.

„Nein, nein, nein! Manu!"

Manu kann nicht tot sein, das muss eine Verwechslung sein. Ich gehe zurück zum Bildschirm, scrolle hin und her, aber es kommt nichts anderes, eine Beileidsbekundung nach der anderen.

„In Memoriam."

„Es berührt mich, wie viele Menschen noch immer an dich denken."

Ich möchte laut schreien: „Manuuuu!"

Wo ist Betzi? Ich reiße die Wohnungstür auf, renne die Treppe runter, um die Ecke in den Hof.

„Betzi! Betzi! Manu ist tot."

Aber der Hof ist leer.

„Manu!", wimmere ich, lege den Kopf in den Nacken, schaue zum Himmel, zu den Sternen, der Mond verschwimmt, ich sacke auf die Bank. „Manu!"

„Schatzi, was ist denn los? Du zitterst ja am ganzen Körper."

Betzi ist aus ihrer Wohnung gekommen.

„Manu ist tot, Manu ist tot, Manu ist tot."

„Ist das die aus der Kur?"

Ich nicke.

„Ach, Schatzi, das tut mir leid."

Betzi will mich umarmen, aber ich ertrage das jetzt nicht.

„Und das hast du eben erfahren?"

Meine Stimme überschlägt sich: „Ich habe es auf Facebook gesehen, ich wollte schauen, was sie macht. Und dann steht nur was von Memoriam und Vermissen dich und rest in peace. Das kann doch gar nicht sein. Wie kann denn Manu tot sein? Sie war doch die Stärkste von uns."

„Was hatte sie denn?"

„Ich weiß es nicht, in der Kur hatte sie Unterleibskrebs. Das ist doch nicht schlimm. Ich lebe doch auch noch."

„Wann habt ihr denn zuletzt miteinander gesprochen?"

„Vor fünf Jahren bei dem Treffen in Hamburg. Seitdem nicht mehr, aber ich habe immer mal im Netz nach ihr geschaut, da war alles in Ordnung."

Betzi überlegt: „Vielleicht war es ja was anderes."

Ich schluchze: „Nein, es war bestimmt wieder dieser Scheiß-Krebs."

„Ja, das kann natürlich sein."

„Ja, das wird es sein. So ein Dreck. Irgendwann rafft er uns alle dahin. Manu hat schon in der Kur gesagt, dass wir alle früher oder später über den Jordan gehen. Aber doch nicht Manu, von ihr habe ich gedacht, dass sie diejenige von uns ist, die es auf jeden Fall schafft."

„Ja, das hat man nicht in der Hand."

„Aber warum? Warum Manu? Das ist nicht in Ordnung!"

Betzi spricht ruhig: „Es gibt keine Gerechtigkeit. Und stimmt: Irgendwann wird es für uns alle hier auf Erden zu Ende sein. Dass Manu jetzt tot ist, macht dir natürlich Angst, klar. Aber du musst jetzt nicht denken, dass du jetzt auch bald sterben könntest. Manus Tod hat nichts mit dir zu tun. Du kannst auch noch Hundert werden, Schatzi."

„Aber Manu werde ich nie wiedersehen", heule ich wieder los.

„Das stimmt, aber du hast sie doch die letzten Jahre auch nicht gesehen", räumt Betzi ein.

„Ja, aber ich hätte sie sehen können. Und jetzt geht es nicht mehr."

„Das stimmt. Hast du denn mit den anderen noch Kontakt?"

„Nein, es geht nicht. Wir haben es probiert, aber ich glaube, jede von uns hat Angst, dass eine von den anderen wieder krank oder sogar schon tot sein könnte. Und umgekehrt, wenn ich wieder etwas hätte, ich würde es den anderen nicht sagen, weil ich wüsste, welche Angst ihnen das machen würde."

„Ja, das macht es natürlich schwer."

Betzi und ich sitzen eine Weile schweigend auf der Bank. Dann muss Betzi zum Dienst, ich bleibe sitzen.

Manu, wie sie im Speisesaal das Weinglas aus ihrer Handtasche holt; Manu, wie sie mit dem Bleistift den Luftballon zersticht; Manu, wie sie die Orthokangs im Turnen zusammenstaucht, wie sie die Zucchini aus dem Feld pfeffert, in der Therapiestunde auf dem Boden sitzt, sich die gestohlenen Ohrringe neben das Gesicht hält, in der Nacht auf der Bank sitzend, auf dem Spielplatz im Sand liegend. Diese Bilder gehen mir durch den Kopf.

Was hat sie in der Nacht auf der Bank gesagt?

„Ich bin auf die Party gekommen, um zu bleiben.“

Jetzt ist die Party vorbei, das Licht ist schon aus, seit zwei Jahren. Wo ist ihre CD? Sie muss noch im Auto sein. Ich finde sie im Handschuhfach. Ich habe sie seitdem nie wieder angehört.

Jetzt betrachte ich die Hülle, das Foto von ihr inmitten der Musiker, drehe sie um, studiere die Titel. Nummer 8, Forever. Das ist doch der Song, der in Facebook erwähnt ist. Ich lege die CD ein und springe auf den achten Titel und höre zum ersten Mal den Text.

„I will stay forever. And I will not ask for permission. I came to stay. And I will not ask for permission. I stay until the end of every day. Forever. And I will not ask for permission.“

Ich bleibe für immer. Und ich werde nicht um Erlaubnis fragen. Ich bin gekommen, um zu bleiben. Und ich frage nicht um Erlaubnis. Ich bleibe für immer. Und ich werde nicht um Erlaubnis fragen. Ich bleibe bis ans Ende aller Tage. Und ich werde nicht um Erlaubnis fragen.

Ja, Manu hat nicht um Erlaubnis gefragt. Wer fragt, riskiert ein Nein, hat sie gesagt. Aber nicht zu fragen, heißt nicht, kein Nein zu bekommen.

Ich sitze noch lange vor der Stereoanlage und höre Manus Lieder. Und ich kann es nicht begreifen. Ich höre doch ihre Stimme, wie kann sie tot sein? Ich sehe ihr Bild, ich kann sie doch sehen, hier auf dem Bild, in meiner Hand.

Diese Welt ist unerbittlich. Ich habe noch nie verstanden, dass ich Menschen hören und sehen kann, auf Bildern, in Filmen und auf CDs, obwohl sie schon nicht mehr existieren. Manu ist wie die Sterne, die ich am Himmel sehe, die aber schon vor Tausenden von Jahren verglüht sind. Ich höre Manu doch … Aber auch sie ist verglüht.

Wenn ich sie höre, muss sie doch auch da sein, denke ich. Die Menschen gehen, aber alles in der Welt bleibt gleich. Die Lieder klingen weiter, ihre Stimmen auf CDs und Anrufbeantwortern. Ich sehe Filme mit Schauspielern, die schon lange nicht mehr leben, und stelle mir vor, ich könnte in den Bildschirm fassen und sie herauspflücken und zurück in das Leben stellen. Ich habe schon oft, wenn jemand gestorben ist, ein Foto von ihm herausgekramt und es lange betrachtet, auf der Suche nach einer Veränderung. Eigentlich müsste das Bild doch verblassen oder gar verschwinden. Aber nein, die Menschen auf den Bildern sehen genauso aus wie vor ihrem Tod, auch Manu. Es ist nur die Erinnerung, die verblasst.

Wie kann ich die Erinnerung bewahren? Ist es besser, ganz oft an einen verlorenen Menschen zu denken, um die Erinnerung wachzuhalten? Oder sollte man sich das Erinnern gut einteilen, weil mit jedem Mal Erinnern ein Stück von der Erinnerung verdampft? Nutzt Erinnerung sich ab?

Nutzt das Leben sich ab? Sollte man ganz intensiv leben, um das Leben auf diese Weise am Laufen und voller Energie zu halten und zu verlängern? Oder wird das Leben umso kürzer, je intensiver man es lebt?

Vielleicht gibt es eine Art Summe, die über unseren Todeszeitpunkt entscheidet. Vielleicht ist es die Anzahl der Küsse, die man erhalten hat oder gibt? Nach 4684 Küssen ist es vorbei.

Vielleicht ist es die Zeit, die man mit Nichtstun verbringt. Wenn man nichts tut, verrinnt die Zeit schneller, als eine Art Strafe dafür, dass man mit seiner Zeit nichts Sinnvolles anfängt. Vielleicht sind es die Stunden, die man im Bett verbringt; die Züge, die man beim Schwimmen im Wasser macht; die Schritte, die man läuft; die Zahl der Atemzüge; die Zahl der Blicke anderer Menschen, die auf einen treffen: 1,4 Millionen Mal angesehen und tot bist du. Vielleicht entscheidet die Anzahl der Fliegen, die man erschlägt, über den eigenen Todeszeitpunkt. Vielleicht die Zahl der Regeln, die man bricht? Sind es die Stunden, die man an einer roten Ampel verbringt? In einem durchschnittlich langen Leben sitzt man im Schnitt angeblich zweieinhalb Jahre in seinem Auto. Wie viel Zeit davon steht man vor roten Ampeln?

Vielleicht stirbt man, wenn man in der Summe zwölf Jahre, vier Monate, drei Tage, vier Stunden und dreißig Minuten lang gesprochen hat. Oder vielleicht ist es nur ein Wort? Wenn man ein bestimmtes Wort in einer bestimmten Häufigkeit gesprochen hat, vielleicht ist es dann zu Ende? Welches Wort könnte das sein?

Tod? Angst? Liebe? Bitte?

Über der Suche nach einem Algorithmus des Lebens schlafe ich gegen vier Uhr morgens ein. Manus Musik verklingt, während ich schlafe. Ich werde ihre Stimme nie wieder hören.

23

Seitdem ich von Manus Tod erfahren habe, habe ich 544 Zeitungsseiten produziert, ich war drei Mal schwimmen, ein Mal im Kino, habe 171 Camemberts gekauft und zwölf davon weggeworfen und ich war nicht ein Mal zelten. Ich habe irgendwann aufgehört zu zählen, wie oft ich „Bitte“ oder „Liebe“ sage. Und die vielen Male, in denen in meinem Kopf das Wort Tod oder das Wort Angst aufpoppt, sind gar nicht mehr zu zählen.

Und ich habe eine Postkarte von Frau Leu bekommen. Die erste von ihr überhaupt. Sie erreichte mich genau in der Woche, in der Manu aus meinem Leben geschieden war. Frau Leu bedankte sich für das Foto von uns vieren, das ich ihr unmittelbar nach dem Treffen geschickt hatte. Auf die Rückseite hatte ich Frau Leu geschrieben, dass wir vier Mädels uns in zehn Jahren um 14 Uhr wieder in dem Pavillonrestaurant treffen wollten und dass ich das großartig fände. Frau Leu hatte bis dahin nicht geantwortet. Bei ihr war ich nicht enttäuscht darüber, dass ich nichts von ihr gehört hatte, denn sie hatte ja gesagt, dass sie vermutlich kaum schreiben würde. Dass die Mädels sich für ihre Fotos nicht bedankt hatten, hatte mich allerdings enttäuscht.

Es überraschte mich, dass ich ausgerechnet dann Post von Frau Leu bekam, als es mir richtig mies ging, als ich gerade von Manus Tod erfahren hatte. Als hätte sie es geahnt. Es kam mir immer wieder so vor, als tauche Frau Leu genau dann auf der Bildfläche auf, wenn es brenzlig wird, wenn man Hilfe braucht. Ich drehte ihre Postkarte um. Auf der Rückseite neben dem Handschriftlichen war ein kleines Bild von Mark Twain abgebildet. Auf der Vorderseite ein Zitat von ihm: „Gib jedem Tag die Chance, der schönste deines Lebens zu werden." Seichter Sinnspruch. Vielleicht sollten aber auch die Tage mir eine Chance geben, hatte ich gedacht, mich dann zur Ordnung gerufen und die Karte an meinen Badezimmerspiegel gehängt.

Ob Frau Leu weiß, dass Manu schon tot ist? Ob die anderen es wissen? Ich habe nie wieder bei Ina oder Anna angerufen. Ich will nicht diejenige sein, die es ihnen sagen muss.

Seit Manus Tod habe ich Herrn Reimers gemeinsam mit Betzi zwei Pressköpfe geschenkt. Wenn es die Anzahl der verschenkten Pressköpfe wäre, die darüber entscheidet, wie lange man zu leben hat, dann kann die Presskopf-Gesamtsumme bis zum Todeszeitpunkt nicht besonders hoch sein. Man verschenkt ja nicht ständig Pressköpfe. Betzi hat gelacht, als ich ihr meine Theorie erklärt habe.

Jetzt hat Betzi wieder einen Presskopf besorgt. Herr Reimers hat Geburtstag. Als wir vor seiner Tür stehen, schlage ich ihr vor: „Vielleicht sollten wir den Presskopf selbst essen?"

„Wieso?", fragt Betzi irritiert.

„Na, dann haben wir ihn nicht verschenkt, sondern gegessen, und dann schlägt er in der Summierung der Presskopfgeschenke, die zum Todeszeitpunkt führen, nicht zu Buche."

„Du bist mir vielleicht eine. Als wenn Presskopf über dein Leben bestimmt. Was du dir immer ausdenkst …"

Herr Reimers freut sich wie immer riesig. „Ja, meine Damen, das ist aber schön. Wenn ich meine Damen nicht hätte …" Dann bittet er uns – wie jedes Jahr – herein. Wir nehmen im Wohnzimmer neben seinem Ganzjahresweihnachtsbaum Platz, müssen mit ihm Weißwein trinken und er erzählt uns von seiner Frau Mama und den schönen Weihnachtsfesten und davon, dass er jetzt schon so alt ist und alle seine Freunde gestorben sind und er niemanden mehr zum Reden hat.

„Wie alt sind Sie denn jetzt überhaupt geworden?", frage ich.

„89, meine lieben Nachbarinnen, 89. Da ist es eigentlich Zeit zu gehen."

Verheiratet war Herr Reimers nie, Kinder hat er auch nicht, er ist allein. Betzi und ich haben schon lange den Verdacht, dass er eigentlich lieber einen Mann an seiner Seite gehabt hätte. Die Art, wie er „Tschüssiiii!" hinter uns herwinkt, unterstützt unsere Vermutung.

Zwei Tage nach seinem 89. Geburtstag stürzt Herr Reimers in seiner Wohnung.

„Er hat sich wahrscheinlich den Arm gebrochen, aber er will nicht ins Krankenhaus", erzählt die Nachbarin aus dem dritten Stock, die die Polizei alarmiert hat. Der Hausflur vor seiner Wohnung ist voller Menschen. Zwei Polizisten haben sich im Wohnzimmer vor Herrn Reimers aufgebaut und reden auf ihn ein, dass er sich behandeln lassen muss.

„Ich rufe jetzt einen Krankenwagen", sagt der eine Uniformierte und spricht in sein Funkgerät.

Herr Reimers wehrt sich: „Ich will das nicht. Lassen Sie mich in Ruhe, es geht mir gut. Ich will nicht ins Krankenhaus."

Ich hocke mich zu den Füßen von Herrn Reimers und sein Gesicht hellt sich auf: „Liebe Frau Nachbarin, da sind Sie ja. Sagen Sie denen, dass sie gehen sollen. Ich will nicht ins Krankenhaus."

„Aber Herr Reimers, Ihr Arm ist doch gebrochen, Sie müssen sich behandeln lassen."

„Nein, nein", winkt er ab, „der tut auch gar nicht weh."

Die Haut über seinem Arm ist gespannt, der Arm ist geschwollen.

Ich frage nach: „Wie ist das denn passiert, Herr Reimers?"

„Das kann ich Ihnen gar nicht genau sagen. Ich bin gestern Abend umgefallen und dann lag ich da unter dem Tisch und kam nicht mehr hoch. Die ganze Nacht habe ich gerufen."

„Die ganze Nacht?"

„Ja, die ganze Nacht, bis jemand mich gehört hat. Bin ich froh, dass Sie da sind."

„Armer Herr Reimers. Jetzt sind wir ja da, jetzt wird ja alles gut."

Ein Polizist wendet sich an mich: „Gibt es jemanden, der sich um ihn kümmert?"

Herr Reimers antwortet: „Ja, meine entzückenden Damen hier im Haus kümmern sich um mich. Machen Sie sich keine Sorgen."

Ich erkläre: „Er hat niemanden, soviel ich weiß."

Der Polizist spricht überlaut: „Herr Reimers, Sie müssen ins Krankenhaus, den Arm behandeln lassen."

Herr Reimers wird auch laut: „Nein, nein, ich will das nicht. Lassen Sie mich in Ruhe."

Der Polizist wendet sich wieder an mich: „Keine Verwandten?"

„Nein, nicht dass ich wüsste."

„Hat er einen Pflegedienst?"

Herr Reimers schaltet sich wieder ein: „So etwas brauche ich nicht, ich habe ja meine Damen."

Der Polizeibeamte wirkt verzweifelt: „Aber Ihre Damen können Ihren gebrochenen Arm nicht reparieren, Herr Reimers. Das macht der Arzt."

Unser Hausopa bleibt stur: „Das brauche ich nicht."

Ich berühre vorsichtig den Arm: „Das muss doch wehtun."

„Nein, nein. Mir tut nichts weh", widerspricht Herr Reimers.

Ich höre die Sirene des Krankenwagens.

„Ist das für mich?“ Herr Reimers regt sich auf. „Schicken Sie den wieder weg, ich will das nicht. Warum hört denn niemand, was ich sage?“

Der Polizist versucht durchzugreifen: „Herr Reimers, jetzt bleiben Sie mal schön ruhig. Es passiert gar nichts, da muss aber jetzt wenigstens mal ein Arzt draufschauen.“

Der Notarzt bestätigt den Knochenbruch.

„Wenn Sie so lange dagelegen haben, sind Sie doch auch völlig dehydriert.“

Ein Polizist wirft laut ein: „Er hat sich auch eingenässt.“

Ich versuche die Situation für Herrn Reimers nicht allzu peinlich werden zu lassen.

„Ja, natürlich, wenn er lange gelegen hat und nicht hochkam. Das würde uns nicht anders gehen.“

Der Arzt spricht mit fester Stimme: „So, wir nehmen Sie jetzt mit, dann kümmern wir uns im Krankenhaus um Ihren Arm, wir packen Sie an den Tropf und morgen sind Sie wieder zu Hause.“

Herr Reimers schreit, er ist außer sich: „Nein, nein, ich will zu Hause bleiben, gehen Sie weg, lassen Sie mich in Ruhe, gehen Sie weg, raus aus meiner Wohnung.“

Für den Arzt ein klarer Fall: „Er ist offensichtlich verwirrt. Das kann am Flüssigkeitsmangel liegen.“

Das ist einfach zu viel für Herrn Reimers. Wenn doch einfach mal alle rausgingen und mich mit ihm sprechen ließen.

Ich versuche es: „Herr Reimers, bitte regen Sie sich nicht so auf. Schauen Sie mal, wenn Sie das nicht behandeln lassen, dann kann das ein ganz böses Ende nehmen, und wir wollen Sie doch noch ein bisschen bei uns haben und Ihnen nächstes Jahr zum 90. wieder einen Presskopf schenken. Was machen wir denn ohne Sie?“

„Ach, was würde ich bloß ohne Sie machen?“, lächelt er mich an.

Ich bleibe dran: „Also fahren Sie mit?“

Herr Reimers schüttelt heftig den Kopf: „Nein, nein.“

„Ich kann auch mitkommen, dann sind Sie nicht allein."

„Nein, nein." Herr Reimers ist nicht umzustimmen.

Ich drücke mich aus der Hocke hoch und werfe ein „Und jetzt?" in die Runde.

Der Arzt versucht es noch einmal, aber Herr Reimers ist einfach nicht zu überreden.

„Dann können wir nichts machen", erklärt der Polizist, „wenn er nicht will."

„Ja, gehen Sie, ich bleibe hier", sagt Herr Reimers.

Ich widerspreche ihm: „Aber wie soll das denn gehen? Sie können doch allein gar nichts machen mit dem Arm?"

„Ach, da werden mir meine Damen schon helfen."

Der Arzt und die Polizisten kapitulieren. Der Arzt lässt noch eine Packung mit Pülverchen da, die soll ich ihm in Wasser rühren und verabreichen.

„Und sprechen Sie weiter mit ihm, vielleicht wird er morgen vernünftig und geht dann ins Krankenhaus." Dann sind alle weg, auch die neugierigen Nachbarn sind wieder in ihre Wohnungen verschwunden.

Herr Reimers liegt erschöpft in seinem Sessel. Ich bringe ihm einen Pulverdrink: „Liebe Nachbarin, danke schön."

„Ja, und was machen wir jetzt?"

„Gar nichts, lassen Sie mich hier sitzen."

„Aber Sie müssen doch ins Bett ..."

„Nein, nein, lassen Sie mich hier im Sessel. Ich schlafe öfter im Sessel und morgen sehen wir weiter."

In meiner Wohnung schmiere ich ihm noch zwei Leberwurstbrote, schneide einen Apfel auf, packe alles auf einen Teller und stelle es ihm hin. „Brauchen Sie noch etwas?"

„Nein, nein, danke schön."

„Dann gehe ich jetzt und schaue morgen früh nach Ihnen."

„Ja, liebe Frau Nachbarin, ja, so machen wir es." Und er schickt mir ein kraftloses „Tschüssiii" hinterher, ohne zu winken.

Beim Rausgehen stibitze ich mir seinen Wohnungsschlüssel von der Kommode, weil ich sonst durch das Fenster zu ihm reinklettern müsste.

Betzi ist entsetzt. „Wenn er eine Sepsis bekommt, stirbt er. Der muss doch auch Schmerzen haben."

„Er sagt Nein und er macht auch nicht den Eindruck, als tue ihm etwas weh."

„Das ist vielleicht noch der Schock. Warte mal morgen ab."

Als ich am nächsten Morgen nach ihm sehe, liegt Herr Reimers in seinem Bett. Irgendwie hat er sich da reingeschafft, hat sogar einen Schlafanzug angezogen, aber er ist schwach. Ich helfe ihm, sich im Bett aufzusetzen, damit er zur Toilette gehen kann. Danach legt er sich sofort wieder hin. Ich lasse ihm einen Teller Brote da. Abends bringe ich ihm einen Teller Kartoffelsuppe aus der Dose. Die schmeckt ihm.

„Haben Sie heute Mittag auch etwas gegessen?", will ich von ihm wissen.

„Nein, aber die Suppe ist herrlich. Ich liebe Suppen, ich bin ein Suppenkasper, hat meine Frau Mama schon gesagt."

„Und was macht Ihr Arm?"

„Der ist ganz wunderbar."

„Aber er ist gebrochen. Das muss doch wehtun."

Herr Reimers schüttelt den Kopf. Der Arm tue nicht weh und er gehe auch nicht ins Krankenhaus. Auch als ich ihm darstelle, dass ich mich nicht die ganze Zeit um ihn kümmern kann, weil ich arbeiten muss, ändert er seine Meinung nicht.

Ich teile mir mit Betzi die Betreuung auf, morgens und abends bringe ich ihm etwas zu essen, mittags Betzi, zwischendurch schaut nach ihm, wer gerade da ist. Ich wasche seine Wäsche, wärme Suppen auf und kaufe für ihn Wasser ein. Dann kontaktiere ich einen Pflegedienst, stelle die Lage dar und bitte sie, jemanden zu schicken.

Herr Reimers ist vom Pflegedienst nicht begeistert. Er genießt wohl die Umsorgung unsererseits, möchte aber niemand Fremden in seiner Wohnung haben. Und schon gar niemanden, der ihn weiter dazu drängt, ins Krankenhaus zu gehen. Er duldet die Pflegekraft grummelnd.

Als ich zehn Tage später kurz nach neun Uhr abends nach Hause komme, stehen zwei Polizisten im Hausflur. Sie haben Herrn Reimers untergehakt und herrschen den alten Herrn an: „Hören Sie jetzt auf, hier so ein Theater zu machen. Es reicht uns!"

Herr Reimers schimpft um sein Leben und er brüllt: „Sie, Sie, lassen Sie mich in Ruhe, alles Schweine, alles Schweine. Nehmen Sie Ihre Finger von mir."

Ich mische mich ein: „Was ist hier los?"

„Darf ich fragen, wer Sie sind?", höre ich vom Polizisten.

Herrn Reimers' Miene hellt sich auf: „Liebe Frau Nachbarin, da sind Sie ja."

Nachdem ich mich erklärt habe, erfahre ich, dass die Schwester vom Pflegedienst gegen den Willen von Herrn Reimers einen Krankentransporter geordert hat und die Männer ihn mit Gewalt ins Krankenhaus verfrachtet haben.

„Und da hat er dann randaliert", erklärt einer der beiden Polizisten, die ihn daraufhin im Streifenwagen wieder nach Hause gebracht haben. Ich schließe den Männern die Tür auf, sie legen Herrn Reimers ins Bett und gehen mit dem Hinweis, dass das Konsequenzen haben werde.

Herr Reimers ist stinksauer: „Das ist mir egal, gehen Sie, hauen Sie ab."

Jetzt liegt Herr Reimers mit geschlossenen Lidern in seinen Kissenbergen und atmet schwer. Ich kann sein Verhalten nicht verstehen.

„Warum sind Sie denn nicht geblieben? Jetzt waren Sie doch schon dort."

Herr Reimers öffnet die Augen, heftet seinen Blick für einige Sekunden an die Decke und dann auf mich: „Können Sie mir bitte helfen? Ich möchte mich ein wenig aufsetzen."

Ich greife um seine Schultern, versuche ihn ein Stück anzuheben und stopfe ihm die Kissen in den Nacken. Dann setze ich mich auf seine Bettkante. Ich betrachte seinen rechten Arm.

„Er hat sich schon verfärbt, sehen Sie das? Er wird schwarz. Sie bekommen eine Blutvergiftung."

„Liebe Frau Nachbarin, das macht gar nichts."

„Das macht sehr wohl etwas."

Herr Reimers lächelt: „Nein, es ist alles in Ordnung, mir tut nichts weh. Danke, dass Sie sich so lieb um mich kümmern, und Ihre Suppen, einfach herrlich."

„Bitte hören Sie auf, von meinen Suppen zu sprechen. Die sind aus der Dose. Lenken Sie nicht ab. Sie haben wohl nicht verstanden, was ich Ihnen gesagt habe."

Ich hole tief Luft, um größtmögliche Nachdrücklichkeit zu erreichen, schaue ihm fest in die Augen und sage mit lauter, harter Stimme: „Ich sage es Ihnen jetzt ganz deutlich: Wenn Sie sich nicht behandeln lassen, dann werden Sie sterben."

Das Wort „sterben" hallt zwischen den vergilbten Wänden nach.

„Ich weiß, liebe Frau Nachbarin, lassen Sie es gut sein."

„Wie kann ich es gut sein lassen? Ich kann Sie doch hier nicht sterben lassen. Sie begreifen es wohl immer noch nicht?"

Jetzt scheint Herr Reimers ganz klar: „Doch, ich begreife das. Und es ist gut so."

Ich begreife das nicht. Ich würde alles dafür tun, um am Leben bleiben zu können, und wäre es noch so beschwerlich und grau. Aber

Herr Reimers randaliert in einem Krankenhaus, schlägt um sich, schreit, wirft einen Tropf um, lässt sich von der Polizei abholen und kassiert eine Anzeige, um zu verhindern, dass man ihm das Leben rettet.

Herr Reimers lächelt dankbar. Mir wird ganz warm ums Herz, ich tätschele seine Hand und dann wage ich es, zu fragen: „Haben Sie keine Angst vor dem Tod?"

„Nein, liebe Frau Nachbarin. Wenn es so weit ist, dass der liebe Gott mich zu sich holen will, dann gehe ich. Und es ist so weit."

Tränen sammeln sich in meinen Augen, ich schluchze: „Aber Sie können doch nicht einfach sterben. Wenn Sie sich behandeln lassen, dann können Sie gut und gerne hundert Jahre alt werden. Das ist eine Kleinigkeit, es ist nur ein gebrochener Arm, daran muss man nicht sterben."

Und dann kann ich nicht weitersprechen. Ich weine, ich beweine all meine eigene Angst vor der Endlichkeit des Lebens.

Herr Reimers ergreift meine Hand.

„Liebe Frau Nachbarin, was soll ich denn noch hier? Ich habe doch niemanden mehr außer meinen Damen. Ich habe mein Leben hinter mir. Es gibt nichts mehr für mich zu tun. Und das ist doch auch gar nicht schlimm. Der Tod gehört zum Leben. Ich gehe gerne und ich gehe gut, lassen Sie mich hier in Ruhe sterben. Ich gehe mit Freude."

„Mit Freude?" Er ist wohl nicht ganz bei Trost. „Was ist denn daran Freude, wenn man stirbt? Daran, zu gehen, weg zu sein? Das ist doch der Horror. Niemand will sterben."

„Sie vielleicht nicht. Sie sind noch jung, Sie haben noch so viel vor sich. Aber ich, ich möchte gehen. Und es ist mir eine Freude."

Das muss er mir jetzt mal erklären.

„Ich habe doch großes Glück. Ich habe keinen tödlichen Schlaganfall oder Autounfall, der mich einfach aus dem Leben reißt. Ich kann in aller Ruhe Abschied nehmen, hier in meinem Zuhause. Ich habe meinen Frieden gemacht. Jetzt möchte ich hier sein. Die Ruhe genießen und ganz allmählich Stück für Stück aus dem Leben scheiden. Es ist schön zu spüren, wenn die Kräfte nachlassen, wenn man sich nicht anzustrengen braucht.

Deshalb will ich nicht in ein Krankenhaus. Hier kann ich mich dem hingeben und in vollem Bewusstsein Abschied von dieser Welt nehmen, ohne Schmerzen, ohne Leiden, ohne eine einzige Träne. Das ist so, wie ich es will. Es wird ein guter Tod. Und dann komme ich zu meiner Mama in den Himmel", und er lacht dazu glücklich und strahlt das Schwarz-Weiß-Portrait seiner Mutter über seinem Bett an.

„Ein guter Tod", spreche ich die für mich eindringlichsten Worte nach.

„Ja, ein guter Tod. Glauben Sie mir, es ist nichts Schlimmes an dem Tod. Haben Sie keine Angst davor. Er ist ein Freund, der Ihnen die Hand reicht. Wenn Sie sie ergreifen und sich führen lassen, können Sie geborgen gehen."

„Haben Sie seine Hand schon ergriffen?"

„Ja, das habe ich. Trennen Sie uns nicht."

Ich schaue mich um. Ich sitze hier also in diesem Raum zusammen mit dem Tod.

„Ja, liebe Frau Nachbarin, er steht gewissermaßen an meinem Bett."

Es schaudert mich. Vor meinem inneren Auge sehe ich einen Sensenmann mit einer braunen Kutte, kopf- und gesichtslos, nichts als ein schwarzes Loch in der aufgestellten Kapuze.

„Wie sieht er aus?", frage ich Herrn Reimers.

„Er ist gütig und er lächelt."

„Und Sie haben wirklich keine Angst?"

„Nein, habe ich nicht. Und Sie sollten auch keine Angst haben."

„Habe ich aber, schreckliche sogar. Es ist das Schlimmste, was mir passieren könnte."

„Ja, jetzt, liebe Frau Nachbarin, denn für Sie ist es noch nicht so weit. Aber wenn es so weit ist, dann wird es für Sie in Ordnung sein, glauben Sie mir, dann wird es in Ordnung sein."

„Das wäre schön", sage ich.

Herr Reimers lächelt immer noch. „Glauben Sie an Gott?"

„Ich glaube daran, dass es alles irgendwie einen Sinn haben muss und dass es etwas gibt, das all das hier erschaffen hat."

„Also sind Sie gläubig."

Ich schüttele den Kopf: „So würde ich es jetzt nicht sagen."

„Aber wenn Sie glauben, dass alles einen Sinn hat und dass es etwas gibt, das uns und diese Welt hier erschaffen hat, dann glauben Sie doch. Sie dürfen es ruhig Gott nennen. Wenn es keinen Gott gäbe, dann wären Sie nicht hier. Gott hat auch Sie erschaffen und er wacht über Sie und über mich, sonst hätte er mir Sie nicht geschickt."

„Und Sie meinen, wenn es so weit ist, dann wird es okay sein?", hake ich nach.

„Das meine ich. Wenn es so weit ist, dann ist es in Ordnung. Und wenn es nicht in Ordnung ist, dann ist es auch noch nicht so weit. Für mich ist es so weit und es ist in Ordnung so. Es fühlt sich an, als käme ich nach Hause."

Ich bin ein wenig beruhigt. Wenn es tatsächlich so wäre, dass man erst dann gehen muss, wenn man bereit dafür ist, dann wäre das gut. Dann werde ich einfach nie bereit sein, in 500 Jahren nicht.

„Wenn es so weit ist, werden Sie bereit sein, denken Sie an mich", spricht Herr Reimers in meine Gedanken.

„Gut, lieber Herr Reimers, dann soll es so sein. Ich akzeptiere Ihre Entscheidung. Sie können auf mich zählen. Ich kümmere mich um Sie, so gut ich kann, auch wenn ich noch nicht weiß, wie ich das mit der Arbeit hinbekommen soll."

Herr Reimers ist ganz friedlich geworden und auch ich spüre in mir eine wohltuende Ruhe.

„Das ist lieb von Ihnen. Wenn ich noch ein paar Suppen bekommen könnte, dann wäre das herrlich. Und können Sie mir noch einen Gefallen tun?“

Ich nicke.

„Können Sie in die Kirche gehen und für mich und meine Frau Mama eine Kerze anzünden?“

Ich verspreche es ihm, bevor ich gehe.

Ob Manu auch bereit war?

Ich kann es mir kaum vorstellen. Sie wollte ewig leben.

Andererseits: Als wir bei Freu Leu in die Kisten unserer vergessenen Träume geschaut haben, da war sie die Einzige, die keinen unerfüllten, vergessenen Traum hatte.

„Ich wollte Sängerin werden, und ich bin Sängerin geworden, basta.“

Als sie es sagte, hielt ich es für Trotz. Aber vielleicht hat Manu wirklich alles getan und gesagt, was sie wollte. Sie hat nie verpassten Chancen nachgetrauert. Sie hat immer nach vorne gesehen. Und wer weiß, was in ihren letzten drei Jahren noch geschehen ist? Vielleicht war es für sie so weit, zu gehen. Und vielleicht ist sie gut gegangen?

Vor dem Einschlafen denke ich noch lange über das nach, was Herr Reimers gesagt hat:

Vielleicht habe ich nur deshalb so große Angst, weil es eben noch nicht so weit ist.

Aber dann brauche ich ja auch gar keine Angst zu haben. Denn es ist ja noch gar nicht so weit.

Ich habe also vor etwas Angst, das noch gar nicht ansteht. Dann sollte ich warten, bis es so weit ist, und dann kann ich immer noch Angst bekommen.

Und wenn Herr Reimers recht hat, dann wird es dann, wenn es so weit ist, in Ordnung sein. Dann wird es jetzt sein, hat Anna gesagt. Aber eben erst dann.

24

Die Betreuung von Herrn Reimers wird eine Herausforderung. Den Pflegedienst hat er abserviert. Betzi kann sich mittags um ihn kümmern. Ich gehe morgens vor dem Dienst zu ihm und bringe ihm das Frühstück und abends bekommt er seine Suppe. Damit er aus dem Bett zur Toilette gehen kann, habe ich ihm ein Seil an den Fuß seines Schranks geknotet und zu seinem Bett rübergespannt. Daran kann er sich hochziehen. Waschen lassen will er sich nicht. Er meint, das lohne sich nicht mehr.

Durch die morgendlichen Besuche bei Herrn Reimers komme ich immer öfter zu spät zur Arbeit. Und ich gehe abends trotzdem zeitig, spätestens um 19.30 Uhr. Herr Reimers darf seine Suppe nicht zu spät bekommen. Wenn ich meine Seiten bis dahin nicht abgeschlossen habe, lege ich sie den Kollegen hin, damit die sie dann fertigstellen. Es ist nur eine Frage der Zeit, bis der Chef mich morgens abpasst, auf seine Armbanduhr deutet und sagt: „Der Dienst beginnt um elf Uhr."

Ich erkläre mich nicht, gehe nur mit den Worten „Ich weiß" an ihm vorbei. Ich habe keine Energie und keine Lust, mit ihm zu diskutieren. Ich habe auch keine Lust, ihm die Gründe zu nennen, er würde es sowieso nicht verstehen. Und ich habe auch keine Zeit dafür, ich will schließlich schnell wieder hier raus, für Herrn Reimers.

Auch das bleibt vom Chef nicht unbemerkt.

„Wo wollen Sie hin?", fährt er mich von hinten an, als ich eines Abends aus der Redaktionstür gehen will.

„Nach Hause."

„Haben Sie Ihre Seiten fertig?“

„Nein, aber ich gehe trotzdem.“

„Was soll das heißen?“

„Das soll heißen, dass ich jetzt gehe …“ Und während ich es ausspreche, lasse ich ihn stehen.

Am nächsten Morgen soll ich zu ihm zum Rapport. Er erklärt mir, dass ich meinen Job nicht ordentlich mache. Ich sage ihm, dass ich in Teilzeit arbeiten will. Er sagt, dass es das bei ihm nicht gibt. Und ich sage, dass ich es trotzdem will.

Die Stimmung ist vergiftet. Aber es ist mir egal. Ich habe die Nase voll. Ich will mich um Herrn Reimers kümmern, in der kurzen Zeit, in der er noch da sein wird. Und mir wird immer klarer: Ich will – so wie Herr Reimers – dann, wenn es so weit ist, im Guten gehen können. Dann, wenn es so weit ist, wird es jetzt sein, hat Anna gesagt. Und es wird nur dann ein gutes Jetzt sein, wenn ich nichts bereuen muss.

Betzi ist die Erste, die es erfährt: „Ich überlege, ob ich kündige und als freie Journalistin arbeite.“

„Das habe ich dir ja schon vor Jahren gesagt“, bestätigt mich Betzi.

„Ich habe auch all die Jahre darüber nachgedacht, jeden Tag.“

„Ja, Schatzi, und was hat dich dann all die Jahre daran gehindert?“

Ja, was hat mich all die Jahre daran gehindert? Es waren die Stimmen der anderen, die sagten, ich könne doch nicht kündigen, ich bekäme womöglich nie wieder eine Festanstellung. Aber ich will ja auch gar keine Festanstellung, also habe ich in diesem Punkt ja gar kein Problem.

Dann haben die anderen Stimmen gesagt: „Das schöne Geld. Andere würden sich die Finger nach einem Redakteursjob schlecken und wären froh, wenn sie so viel verdienen würden."

Aber ich bin nicht andere und Geld ist nicht alles, und wer sagt überhaupt, dass ich weniger verdienen werde?

Und dann haben sie gesagt, dass ich in meiner Situation ja schon gar nicht kündigen könne und ich mir mal ausmalen solle, was passieren wird, wenn ich wieder krank werde und dann keinen festen Arbeitsvertrag mehr habe.

„Und was denkst du?", fragt Betzi.

„Weißt du, ich bin mir sicher, dass ich nicht wieder krank werde, wenn ich meine Festanstellung aufgebe, aber ich werde krank werden, wenn ich dortbleibe. Und selbst wenn ich kündige und nach ein paar Jahren doch wieder krank werden sollte, dann kann ich aber sagen: Die letzten Jahre, die waren toll."

Betzi nickt. „Schatzi, ich will dich nicht bremsen, schlaf noch mal drüber, nur zur Sicherheit. Aber ich finde, das klingt doch alles ganz gut."

Ja, Betzi hat es mir gesagt. Und Anna hat es mir damals, als wir am Strand waren, eigentlich auch schon gesagt. Man muss seinem Herzen folgen. Sie hat ihr Kunststudium abgebrochen, um lieber Kinder zu hüten.

Herr Reimers ist in den letzten beiden Wochen immer ruhiger geworden. Er isst kaum noch etwas, spricht wenig, aber er wirkt zufrieden. Sein Arm ist ganz schwarz geworden, bis rauf zur Schulter. Ich habe ihm die Krippe auf seinem Nachtschränkchen aufgebaut. Wenn ich abends gehe, dann schalte ich ihm seinen alten Kassettenrekorder mit Weihnachtsliedern an. Herr Reimers lässt sich von den Weihnachtsgesängen in den Schlaf wiegen und die Kassette läuft bis zum

Ende durch, während er schon schlummert. Am nächsten Abend drehe ich die Kassette um und er hört die andere Seite.

Am Donnerstagmorgen, sechs Wochen nach seinem Geburtstag, ist es morgens stiller in der Wohnung als sonst. Als ich sie betrete, höre ich nur das Knacken des Kassettenrekorders, der sich nicht eigenständig abschaltet.

„Herr Reimers?", rufe ich vom Flur aus. Es kommt keine Antwort. Ich bekomme Herzklopfen, ich ahne es.

„Herr Reimers?" Aber Herr Reimers antwortet nicht mehr. Er liegt auf dem Rücken in seinem Bett, die Decke bis zu den Achseln hochgezogen, die Arme auf der Decke, die Finger der gesunden Hand in die schwarzen Finger am Ende des gebrochenen Arms gefaltet, als habe er zuletzt noch ein Gebet gesprochen. Die Augen blicken leer an die Decke, der Mund ist ein wenig geöffnet und scheint zu lächeln.

„Lieber Herr Reimers", sage ich leise und streiche sanft über das dünne weiße Haar auf seinem Kopf. „Da sind Sie also gegangen. Machen Sie es gut und grüßen Sie Ihre Mama von mir."

Eine meiner Tränen tropft ihm aufs Gesicht, aber es ist kein schmerzliches Weinen, es ist ein Weinen des Abschieds, eines Abschieds, den ich kommen sah, der kommen durfte. Es war nur noch die Frage, wann.

Ich informiere den Vermieter, der sich jetzt um alles Weitere kümmern muss. Dann muss ich in die Redaktion. Ich komme auf den letzten Drücker zur Konferenz rein. Der Chef wirft mir einen strafenden Blick zu. Dann geht es um Personalfragen und die künftige

Organisation. Ich höre kaum zu, bis mein Name fällt. Ein Kollege will wissen, welches Gebiet er künftig zu betreuen hat. Der Chef hat sich in seinem Stuhl zurückgelehnt, die Hände hinter dem Kopf gefaltet, und er streckt die Ellenbogen weit nach außen.

„Ich würde Ihnen Ihre Frage nach unseren Umstrukturierungen gerne beantworten, aber die Kollegin hat sich ja immer noch nicht geäußert, wie sie es denn künftig handhaben will."

Dabei fixiert er mich.

Ich denke nicht lange nach. Ich sehe ihn, ich sehe die anderen, ihre erwartungsvollen Blicke. Ich soll also jetzt schuld daran sein, dass die Planung nicht weitergeht. Kein Problem, das kann man ändern, und ich wende mich an die Runde: „Ich kann Ihnen sagen, wie ich es handhaben will, aber gerne doch."

Der Chef ist überrascht, nimmt die Hände hinter dem Kopf weg, beugt sich nach vorne und legt die Arme auf den Tisch.

„Ach so, das ist ja schön, ja dann bitte, ich höre."

Dann hör jetzt gut hin, denke ich, hole Luft und sage den Satz, den ich schon seit Jahren sagen will: „Ich kündige."

Herrlich.

Ich fühle mich so befreit. Betzi bringt am Abend eine Flasche Sekt mit in den Hof und zwei Gläser. Sie lässt den Korken knallen und wir stoßen an: „Auf deine Kündigung!"

„Und auf Herrn Reimers!"

Der verschollene Bruder von Reimers, von dem niemand wusste und mit dem Herr Reimers auch keinen Kontakt hatte, hat über den Vermieter mitteilen lassen, dass er die Wohnung nicht betreten wird. Er habe keine Lust, sich die Hände dreckig zu machen, deshalb schicke er einen Entrümplungsdienst, wir könnten uns rausnehmen, was wir wollen.

Ich packe die Krippe mit den Figuren und dem Streichholzschachtel-Jesus und die Christbaumkugeln in Seidenpapier. Sie sollen mich an Herrn Reimers und den guten Tod erinnern. In diesem Jahr werde ich zum ersten Mal einen Weihnachtsbaum haben, mit seinen Kugeln daran. Das wird ihn freuen.

Den Beerdigungstermin erfahren wir nicht. Deshalb lege ich einen eigenen Gedenktermin für Herrn Reimers und mich fest, zwei Wochen nach seinem Tod.

An diesem Morgen finde ich wieder Post von Frau Leu in meinem Briefkasten. Allmählich kann ich nicht mehr an einen Zufall glauben. Sie ist jetzt in Rente, betreue nur noch dann und wann, nebenbei, aus Freude, einzelne Personen.

„Das ist mein Job“, schreibt sie. Unter ihrer Unterschrift hat sie ihre private Adresse in Hamburg vermerkt, falls ich ihr weiter schreiben wolle. Sie verspreche auch, schneller zu antworten. Ich drehe die Karte um. Es steht wieder ein Sinnspruch darauf, und wieder könnte er nicht besser passen: „Nicht den Tod sollten wir fürchten, sondern dass man nie beginnen wird zu leben“ (Marcus Aurelius).

Dann gehe ich Abschied nehmen von Herrn Reimers. Ich hatte ihm noch etwas versprochen. Ich gehe in die Kirche und zünde eine Kerze an, für seine Frau Mama und für ihn.

25

Es ist das Jahr zehn nach der Kur. Ich habe zwei Weihnachten mit dem Baumschmuck von Herrn Reimers gefeiert und zwischendurch auch im Sommer mal die Kugeln an die Palme in meinem Wohnzimmer gehängt, weil ich weiß, dass Herrn Reimers das freuen würde. Und mich freut es auch.

Betzi und ich haben es zur guten Sitte gemacht, am Geburtstag von Herrn Reimers einen Presskopf zu verspeisen und bei unseren Verabschiedungen stets „Tschüssiiii" zu rufen und zu winken.

In der Wohnung von Herrn Reimers wohnt jetzt eine Flugbegleiterin, sie ist selten da, deshalb nehme ich ihre Pakete an, denn ich bin da. Als freie Journalistin arbeite ich viel zu Hause. Und das genieße ich.

Ich arbeite viel mehr als früher, oft sieben Tage die Woche, manchmal sitze ich um sechs Uhr in der Früh schon an meinem Computer und mache ihn erst nach Mitternacht wieder aus. Aber zwischendurch gehe ich hinaus in die Sonne. Ich kann schwimmen gehen, wenn andere im Büro schwitzen. Ich gehe spazieren, wenn andere in Konferenzen hocken, und ich arbeite, wenn andere vor der Glotze einschlafen. Und mittags, wenn die erdrückende Müdigkeit kommt, dann kann ich schlafen. Es funktioniert.

Ich habe die Kündigung nie bereut und ich werde sie nie bereuen. Egal, was kommt, ich kann jetzt schon sagen: Die letzten zwei Jahre waren großartig. Niemand kann sie mir nehmen. Ich schaffe die Balance zwischen Spannung und Entspannung, von der Frau Leu gesprochen hat. Ich habe fast zehn Jahre gebraucht, bis ich den Mut hatte, meiner eigenen Stimme zu folgen. Ich lebe.

Ich habe schon öfter mal daran gedacht, Frau Leu zu schreiben, ihr zu schreiben, dass sie recht hatte mit allem, was sie mir gesagt hat. Dass ich alles wieder verlieren würde, wenn ich zurück in die Redaktion gehe, meine Lebensfreude, meinen Lebensmut, meine Zuversicht. Aber ich habe es wiedergefunden.

Manchmal denke ich, ich hätte schon viel früher meinen Weg gehen sollen. Aber Frau Leu würde sagen, dass es so, wie es ist, genau richtig ist, dass ich diese Zeit gebraucht habe: „Rückblickend lassen sich die Dinge immer leicht einschätzen. Dann sagt man: Wenn ich gewusst hätte … Aber Sie wussten nicht. Zum Zeitpunkt Ihrer Entscheidung und Ihres Handelns agieren Sie nach bestem Wissen und Gewissen auf Basis der Informationen, die Sie haben, also richtig", hat sie mir erklärt.

Ich hatte ihr während der Kur gestanden, dass mich plagte, dass ich mich am Tod einer Freundin mitverantwortlich fühle.

„Ich hatte ihr zugeredet, in den Urlaub zu fahren. Dann ist sie verunglückt. Wenn sie nicht gefahren wäre, wäre sie vielleicht noch am Leben. Und ich habe sie überredet."

„Sie wussten nicht, was passieren würde. Wenn Sie gewusst hätten, dass es ein Unglück geben würde, hätten Sie sie dann zum Urlaub überredet?", hat Frau Leu mich gefragt.

„Nein, natürlich nicht."

„Sehen Sie."

Ich denke, ich hätte nicht so lange auf die Stimmen der anderen hören sollen. Frau Leu hat gesagt, dass man auf seine eigene Stimme hören soll. Ich aber dachte, dass die anderen viel weiser sind als ich. Frau Leu hatte mir erklärt: „Die Ratschläge der anderen fußen immer auf deren Lebenssituation: Jemand, dem Geld wichtig ist, der wird Ihnen raten, möglichst viel Geld zu verdienen. Jemand, dem die Natur wichtig ist, wird Ihnen raten, in den Wald zu ziehen. Und jemand, der Reptilien mag, wird Ihnen raten, sich ein Terrarium zuzulegen. Würden Sie sich deshalb ein Krokodil ins Haus holen?"

„Nein, natürlich nicht."

„Sehen Sie."

Immer wenn ich meinen Computer einschalte, denke ich an ein Beispiel von Frau Leu: „Stellen Sie sich vor, Sie schalten den Computer ein und auf dem Bildschirm erscheint der Schriftzug ‚Tief in Ihrem Inneren ist etwas nicht in Ordnung'."

„Das würde mich sehr erschrecken. Und ich würde mich fragen, was mit mir nicht in Ordnung ist."

„Sie würden also sagen, dass der Computer weiß, wie es um Sie steht?"

„Nein, natürlich nicht", habe ich nachgeschoben.

„Sehen Sie. Und die anderen wissen es auch nicht. Sie wissen es selbst am besten. Bleiben Sie bei sich. Haben Sie im Blick, vor welchem Hintergrund die Menschen zu Ihnen sprechen, welche Intentionen sie haben und welches deren Ziele sind. Und fragen Sie sich, ob die anderen wirklich wissen können, wie es in Ihnen aussieht. Wägen Sie ab, aber bleiben Sie bei sich."

Jetzt bin ich bei mir.

Im Hof steht in den Sommermonaten ein Zelt. Ich übernachte nicht darin, aber manchmal setze ich mich tagsüber oder abends mit Betzi hinein, wir essen dort Abendbrot, lümmeln auf den Decken herum und plaudern. Es ist Zelten ohne Risiko. So habe ich es gerne. Die eigene Wohnung, der Kühlschrank und die Toilette sind in unmittelbarer Nähe, und hier im Hof kann mich auch kein Meckermann heimsuchen.

Es ist das Jahr zehn nach der Kur, und heute ist unser Jahrestagstreffen. 14 Uhr im Pavillonrestaurant, habe ich mir vor zehn Jahren notiert und den Zettel zu dem Perlenarmband und zu Irinas Topflappen in die Schublade gelegt.

Heute will ich mein Armband tragen. Die Rabenfeder ist ganz struppig geworden. Ich ziehe sie vom Lederband ab und lege sie zurück in die Schublade. Ich hadere, ob ich Irinas Topflappen mitnehmen soll. Dann packe ich ihn ein, vielleicht freuen sich die anderen, vielleicht hilft er uns beim Erinnern. Im Supermarkt am Frankfurter Hauptbahnhof kaufe ich eine Zucchini, die können wir zu Ehren von Manu in die Alster pfeffern, zusammen mit allen Sorgen und allem Leid. Das würde Manu gefallen. Ich glaube nicht, dass Anna und Ina wissen, dass Manu nicht mehr lebt. Das wird ein Schock. Da ist es gut, wenn man etwas hat, das man wegschleudern kann.

In Hamburg angekommen, gehe ich in die Mönckebergstraße. Ich habe noch zwei Stunden Zeit. Ich gehe in das Café, in dem wir bei unserem ersten und letzten Treffen zuerst waren. Der Besitzer hat gewechselt und der Name, aber das Mobiliar ist noch dasselbe. Ich setze mich nicht an unseren Platz, sondern ein paar Meter davon entfernt.

Von dort aus betrachte ich unseren Tisch, sehe Anna und Ina und Manu, höre ihre Stimmen, sehe wieder vor mir, wie Manu von ihren CD-Plänen schwärmt, und erinnere mich daran, wie wir aufgebrochen sind, um uns verschönern zu lassen.

In die Parfümerie möchte ich auch noch mal gehen. Ich habe noch eine knappe Stunde. Auf dem Weg dahin fällt mir ein, dass ich ja auch Frau Leu hätte besuchen können, wenn ich früher gefahren wäre. Sie wohnt ja jetzt in Hamburg. Aber vielleicht wäre es ihr auch nicht recht gewesen. Nein, keine gute Idee. Ich werde ihr lieber nach unserem Wiedersehen wieder ein Foto von uns schicken und ihr berichten, wie es mir und den anderen ergangen ist.

Da ist der Eingang zur Parfümerie, dort sind wir hindurchgegangen. Auch Manu. Die Parfümerie ist noch da, aber Manu ist nicht mehr da. Es ist schwer zu verstehen, dass Menschen die Welt verlassen, aber dass die Dinge, die sie umgaben, noch da sind. Wenn ich weg sein werde, wird es diese alten Gebäude, die Straßen und die Laternen, die Kirchen und die Bäume am Wegrand vermutlich auch noch geben – nur nicht für mich.

„Kann ich Ihnen helfen?", spricht mich eine Verkäuferin von der Seite an. Ich bin versucht, ihr zu erzählen, dass ich vor zehn Jahren schon einmal hier war und mit wem, was uns verband, und dass wir uns heute wiedersehen werden. Aber ich sage nur: „Nein danke, ich möchte mich nur umschauen."

„Melden Sie sich, wenn ich etwas für Sie tun kann."

Es riecht wieder nach diesem unnachahmlichen Duft, der sich aus allen Parfümen mischt, die je hier versprüht wurden. Ich gehe zu der Schminkbar. Da hat Manu gesessen und nach 20 Minuten dieses umwerfende Make-up im Gesicht gehabt. Ich weiß noch, wie ich in den Spiegel gesehen habe und mit der rabenschwarzen Schminke auf den Augen wie ein Pandabär aussah. Manu fand's gut.

Ich bleibe vor einem der riesigen Parfümregale stehen, nehme mir ein Fläschchen, ziehe einen Probepapierstreifen aus einem Glas, besprühe ihn und schnuppere daran. Nicht schlecht, aber ein bisschen zu süß. Vielleicht dieser hier? Eine hellblaue Flasche mit silbernem Deckel. Nein, zu kühl. Besser doch etwas in Orange, das riecht vermutlich wärmer. Nach einer halben Stunde habe ich alle orangefarbenen und türkisblauen Flakons in der Hand gehabt und die geheime Mischung des ultimativen Duftes der tausend Düfte deutlich angereichert.

Ich könnte noch etwas für Betzi mitnehmen. Welchen Duft nimmt sie denn? Oder doch lieber etwas Pflegendes?

Da ist die Verkäuferin wieder.

„Haben Sie etwas, dass ich einer Freundin mitnehmen kann, etwas mit Wohlfühlfaktor?"

Die Verkäuferin präsentiert mir ein Sortiment an Pads, die man sich auf die Augen legen kann. Dazu gibt es auch noch die passende Gesichtsmaske und eine Vier-Wochen-Kur gegen Alterserscheinungen. Ich packe alles in mein Einkaufskörbchen und stelle mich ans Ende einer langen Schlange an der Kasse. Es ist fünf vor zwei. Ach herrje, in fünf Minuten werde ich kaum dort sein. Zu Fuß brauche ich bestimmt eine Viertelstunde. Dann aber jetzt beeilen.

Als ich aus der Parfümerie heraustrete, ist es schon nach zwei. Ich könnte natürlich auch ein Taxi nehmen, aber ich entscheide mich dagegen. Ich will lieber laufen. Aber ich komme nicht so recht voran. Ich bleibe an Schaufenstern hängen, überlege vor einer Boutique, ob ich mir den roten Rock im Fenster kaufen soll, gehe sogar hinein und probiere ihn an und lasse ihn dort. Es wird immer später, ich will mich beeilen, aber meine Füße tragen mich in einen Buchladen zu den Bild- und Kunstbänden. Sie haben auch ein Dali-Buch und das Bild von den zerfließenden Camembert-Uhren ist auch darin. Die Beständigkeit der Zeit.

Zeit. Mein Handy klingelt. Es ist Betzi: „Und? Wie isses?"

„Ich bin noch nicht da.“

„Wie, du bist noch nicht da? Hatte der Zug Verspätung?“

„Nein, er war pünktlich. Aber ich bin noch nicht hingekommen.“

„Schatzi, es ist ja schon fast drei. Wart ihr nicht um zwei verabredet? Jetzt musst du dich aber beeilen.“

Ja, ich muss mich beeilen. Ich laufe los. Ich weiß auch nicht, wie das passieren konnte. Ich bin doch extra früh losgefahren. Was mache ich hier bloß? Womöglich sind sie schon wieder weg, wenn ich ankomme. Ich beschleunige meinen Schritt. Mist, denke ich, während ich in einen Park am Wasser einbiege. Jetzt habe ich mich so sehr ablenken lassen, dass ich glatt das Treffen verpasse. Anna und Ina warten bestimmt schon.

Aber vielleicht sind sie gar nicht da?

Ich bleibe abrupt stehen. Das ist es. Ich habe Angst, dass sie nicht da sein könnten. Ich lasse mich auf eine Bank sinken, neben eine alte Dame, die Möwen füttert. Jetzt wird es mir klar. Ich will da nicht hin, weil ich Angst habe, dass niemand kommt. Ich habe Angst, allein an diesem Tisch zu sitzen. Wer sagt, dass Anna und Ina noch leben? Vielleicht bin ich die letzte Überlebende.

„Entschuldigung, Sie sitzen auf meiner Tüte“, spricht mich die alte Dame an.

„Oh, sorry“, ich springe auf, ziehe die Tüte unter meinem Hintern weg und setze mich wieder. „’tschuldigung, hab ich nicht gesehen.“

„Ist nicht schlimm, es sind nur Federn drin.“

„Federn?“

„Ja, Federn, ich sammele Möwenfedern und binde sie zusammen mit Blumen zu Gestecken.“ Während sie spricht, öffnet sie die Tüte, nimmt eine Handvoll Federn heraus und begutachtet sie: „Ein paar sind jetzt geknickt.“

„Das tut mir leid."

„Ist nicht schlimm. Dann tue ich sie weg. Ich kann ja neue sammeln." Sie sortiert die kaputten Federn aus und wirft sie auf den Weg. „Die hier hätte ich sowieso nicht verwendet", versucht sie mir zu versichern, dass der Schaden nicht allzu groß ist, und zeigt mir eine schwarze Feder, „die ist wahrscheinlich von einem Raben."

„Ja, sieht so aus, die schimmert sehr schön."

Die Rentnerin reicht sie mir: „Sie können sie haben."

„Die nehme ich gern." Sie hat ja keine Ahnung, was ich mit Rabenfedern verbinde.

„Sind Sie aus Hamburg?", fängt die Dame an zu plaudern.

„Nein, ich habe hier nur einen Termin, um 14 Uhr."

„Ach? Das ist aber schon rum. Ist es ein Geschäftstermin? Da sollten Sie nicht zu spät kommen."

„Nein, ich habe ein Treffen mit Freundinnen." Und dann erzähle ich der Fremden, während ich die Rabenfeder zwischen meinen Fingern drehe, von Anna, Ina und Manu und davon, dass ich gerade gemerkt habe, dass ich nicht hingehen möchte, weil ich Angst habe, allein zu sein.

„Sie sollten gehen, Sie werden es sonst womöglich nie erfahren."

„Aber wenn keiner kommt?"

„Vielleicht geht es den anderen wie Ihnen?"

Stimmt, wenn sie nicht da sein sollten, muss das ja nicht heißen, dass sie gestorben sind.

„Sie haben recht, auf diesen Gedanken bin ich noch gar nicht gekommen. Vielleicht haben sie dieselbe Angst wie ich und wollen sich, so wie ich, drücken oder sie haben den Termin einfach vergessen …"

„Sie werden es nicht herausfinden, wenn Sie nicht hingehen."

Ja, sie hat recht. Ich verabschiede mich und mache mich auf den Weg. Hoffentlich sind sie noch da. Das wäre toll. Und wenn nicht, muss das ja gar nichts Schlimmes bedeuten. Ich bin aber auch eine doofe Kuh.

Jetzt kann ich es gar nicht abwarten, das Restaurant zu betreten. Ich renne hinein, aber die Bank, auf der wir gesessen haben, ist leer. Ich suche mit den Augen den Raum ab, vielleicht sitzen sie woanders. Aber nein, nichts, sie sind nicht da. Wahrscheinlich sind sie schon weitergezogen. Oder sie sind doch gar nicht gekommen? Oder sie sind doch tot.

Jetzt könnte ich heulen. Was mache ich jetzt bloß? Erst einmal setzen, etwas trinken und nachdenken. Ich nehme auf unserer Bank Platz, stelle hektisch die Handtasche neben mich, lege die Feder auf den Tisch, schnappe mir die Getränkekarte und klappe sie auf. Der Luftzug weht über die Tischplatte und die Feder hinfort. Sie segelt unter die Bank, auf der ich sitze. Ich beuge mich hinab und greife nach ihr, ohne hinzusehen, ich bekomme ein Stück Papier zwischen die Finger, vermutlich eine Rechnung.

Ich will sie nach oben auf den Tisch holen und dann wieder nach der Feder fühlen. Für eine Rechnung ist das Papier eigentlich zu dick, denke ich, ziehe die Hand unter der Bank hervor, schaue auf das Papier und bin verblüfft. Es ist das Foto von Manu, Anna, Ina und mir, das wir vor zehn Jahren gemacht haben. Wie kommt das denn hierher? Dann müssen sie heute hier gewesen sein oder sind vielleicht doch immer noch hier. Ich scanne noch einmal den Raum.

„Waren Sie verabredet?", spricht mich die Kellnerin an, die meinen suchenden Blick sieht.

„Ja", antworte ich hektisch.

„Dann gehen Sie mal 400 Meter weiter nach links. Da gibt es das Strandcafé. Dort könnten Sie Glück haben."

Dann sind sie da. So ein Glück! „Danke, danke", ich könnte die Kellnerin umarmen, schnappe meine Handtasche und eile los.

Sie sind da, sie sind da. Ich könnte Luftsprünge machen. Mann, bin ich erleichtert. Da habe ich mir so einen Kopf gemacht... Wird das eine Freude!

Als ich mich dem Strandcafé nähere, spähe ich durch die Fensterscheiben. Vielleicht kann ich sie schon sehen. Am liebsten würde ich rufen: „Wo seid ihr?" Ob sie noch mit mir rechnen? Womöglich dachten sie sogar, ich sei tot.

„Wie viele Personen?", fragt der Kellner am Eingang.

„Nur ich, ich bin verabredet. Ich muss sie suchen. Darf ich?"

„Bitte sehr. Sie werden sie schnell finden. Es ist nur ein Tisch belegt."

Das sind die Mädels. Ich habe sie gefunden. Ich würde am liebsten laut „Juhuuuu!" rufen. Ich stürme durch den dunklen Gang an dem Mann vorbei. Das Café ist leer. Nur ein Tisch ist besetzt. Und es sitzt nur eine Person daran. Ich bleibe stehen. Wo sind die Mädels? Wo seid ihr? Ich schaue im Raum herum. Links ist die Theke, sie ist leer, rechts an der holzvertäfelten Wand ist auch niemand. Alle Tische sind leer.

Aber sie müssen doch hier irgendwo sein. Was redet denn der Kellner da? Gibt es vielleicht einen Nebenraum? Aber nein, nichts, niemand.

Ich stehe wie versteinert da, höre mein Herzen klopfen. Und ich schaue mich noch mal um. Nur der eine Tisch ist besetzt. Und nur diese eine Frau sitzt da, Mitte 60, kurze graue Haare, Brille, in einer gebatikten Bluse. Meine Gesichtszüge frieren ein. Die Frau hebt den Kopf und sieht mich an.

Es ist Frau Leu.

Nachgedanken und Dank

„Das Beste, was mir je passiert ist.“

Die meisten Bücher oder Filme, die vom Schicksal Krebskranker handeln, beginnen mit der Diagnose und enden mit Abschluss der Chemotherapie. Dann sind die Protagonisten entweder gestorben oder sie haben überlebt. Und wenn sie überlebt haben, dann erfahren wir nicht mehr, wie es danach mit ihnen weitergeht.

Dabei geht es in meinen Augen erst dann richtig los. Dann wird es spannend um die Frage, was die Erkrankung mit den Betroffenen gemacht hat. Und das erfahren wir meistens nicht.

„Das ist das Beste, was mir je passiert ist.“ Diesen Satz habe ich ganz oft von Krebspatientinnen gehört. Bevor ich erkrankte, habe ich das für blanken Unsinn gehalten. Wie sollte Krebs etwas Gutes mit sich bringen oder gar das Beste? Man kann sich auch alles schönreden, habe ich gedacht.

Aber es stimmt. Krebs kann – natürlich unter der Voraussetzung, dass man ihn besiegt – das Beste sein, was einem passiert, je nachdem, wie man damit umgeht. Krebs ändert alles, den Blick auf die Welt, die Prioritäten, das Selbstverständnis, das Handeln, Fühlen und

Denken. Krebs zu überleben macht unendlich dankbar, dankbar und demütig. Der Sieg über den Krebs ist nicht allen vergönnt – leider. Das ist unendlich schmerzlich.

Ich hatte großes Glück. Das Glück zu überleben und den Mut, mein Leben zu ändern. Ich habe mich oft gefragt, warum eigentlich erst etwas Schlimmes passieren muss, damit man sich besinnt auf das, was man ist und was man will. Vielleicht kann dieses Buch dazu beitragen, ohne den „schlimmen Zwischenfall" innezuhalten und dann neu zu starten oder aber festzustellen, dass alles gut ist, so wie es ist.

Ich musste erst Krebs bekommen, um zu mir zu finden. Ich bin dankbar, dass es so gekommen ist. Ohne den Krebs hätte ich vielleicht nie wieder gezeltet, ich hätte nie gekündigt, ich wäre nie so zufrieden geworden und ich hätte dieses Buch nicht geschrieben.

Ich bin dankbar.

Ich danke allen, die mich auf meinem Weg begleitet haben. All den Frauen in der Kur. Ich wünschte, sie alle könnten dieses Buch lesen, denn dann wären sie alle noch unter uns.

Ich danke all denen, die mich bei meinem Buch begleitet haben, der großherzigen Lektorin Sarah Koller, die mir ihr Vertrauen in mich und meine Arbeit geschenkt hat. Ich danke der Lektorin Renate Hübsch, die dem Text den letzten Schliff gegeben hat. Ich danke dem adeo-Team, das mit viel Herz engagiert ans Werk geht. Ich danke außerdem Ulrich, Torsten, Chris, Rea, Gaston, Hannes und Olli.

Mein Dank gilt auch Dunja Rajter, deren Biografie ich mitverfassen durfte, die 2018 im adeo-Verlag erschienen ist und die mir die Tür zum adeo-Verlag geöffnet hat.

Und ich danke Herrn Reimers, dessen Figur – wie alle anderen Figuren in diesem Buch – nicht seinen wahren Namen trägt und dessen Geschichte – wie die aller anderen Figuren auch – sich nicht genauso abgespielt hat, der mir aber den Impuls gegeben hat, zu lernen, keine Angst zu haben. Zu vertrauen. Ihm. Er nennt ihn Gott.

Michelle Spillner

Jahrgang 1967, ist gelernte Zeitungsredakteurin. Vor elf Jahren löste sie sich aus der Festanstellung bei einer Frankfurter Tageszeitung, um ihre Talente besser entfalten und mehr dem nachgehen zu können, was ihr wirklich wichtig ist. Heute arbeitet die Frankfurterin unter anderem als freie Journalistin und Autorin, als Presse- und Theaterfotografin sowie als Regisseurin und Bühnencoach im Kleinkunst- und Businessbereich. In diesem Roman schildert sie Erlebnisse, die auf ihren eigenen Erfahrungen während einer Krebs-Reha basieren.

MIX
Papier aus verantwortungsvollen Quellen
FSC® C014496
FSC www.fsc.org

1. Auflage März 2019
Best.-Nr. 835218
ISBN 978-3-86334-218-0

Umschlaggestaltung: Gute Botschafter GmbH, Haltern am See
Umschlagfoto: Shutterstock
Satz: Uhl + Massopust, Aalen
Druck und Verarbeitung: GGP Media GmbH, Pößneck
Printed in Germany

www.adeo-verlag.de